中国金融期货交易所
China Financial Futures Exchange

金融期货与期权丛书
主编：张慎峰

TRADING OPTIONS
AS A PROFESSIONAL

专业期权交易

杰姆斯·B.比德曼 (James B. Bittman) 著
中国金融期货交易所 译

Mc Graw Hill Education　中国金融出版社

中文版序言

期权是人类最古老的管理风险工具之一，在《圣经》中记载了最早的期权雏形，古希腊时期就有实物期权的交易。现代期权是在 1792 年纽约证券交易所成立后发展起来的，几乎与股票同时开始交易。当时还不存在集中交易清算的期权市场，期权交易都在场外进行，市场依靠那些为买卖双方寻找交易对手的经纪商运行，每一笔交易的谈判都相当复杂繁琐，买卖双方的违约风险较大，因此场外期权的发展一直存在障碍，没有成为市场的主流产品。芝加哥期权交易所在 1973 年成立，并在同年上市了标准化的股票期权合约，标志着场内期权市场的诞生。场内期权市场的建立是现代金融史最重要的创新之一。经过三十多年的快速发展，期权与期货已经平分秋色，成为全球金融体系中不可或缺的组成部分。美国期货业协会（FIA）统计数据显示，截至 2012 年底，全球已有 50 余家交易所上市期权产品，遍及所有成熟市场和主要的新兴市场。其交易规模占据全球场内衍生品市场的半壁江山。期权市场产品种类也日益丰富，标的资产不仅包括股票指数、股票、ETF、利率、汇率等，还被引入到几乎所有的主要期货类型上，包括商品期货、利率期货、汇率期货等。

期权和期货作为衍生工具，都有风险管理、资产配置和价格发现等功能。相比期货等其他衍生工具，期权在风险管理、风险度量等方面又有其独特的功能和作用。首先，期权不仅能提供简便易行的"保险"功能，还可以使投资者在管理风险时不放弃获得收益的机会。期权买方通过支付权利金获得权利，可以根据标的资产价格变化是否有利，灵活选择行使权利或者放弃权利，期权的"保险"功能大幅提高了投资者套期保值的便利性和灵活性。其次，期权可以有效度量和管理市场波动性风

专业期权交易

险。对于众多机构投资者，特别是共同基金、社保基金、退休基金和保险基金等资产管理人来说，管理波动性风险和保持股票投资组合的价值稳定是极为重要的投资目标。期权的权利金价格中包含了反映资产价格波动性风险的因素，包含了投资者对未来现货价格波动的预期，从而使得期权在管理方向性风险的同时，还可以并且更加适合管理波动性风险。再者，期权是一种更为精细化的管理工具。期权存在有多个执行价格的合约，便于投资者根据现货市场的变化情况在不同的价格区间内管理市场风险。此外，期权是推动市场创新的基础性构件。期权不同到期日、不同执行价格、买权或卖权的不同变量可以用各种方式组合在一起创造出不同的策略，以满足不同交易和投资目的的需要，是创造金融产品大厦的基础性构件，具有灵活性和可变通性，能激发市场大量的连锁创新。

我国资本市场在短短二十多年的时间里，取得了巨大成就，目前股票市场规模在全球范围内名列前茅，有着全球最大的投资者群体，国际影响力也大大增强，但我国资本市场风险管理体系不完整，证券期货经营机构的实力还无法与国际同行相比，难以满足实体经济对投融资和风险管理服务的需求。发展我国期权市场不仅有助于完善资本市场风险管理体系和改善投资者行为交易行为，而且还将大力推动我国金融机构的业务创新和提高金融机构的服务能力。因此，积极稳妥地推进期权产品创新，对于推动我国资本市场长期健康发展有着特殊的意义。

期权市场的平稳运行和健康发展离不开成熟理性的投资者群体与合理均衡的投资者结构。目前，境外主要期权市场，无论是成熟市场还是新兴市场，专业机构投资者都是期权市场最主要的参与者。部分新兴市场，如韩国、中国台湾和印度，在发展初期个人投资者占据了较高比例，但是随着市场的不断发展成熟，专业机构投资者比例持续上升，成为市场的中流砥柱。从境外市场发展的普遍经验可以看出，发展专业机构投资者对于期权市场的成功至关重要。由于我国境内市场还未开展期权交易，广大投资者对期权产品的认知较为有限，因此期权投资者教育和培训工作任重而道远。一本好的期权交易教材可以成为推进期权投资者教育的有效工具。美国著名的期权交易专家杰姆斯·比德曼完成的《专业期权交易》（*Trading Options as a Professional*）是一本具有影响力的介绍期权知识的专著。比德曼有三十多年期权交易和教学的经验，他在 1980 年以股票期权做市商的身份开始了他在芝加哥期权交易所的交易生涯，从 1983 年起成为芝加哥期货交易所的会员，从事金融期权和农产品期权的交易；比德曼还是芝加哥期权交易所期权学院和伊利诺伊理工学院的讲师，曾为大量的期权投资者提供期权交易培训。《专业期权交易》这本专著从专业期权投资者的角度介绍了从期权市场基础到复杂期权组合策略的八个方面的重要内容，全面地讨论了成为专业期权投资者的所涉及的理论知识和实践操作，该书深入浅出，图文并茂，事例形象，条例清晰，是一本难得的期权交易教材。值得一提的是，该书还附带了一套有关期权定价和风险管理的软件，读者在了解期权理论知识的同时还可以动手利用软件模拟和探索期权交易的各个环节，加深对期权交易的理解和认识。该书出版之后，在美国期权市场中受到普遍认可和欢迎，成为期权市场专业投资者的必备教材之一。现在，中国金融期货交易所将这本专著翻译成中文，作为中国金融期货交易所"金融期货与期权丛书"系列之一，相信对加强期权投资者教育和推进我国期权市场建设大有裨益。

桂敏杰

2013 年 1 月 30 日

我的妻子劳拉（Laura），
感谢你的爱，谢谢你能够理解我对交易的热爱。

我的女儿葛瑞丝（Grace），
她对新事物的兴趣让我每天都深受鼓舞。

感谢所有的交易员，是你们开阔了我的眼界，引领我自如地驰骋于市场。

我希望大家都知道交易就像是人生。寻找机会、衡量风险、凭借直觉。犯错是不可避免的，但从错误中我们可以不断学习和进步。认真对待，享受这个过程，这就是通向成功的道路。

关于作者

杰姆斯·B. 比德曼（James B. Bittman）于 1980 年成为芝加哥期权交易所（CBOE）的股票期权做市商，并开始其交易生涯。在 1983 至 1994 年间，他在芝加哥期货交易所（CBOT）作为商品期权会员进行金融期货和农产品期货的交易。

比德曼先生和 CBOE 期权学院（the Options Institute at the Chicago Board Options Exchange）的渊源始于 1987 年，他担任兼职讲师直到 1995 年，此后，他成为该学院的全职资深讲师。比德曼先生在期权学院所负责的工作包括为个人和机构投资者、证券中介商、政府监管者讲授相关课程。此外，他还在美国以及全球各地讲授做市相关的客户指定课程。除《专业期权交易》（*Trading Options as a Professional*）外，比德曼先生还是《股票投资者的期权使用指南》（*Options for the Stock Investor*）（第二版，2005 年）、《指数期权交易》（*Trading Index Options*）（1998 年）、《农产品期货和期权的交易与对冲》（*Trading and Hedging with Agricultural Futures and Options*）（2003 年）三本书的作者，三本书均由 McGraw - Hill 出版社出版。他于 1972 年以优异成绩从艾姆赫斯特大学获得学士学位，并于 1974 年从哈佛大学获得工商管理硕士学位。比德曼先生还在芝加哥的伊利诺伊大学教授硕士课程。闲暇时间，他会参与市场，积极开展股票和指数期权交易。

对于本书任何的问题或意见，比德曼先生非常愿意你通过 bittman@ cboe. com 或 JamesBittman@ gmail. com 与他联系。

声　明

　　整本书都使用了假设的案例。尽管它们是用来描述现实世界的场景，任何本书涉及的策略、使用的实际场景中的证券以及价格数据，都只是用于阐述和教学目的，它们都不能被用于买卖证券或实施专门策略的建议或参考。

　　为了简化计算，佣金和其他交易成本在本书的案例中均未考虑在内。佣金会影响股票和期权策略的收益，在现实世界中必须予以考虑。期权投资者应该就期权交易成本的税收影响咨询相关专业人士。

致　　谢

正如所有重要项目一样，完成本书并非一个人努力的成果。在本书的编辑过程中，很多人给予了我帮助、建议和鼓励。

安顿·卡拉达科夫（Anton Karadakov）编写了本书携带的 Op – Eval Pro 软件。该软件不仅是对过去版本的更新，还增加了许多新的功能，使其对初级和高级交易员而言都是一个非常有价值的工具。安顿具有把想法变成现实计算机程序的惊人能力，因此，如果你正在寻找软件开发人员，你可以通过邮件 karadakov@ yahoo. com 联系他。

丽萨·哈姆斯（Lisa Harms）编辑了整个书稿，并在本书的写作风格和整体大纲设计上作出了很大的贡献。弗洛伊德·福尔克森（Floyd Fulkerson）验证了表格的数字和内容，使其与正文相匹配。她同样对本书的组织和强化关键想法上提出了很多建议。

需要特别感谢的是 CBOE 副总裁兼期权学院主任黛博拉·彼得斯（Debra Peters），正是她的支持才让我有机会在写作本书的过程中与个人投资者、专业资金管理者以及经纪商进行深入交流。期权是有价值的投资和交易工具，黛博拉激励我们期权学院的所有人通过制作高质量的课程并通过互联网和培训班来传播这个信息。你可以通过登录网站 www. cboe. com，然后点击"Learning Center"来浏览我们的教学内容。

我的编辑，来自 McGraw – Hill 出版社的珍妮·格拉瑟（Jeanne Glasser），包容了我对提交书稿的拖延，并且一直支持我。

我的妻子劳拉（Laura），再次给予我极大的理解和支持。有太多个周末当我待在办公室里为本书的出版努力写作时，我的妻子总是独自带着我们的小女儿。

在此，我还要特别感谢以下给予我帮助和支持的朋友：

专业期权交易

威廉姆·布鲁茨基（William Brodsky），埃德·提利（Ed Tilly），埃德·乔伊斯（Ed Joyce），埃德·普罗沃斯特（Ed Provost），理查德·杜佛（Richard Dufour），马克·艾奈尔（Marc Allaire），麦克·贝拉维亚（Mike Bellavia），劳拉·约翰逊（Laura Johnson），巴巴拉·克里克（Barbara Kalicki），詹姆斯·卡尔（James Karls），麦克尔·考夫曼（Michelle Kaufman），马蒂·科尔尼（Marty Kearney），彼得·莱斯克（Peter Lusk），雪莱·内特伯格（Shelly Natenberg），布莱恩·奥弗比（Brian Overby），丹·帕瑟拉里（Dan Passarelli），约翰·伦森（John Rusin），劳雷尔·索瑞森（Laurel Sorenson），格莱格·史蒂芬（Greg Stevens），法蕾西亚·塔同（Felecia Tatum），加里·特仑波尔（Gary Trennepohl）。

导读——学习成为期权交易专家

如果你是正在接受培训的做市商或是认真对待期权交易的交易员，那么至少有八个方面的期权知识需要掌握。我将这八方面的知识称为"期权交易八要素"。

- 期权市场基础
- 期权价格行为（包括希腊字母）
- 合成关系
- 套利策略定价
- 波动率
- Delta 中性交易
- 设定买卖报价
- 管理持仓风险

本书的目的在于为有可能成为做市商的人，在期权交易相关的所有高阶层知识方面，奠定扎实的基础。这些知识包括波动率、Delta 中性交易、设定买卖报价和管理持仓风险等。对于个人投资者，本书将说明如何计划期权交易，如何利用波动率来估计股票价格的变动范围和设定股票的目标价位，以及如何选择期权的执行价格等。本书将揭示做市商是如何思考的，其目的是要帮助个人投资者在直接买进或卖出期权，以及进行套利交易时，更好地下达交易指令。

不幸的是，要想充分理解每一个基本知识点，需要至少对其他的一个或几个问题有起码的了解。因此，按照先讨论一个专题，再根据前面的论述来讨论下一个专题的做法是不切实际的。拿"期权价格行为与波动率"作为例子来说，因为波动率在期权中属于中级到高级的议题，所以波动率这一章被放在期权价格行为之后，但是波动率会影响期权价格。

专业期权交易

因此，要理解期权价格就必须对波动率有所了解。类似地，波动率与Delta 中性交易也存在很多重叠的概念。无论把哪一个问题放在另一个问题前面来讨论都值得商榷，但是专题之间必须有顺序。当你读完全书，对每个问题都有更深的理解之后，你也许会发现通过复习之前的章节会使你的理解更加深入。

本书运用丰富的实例来帮助读者理解每一个概念，对"期权交易八要素"进行深入的探讨。第一章在假设读者已具备最基本的期权知识的前提下，简要回顾之后将进一步讨论的期权市场基础和策略。此外，第一章还讨论了保证金账户、卖空股票利息回扣（short stock rebate）以及全国最优买卖报价（NBBO）的概念。

第二章介绍本书附带的 Op – Eval Pro 这款软件的许多特点，本书中的所有图表都是通过它来创建的。该软件的特点是它还包括了若干能够满足期权交易员关键性需求的工具，包括对期权价格进行分析、展现各种可能遇到的结果，对简单和复杂头寸的风险进行评估，以及对多腿持仓组合（multilegged positions）生成图表等。

第三章解释了为什么期权具有价值、期权的价值如何随着市场条件的变化而变化，以及策划股票交易与策划期权交易的不同之处。

第四章通过用来标识内部变量间关系的希腊字母：Delta、Gamma、Vega 和 Theta 的讨论来深入分析期权的价格行为。这些希腊字母所代表的因素说明了不同定价组成部分的影响。如果你理解它们所代表的关系，就能够掌握高级套利策略的精到之处。

第五章讨论的是合成关系，懂得了合成关系可以进一步巩固你对于期权价格行为的理解。此外，合成关系还可以在风险管理中起到重要的作用。

在第六章里，我们将在合成关系的基础之上，进一步讨论套利策略（arbitrage strategies）、转换组合、逆转组合以及盒式价差组合（box spread）等高级的应用。套利（arbitrage）是期权做市的一个重要组成部分。

第七章旨在阐明波动率这个概念。这一章首先介绍历史波动率是如何计算出来的，然后讨论隐含波动率的动态原理。此外，为了帮助读者了解波动率的本质，还添加了同预期股票价格分布相关的统计学知识介绍。本章最后还会介绍波动率倾斜（volatility skew）。

第八章深入介绍四种 Delta 中性交易策略实践，详细讲解这种策略的理论和现实，以及投机者与做市商如何使用这种策略。这样的实践揭示了期权价格与股票价格波动之间的一些重要关系。

第九章讨论设置和调整买卖报价，在讨论的过程中，将波动率与合成关系这两个专题结合在一起，以说明做市商在建仓和平仓时如何设置买卖报价以及对不同的选择进行评估。

第十章介绍如何计算持仓部位的希腊字母以及如何使用这些希腊字母去分析持仓风险与设置风险上限。这一章最后还将介绍对于某一特定持仓如何使希腊字母保持中性、如何选择需要强调的希腊字母，以及如何选择能够降低风险的交易方式。

我所期望的是，在读完这十章之后，你能够理解期权价格行为、高级期权策略以及波动率，并帮助你增强交易的信心。期权做市商还需要在培训过程中学会并掌握诸如运用套利（arbitrage）、Delta 中性交易来设置和调整买卖报价以及持仓风险管理等技能。另一方面，个人交易者对于波动率以及做市商交易方式的充分理解将有助于其更好地预测期权策略的表现。

我的邮箱地址：JamesBittman@ gmail. com，欢迎就书中的任何疑问与我交流。

目　　录

第一章　期权市场基础

正如本书导读中提及的那样，如果想要成为专业的期权交易员，首先需要掌握期权交易八要素之一的期权市场基础知识。本章简要回顾期权的基本术语，并对保证金账户（margin accounts）的运作机制、卖空股票利息回扣（short stock rebate）以及全国最优买卖报价（national best bidand best offer）的计算方式等进行解释。此外，本章还展示和讲解期权的四种基本组合策略和八种高级组合策略的损益图，深刻理解这些期权组合策略的运作机制是后续章节进一步讨论的必要基础。

基本术语

期权（options），是买方与卖方之间订立的合约。期权买方有权在一定的有效期内，以某一特定的价格购买或者出售某种标的资产。期权买方需要为这个权利支付权利金，也就是期权合约的价格，而期权的卖方则向买方收取权利金并在买方执行该权利时承担履行合约条款的义务。

买权（call option），是赋予买权的买方在有效期内以合约规定的价格购买标的资产的权利。如果买权的买方在到期前执行该买入的权利，买权的卖方有义务向买方以执行价格卖出标的资产。

卖权（put option），是赋予卖权的买方在有效期内以合约规定的价格出售标的资产的权利。如果卖权的买方在到期前执行该卖出的权利，卖权的卖方有义务向买方以执行价格买入标的资产。

标的资产（underlying instrument），或者简称为标的（underlying），可以是股票、期货合约、实物商品或者基于某种指数的现金价值。

执行价格（strike price），也被称做行权价格（exercise price），是指

专业期权交易

买方有权在合约有效期限买入或者卖出标的资产的特定价格。

到期日（expiration date），是期权能被执行的最后一天。到期日之后，期权合约及其所载权利都不复存在，未执行的期权将不具有任何价值。

例如，假设有一个价格为 3.00 美元的 "XYZ 十二月 50 买权"。该期权的标的是 "XYZ"，在美国通常对应 100 股 XYZ 股票。"十二月"是指该期权的到期日，对于在美国交易的股票期权而言，到期日为到期月份的第三个星期六；"50"是期权的执行价格，也就是该买权的买方在执行时购买 XYZ 股票所应支付的每股价格；"3.00"是期权的每股价格，因此该期权的买方需要（为一手期权合约）向卖方支付 300 美元（3 美元 × 100 股）。

股票交易与期权交易的对比

股票交易与期权交易虽然具有很多共同之处，但是期权交易更加复杂。期权交易员传达给经纪商的信息量要比股票交易更多。为了更好地说明两者的区别，请参见表 1-1。如表 1-1 的上半部分所示，一笔股票交易通常需要提供四个方面的信息；而表 1-1 的下半部分则显示，一笔典型的期权交易通常需要提供七个方面的信息或决定。

具体而言，股票交易员提供的信息由四部分组成。例如，在这样一条 "买入 1 500XYZ@63.50" 的交易指令中，第一部分 "买入" 描述了交易的类型。对于股票交易而言，存在四种可能的交易类型。

表 1-1 　　　　　　　　　　　　　股票交易与期权交易的对比

股票交易	买入	1 500	XYZ	@ 63. 50
	1	2	3	4
1 交易类型	买入			
	买入补空			
	卖出			
	卖空			
2 数量	股票数量			
3 股票名称	股票代码			
4 价格	每股价格			

续表

期权交易	买入开仓	15	XYZ	一月	65	买权	@2.80
	1	2	3	4	5	6	7
1 交易类型	买入开仓						
	买入平仓						
	卖出开仓						
	卖出平仓						
2 数量	合约数量						
3 标的	通常是 100 股股票*						
4 到期日	到期月份第三个星期五之后的星期六						
5 执行价格	当期权被执行时，标的股票的交易价格						
6 期权类型	买权：规定期权持有方购买标的的权利和期权卖方出售标的的义务						
	卖权：规定期权持有方出售标的的权利和期权卖方购买标的的义务						
7 价格	每股标的股票对应的期权权利金						

注：*（股票）期权合约的标的资产通常是 100 股股票，但也有例外，例如，经过 10 送 5 的拆股之后，一手合约的标的股票数目就变为 150 股。而且，对于现金交割的期权，标的对应的是现金价值。

买入（buy long），是指新买入股票从而持有股票多头。买入补空（buy to cover），是指为了平掉原有的股票空头持仓而买入股票。卖出（sell long），是指为了平掉原有的股票多头持仓而卖出股票。卖空（sell short），是指在并未持有股票的情况下卖出股票从而持有股票空头。在进行卖空交易时，经纪公司受交易者委托，借入股票并在市场上出售，而卖空股票所得的资金则交由借出股票的一方保管。这种交易类型稍后将在本章进行详细地讨论。

股票交易指令的第二部分需要说明具体交易的数量。在这个例子中，"1 500"指的便是交易的股票数量。在第三部分中，"XYZ"指的是股票代码。在最后一个部分，"@63.50"是希望成交的每股价格。总的来说，股票交易者需要决定交易何种股票、采用何种交易类型、交易股票的数量以及交易股票的价格这四方面的内容。

如表 1-1 的下半部分所示，这条关于期权的交易指令"买入开仓

专业期权交易

15 XYZ 一月 65 买权@2. 80"包含了七个部分的内容。与股票交易类似，期权交易描述的第一部分"买入开仓"描述了交易的类型。期权交易同样也分为四种类型：买入开仓（buy to open），是指新买入期权从而持有期权多头仓。买入平仓（buy to close），是指为了平掉原有的期权空头持仓而买入期权。卖出开仓（sell to open），是指卖出新的期权从而持有期权空头。卖出平仓（sell to close），是指为了平掉原有的期权多头持仓而卖出期权。

与股票的卖空交易不同，当交易者卖出期权进行开仓时，受委托的经纪公司不需要借入任何资产。期权本质上是由买卖双方共同达成并且明确规定了权利和义务的合约。期权的买方（向卖方）支付权利金，仅仅是为了获得期权合约所包含的权利，而并非标的资产的所有权。期权的卖方向买方收取权利金，也就相应地承担了在未来某时刻当买方提出执行期权时应履行的义务，若买方最终放弃执行，则卖方也免予履约。为了保证在将来有能力履行合约，期权的卖方被要求在经纪公司存入一定数额的资金。这笔存款就是保证金，将在本章稍后进行详细介绍。

期权交易描述的第二部分"15"是指交易合约的数量。第三部分，"XYZ"是标的股票的股票代码。通常而言，一手期权合约对应 100 股标的股票。第四部分是指该期权的到期月份，在这个例子中，"一月"意味着期权到期月份是一月。期权通常在到期月份的第三个星期五停止交易，并于之后的一天星期六到期。通过现金交割的指数期权通常在到期月份的第三个星期五的前一天星期四停止交易，并且采用星期五早上的开盘价来确定最后结算价。期权交易者可以从交易期权的交易所了解交割程序的细节。

表 1-1 所示的期权交易描述的第五部分"65"表示了期权的执行价格，也就是当期权被执行时，标的资产的交易价格。执行（exercise）是指权持有者，即期权买方，行使期权合约所规定的权利的行为。配对（assignment）是指选择持有期权空头的交易者来履行期权合约义务的过程。

作为指令的第六部分，"买权"是指期权的类型。期权按类型可分为买权和卖权。指令的最后一个部分是"@2.80"，是指每一股标的股票所对应的期权的交易价格。假设一手期权合约对应的标的股票是100股，那么实际购买一手以"2.80"交易的期权需要花费280美元再加上交易费用。

除了股票交易者在股票、交易类型、交易股票数量和价格这四方面的决策之外，期权交易者还必须要决定期权类型、执行价格以及到期日。在后来的章节中将会提到，相较于股票交易而言，期权交易似乎只是简单地多出三方面的决策内容。然而事实上，这极大地扩充了交易策略的可选范围，突出了市场预测中时间的重要性以及对股票目标价精确定位的需求。

权利金

期权交易者通常将期权的价格称为权利金（premium），这是一个来自保险行业的专用术语，揭示了期权语言与保险语言的诸多相同之处。事实上，这些相同点远远不止在字面上，期权和保险在很多方面可以类比。在以后的章节中将会提到，期权中的波动率可以类比于保险中的风险，期权的收益则与保险合同中规定的理赔类似。此外，期权的时间价值随时间流逝而递减这一规律，也与保险金随着覆盖的时间跨度变大而递增的现象相类似。

买方（buyer）、多头（long）和持有者（owner）这三个词的意思是等同的，都表示买方。因此，期权买方（option buyer）也可被称为拥有期权的多头持仓（long option position）或期权持有者（option owner）。

卖方（seller）、空头（short）和立权人（writer）这三个词的意思是等同的，都表示卖方。因此，期权卖方（option seller）也可被称为持有期权的空头持仓（short option position）或期权立权人（option writer）。"立权人"对应的英文单词"writer"也来源于保险行业，也就是我们所熟知的"承保人"一词。

在期权交易过程中，买方支付权利金给卖方；在期权执行时，标的将按照执行价格进行交易。因此，若一手"XYZ一月50买权"以3美

5

专业期权交易

元的价格成交，则该买权的买方获得以每股 50 美元的价格在一月份到期之前的存续期内买入 100 股 XYZ 股票的权利。为了得到这项权利，买权买方须向卖方支付每股 3 美元（即每手期权 300 美元）的权利金。如果该买权的持有者执行该权利，则会发生标的股票的交易。买权持有人将以每股 50 美元的价格买入 100 股 XYZ 股票，并向买权卖方支付 5 000 美元以及手续费，而买权卖方则以该金额卖出股票。

卖权与买权类似，若一手"QRS 八月 30 卖权"以 2 美元的价格成交，则卖权的买方获得以 30 美元每股的价格在八月份到期之前的存续期内卖出 100 股 QRS 股票的权利。为了获得这项权利，卖权买方须向卖方支付每股 2 美元（即每手期权 200 美元）的权利金。如果这份卖权的买方行使权利，则会发生标的股票的交易。卖权持有人将以每股 30 美元的价格卖出 100 股 QRS 股票，并从卖权卖方那里获得 3 000 美元并支付手续费。而卖权卖方则支付该金额来买入这些股票。

执行与配对的流程

当期权被执行时，一个被称做配对（assignment）的随机流程将选择期权的卖方来履行期权的条款。期权买方通过向其经纪公司表达执行期权的意愿来触发这个配对流程。接着经纪公司向期权清算公司（the Options Clearing Corporation，OCC，为美国场内期权的中央清算公司）发出通知。接到执行通知后，OCC 将随机选择一家持有一手或多手被执行期权空头持仓的经纪公司来进行期权的执行。最后，被选中的经纪公司再从有空头持仓的客户中选择一位期权的卖方，向他/她发出配对的通知。这样，期权的执行人和被配对的期权卖方之间进行现金和股票的适当转移以完成该交易。

期权的分类

期权可分为实物交割期权与现金交割期权两大类。当执行和配对发生时，实物交割期权（physical – delivery options）要求标的资产从一方转移给另一方。例如，在美国市场上一手股票期权的标的通常是 100 股股票。而一手期货期权的标的则是一手期货合约。当实物交割的股票期权被执行时，股票以执行价格买入或卖出。买权的执行者成为标的的买方，而被配对的买权卖方则成为标的的卖方。对于卖权而言，卖权的执行者成为标的的卖方，而被配对的卖权卖方则成为标的的买方。

与实物交割期权相反，现金交割期权（cash – settled options）与字面所表达的意思一样，其在期权的执行过程中仅仅涉及现金的转移。假设现在有一手"SPX 十二月 1 500 Call"的期权合约，其中 SPX 代表以标普 500 股票指数（Standard & Poor's 500 Stock Index）为标的的股指期权。如果这一手买权在 SPX 指数为 1 520 点时被执行，则期权的卖方将向期权的买方支付价值等同于 20 个指数点的现金。在这个例子中，每一指数点的价值为 100 美元。因此，如果指数比买权的执行价格高出 20点，那么在执行过程中，该买权的卖方须向买方支付 2 000 美元（20点×100 美元/点）。

实值、平值和虚值期权

期权处于实值、平值或是虚值的状态取决于标的资产的价格与期权执行价格之间的大小关系。对于买权而言，如果其标的的价格高于执行价格，则该买权为实值（in the money）；如果其标的的价格等于执行价格，则该买权为平值（at the money）；如果其标的的价格低于执行价格，则该买权为虚值（out of the money）。例如，对于一只价格为 100 美元的标的股票，95 买权①是实值的。进一步计算可知，这只买权的实值程度为 5. 00 美元②。接着上面的例子，100 买权是平值的，105 买权是虚值的，虚值程度为 5. 00 美元。

对于卖权而言，通过标的资产的价格与期权的执行价格之间的大小关系来判断其是否为实值、平值还是虚值的标准与买权刚好相反：如果其标的的价格低于执行价格，则该卖权是实值的（in the money）；如果

---

① "95 买权"是指"执行价格为 95 美元每股的买权"，全书均采用这样的表达方式，与英文原版保持一致。

② 计算过程为"100 美元 –95 美元 =5 美元"。

其标的的价格等于执行价格，则该卖权是平值的（at the money）；如果其标的的价格高于执行价格，则该卖权是虚值的（out of the money）。例如，对于一只价格为 100 美元的标的股票，95 卖权是虚值的，虚值程度为 5.00 美元；105 卖权是实值的，实值程度为 5.00 美元。值得注意的是，无论是买权还是卖权，平值都具有相同含义——执行价格等于标的的价格。

尽管根据标准的定义，平值期权仅仅指那些标的的价格严格等于执行价格的期权，交易员在实际交易中往往也将那些执行价格与标的的价格最为接近的期权归为"平值期权"。因此，当一只标的股票的价格为 101 美元或者 99 美元时，期权交易员通常也将 100 买权或者 100 卖权视为平值期权，即使从定义上讲前者是轻度实值，而后者是轻度虚值。

内在价值与时间价值

期权的价格由两部分组成，分别为内在价值与时间价值。内在价值（intrinsic value）是期权价格中来自期权本身的实值程度的部分，而时间价值（time value）则是期权价格中超出内在价值的部分。考虑如下情形，假设某只标的股票的价格为 67 美元，对应不同执行价格的期权价格如表 1 -2 所示。

表 1 -2　　　　　　　　　　　内在价值和时间价值

股票价格：67.00				
	列 1	列 2	列 3	列 4
	执行价格和期权类型	期权价格	内在价值	时间价值
行 1	55 买权	12.00	12.00	0.00
行 2	55 卖权	0.10	0.00	0.10
行 3	60 买权	7.50	7.00	0.50
行 4	60 卖权	0.30	0.00	0.30
行 5	65 买权	3.50	2.00	1.50
行 6	65 卖权	1.10	0.00	1.10
行 7	70 买权	1.30	0.00	1.30
行 8	70 卖权	3.90	3.00	0.90
行 9	75 买权	0.60	0.00	0.60
行 10	75 卖权	8.10	8.00	0.10

表 1 - 2 中的列 1 表示不同执行价格以及不同类型的期权。列 2 表示每个期权的价格。列 3 与列 4 分别表示每个期权相应的内在价值和时间价值。例如，行 5 所示的 65 买权的期权价格为 3.50，其中包含 2.00 的内在价值与 1.50 的时间价值。其中，2.00 的内在价值是由 67 的标的股票价格减去 65 的买权执行价格得到的，而 1.50 的时间价值是由 3.50 的期权价格减去 2.00 的内在价值后得到的。

不同于表 1 - 2 中的其他期权，行 1 所示的 55 买权的价格为 12，并且其内在价值也为 12，这说明它的时间价值为 0，也就是说该期权价格中只包含了内在价值。这样的期权被称为处于"平价状态"（trading at parity）。因为理论上如下两种操作并无差别，即以 67 每股的价格购买该标的股票，或者购买该买权并立即执行。如果该买权被执行，55 的执行价格加上 12 的期权权利金正好等于 67 的标的股票市场价格。实际操作中，如果期权价格处于"平价状态"，由于交易费用的原因，交易者将更加愿意直接买入股票而不是买权。

从表 1 - 2 还可以看出，处于平值附近的期权，例如执行价格为 65 和 70 的买权与卖权，都比其他期权具有更高的时间价值，而深度实值或深度虚值的期权时间价值最低。上述规律将在第三章中结合期权定价的内容进行深入讨论。

市场——定义 1

交易员、金融机构、财经媒体和出版商都在宽泛地使用市场（the market）这一术语，但是这个词有两种不同的含义。首先，市场指的是一个供买方和卖方进行交易的地方，以交易所为典型。交易所可以是一个可供人们聚集的物理空间，或者也可以是将交易者通过经纪商连接在一起的计算机中央处理系统。

历史上，纽约证券交易所、美国证券交易所与各地区的证券交易所都曾经是物理场所，人们以公开喊价（open outcry）的方式进行交易。世界各地的客户通过电话或者电报向经纪商下达买卖指令，这些交易指令被传送到在交易所内的代表，也就是场内经纪商（floor broker）。场内经纪商代表客户在交易大厅内与交易员进行口头议价。

场外（over – the – counter，OTC）市场首先不采用集中化实体交易场所。但是，买方和卖方仍通过电话进行口头议价。有时经纪商为客户取得最优价需要若干电话往来，然而在这个过程中，当经纪商通过电话再次确认交易价格时，先前的报价可能已经失效了。

期权于1973年首次在交易所上市之前，美国的期权通过场外卖权买权证券经纪商协会（the Over – the – counter Put and Call Broker Dealer Association）提供的电话网络进行交易。准备买卖期权的客户会联系卖权买权经纪商，该经纪商通过电话询价来发现愿意与之达成交易的对家。一旦找到对家，由经纪商作为中介，双方还会进行反复的电话沟通，直到价格达成一致。

时至今日，技术手段极大地提升了交易所各项基本功能的发挥。人们通过面对面互动来协商价格的做法正快速地在退出历史舞台。股票和期权合约的价格和数量可以方便地通过电脑获得，而买卖指令则只需轻点鼠标即可生成或者确认。然而，电脑仍然无法完全代替人进行决策。本书将重点放在如何去理解期权的动态变化，从而帮助读者更好地进行交易决策。

市场——定义2

市场的第二个含义与买卖双方想要进行交易的价格相关。买入报价（bid price），简称买价（bid），是指有人为购买某资产而愿意支付的最高价。买量（size of the bid，简称 size）是指报出最高价的人愿意购买的股票或者期权合约的数量。

随着时间的推移，交易员已经发展出一套报价的缩略语方式。例如，如果交易员 A 报出2.20美元每股的价格希望购买40手标的为 XYZ 股票、一月份到期、执行价格为每股80美元的买权，那么交易员通常会说"2.20买入40"（2.20 for 40）。每位交易员都明白这里的"2.20"是以美元计价并对应每股的价格，而"40"是指期权合约的手数，"买入"（for）其实是指"出价购买"（bid for）。值得注意的是，交易员在报出买价的时候，习惯把价格放在数量之前。

为希望出售的股票或者期权合约所报出的价格被称为卖出报价（ask price 或者 offer price），简称卖价（ask 或者 offer）。如果交易员 B 报出 2.30 美元每股的价格希望出售 20 手标的为 XYZ 股票、一月份到期、执行价格为 80 的买权，那么对应的报价方式为"20 卖出 2.30"（20 at 2.30）。注意到，在报出卖价的时候，习惯把数量放在价格之前。

在通过公开喊价的方式进行交易的那段时间，买入报价、卖出报价和交易均由口头进行传达。如果经纪商想帮助其客户了解实时行情，他也许会问："'XYZ 一月 80 买权'的市场情况如何？"交易员 A 的回答也许是，"2.20 买入 40"，而交易员 B 的回答也许会接着说"20 卖出 2.30"。然后，经纪商会向客户报告，"当前的市场是 2.20 - 2.30，40 对 20（2.20 - 2.30，40 by 20）"。其中，"2.20 - 2.30"是指买入报价和卖出报价，而"40 对 20（40 by 20）"是指该期权合约分别在买入报价和卖出报价上对应的买量和卖量。

在公开喊价的系统中，当买方与卖方就价格与数量达成一致时，就意味着一笔交易产生了。在之前的例子中，交易员 B 可能经过进一步考虑，决定不再继续等待他人以 2.30 美元的价格来购买其手里的 20 手买权，而是退而求其次，把卖出报价降为 2.20 美元。如果交易员 A 仍然报出 2.20 美元作为 40 手合约的买入报价，那么交易员 B 就会对 A 说，"（我愿意以）2.20 的价格向你卖出 20 手。"如果交易员 A 回答说愿意购买，那么这 20 手买权就会以 2.20 每股的价格达成交易。

在计算机时代，了解公开喊价交易中报价的缩略语仍然是有必要的。毕竟，人与人之间还是要进行交谈的！投资经理常常通过经纪商而不是亲自进入场内下单，而很多个人交易员会相互之间共享交易活动的信息。想象这样一个场景，一个投资经理正在打电话给他的经纪商询问一份包含 200 手买权、报价为 4.10 的卖单的当前状态。"那些买权现在交易情况如何？"他这样问道。"今天早上卖了 60 手，现在市场上的报价是

3.90 – 4.00，100 对 50。"经纪商回答他。如果双方都能理解交易语言，回复中已经包含了所有信息。

公众投资者与做市商

公众投资者（public trader）可以是个人，也可以是组织机构。但其既非交易所会员（memberof an exchange），也不是证券经纪商（broker – dealer）。在经纪业务相关的行业中，公众投资者也被称为散户投资者（retail investor）。"公众投资者"一词指一个范围广泛的市场参与者群体，既包括专业的机构投资者诸如共同基金、养老金基金以及对冲基金，也包括个人投资者和交易员。对于公众投资者而言，很重要的一点是，他们必须满足标准保证金要求，这通常是由 T 条例（Regulation T）、证券交易所或期权清算公司规定的。公众投资者可以报出买价或者卖价或者随着对市场预期的变化撤销还未成交的报价。

做市商（market maker）是期权交易所的会员，而且是注册在美国证券交易委员会（SEC）的证券经纪商，可以是个人，也可以是组织机构。作为交易所的会员，做市商需要持续地报出买价和卖价，但买卖价差（spread）不能超过规定的最大值。同时，报价所覆盖的期权数量不得低于规定的最小值。以上对于做市商的要求只适用于正常的市场状况，并因交易所和做市商类型的差异而不同。做市商的作用在于保证市场的正常运转，为公众投资者开仓和平仓提供便利。作为持续承担做市义务的回报，做市商的保证金要求低于公众投资者。

全国最优买卖报价

在美国的绝大多数的股票、期权和期货市场，很多公众投资者和做市商可能在同一时间报出买价和卖价。在股票和期权市场，多家交易所会在同一时间开市。为了方便新入场的投资者找到最高的买入报价和最低的卖出报价，需要对所有的买入报价和卖出报价进行识别、排序并实时显示，因此，这是一项复杂的技术难题。

表 1-3 展示了一只虚构的期权"XYZ 50 Call"的市场报价（来作为后续讨论的例子）。该表一共有 5 列，列 1 罗列了（在同一时刻）各个交易所内对该期权进行报价的市场参与者，包括做市商和公众投资者。在本例中，该期权同时在三家交易所进行交易。交易所 1 有两位做市商为该期权进行双边报价（即同时报出买价和卖价），还有一位公众投资者只报出了卖价。做市商 1-1 为 50 手合约分别报出 3.60 的买价和 3.90 的卖价，做市商 1-2 为 30 手合约分别报出 3.60 的买价和 4.00 的卖价。公众投资者 1-1 为 5 手合约报出 4.20 的买价。

交易所 2 有一位做市商和一位公众投资者。做市商 2-1 为 20 手合约分别报出 3.70 的买价和 4.00 的卖价。公众投资者 2-1 为 5 手合约报出 3.70 的买价。最后，在交易所 3，做市商 3-1 为 50 手合约报出 3.70 的买价和 4.00 的卖价，而公众投资者 3-1 为 10 手合约报出 4.10 的卖价，公众投资者 3-2 为 10 手合约报出了 3.90 的卖价。

表 1-3　　　　　　　　　为 XYZ 50 买权确定全国最佳买卖报价

列 1	列 2	列 3	列 4	列 5
	买入报价	买入数量	卖出报价	卖出数量
交易所 1				
做市商 1-1	3.60	50	3.90 *	50 *
做市商 1-2	3.60	30	4.00	30
公众投资者 1-1			4.20	5
交易所 2				
做市商 2-1	3.70 *	20 *	4.00	20
公众投资者 2-1	3.70 *	5 *		
交易所 3				
做市商 3-1	3.70 *	50 *	4.00	50
公众投资者 3-1			4.10	10
公众投资者 3-2			3.90 *	10 *
全国最佳买卖报价（NBBO）	3.70	75	3.90	60

注：* 表示为全国最优买卖报价（NBBO）。

基于以上三个交易所中所有做市商与公众投资者报出的买价和卖价，

表 1 - 3 的最后一行显示全国最优买卖报价（NBBO）是 3.70 的买入报价与 3.90 的卖出报价，分别对应 75 手买量和 60 手卖量。表中那些带有星号的报价和对应的数量表明其属于全国最优买卖报价。最佳买入报价 3.70 对应的总共 75 手买量由做市商 2 - 1 的 20 手买量、公众投资者 2 - 1 的 5 手买量以及做市商 3 - 1 的 50 手买量构成。最佳卖出报价 3.90 对应的总共 60 手卖量由做市商 1 - 1 的 50 手卖量以及公众投资者 3 - 2 的 10 手卖量构成。

事实上，全国最优买卖报价并非存在于所有的交易所，这就给公众投资者带来了困惑。例如，如果此刻交易所 2 新进入一位公众投资者，不妨称其为公众投资者 2 - 2，他为 30 手合约报出 3.90 的买价，接着会怎么样呢？显然，公众投资者 2 - 2 理应能够按照 3.90 的价格立即买入 30 手合约，因为他的买入报价刚好与全国最佳卖出报价匹配并且他的买量小于对应的卖量。然而，在交易所 2 中仅有 20 手最低卖出报价为 4.00 的合约，在这种情况下该怎么办呢？

美国证券交易委员会（SEC）的规则禁止交易所对全国最优买卖报价（NBBO）以外的报价撮合成交。因此，公众投资者 2 - 2 不能以 4.00 的价格买到任何合约。事实上，还存在两种可能的办法使得公众投资者 2 - 2 以最佳卖出报价 3.90 买到所需的 30 手合约。

第一种可能是交易所 2 的做市商 2 - 1 降低卖价至 3.90 并增加卖量到 30 手从而与公众投资者成交。第二种可能是把公众投资者 2 - 2 的买单指令转移到存在全国最佳卖出报价且卖量足够的其他交易所，从而进行撮合交易。在这个例子里，交易所 1 中最佳卖出报价的卖量超过 30 手，因此，可以将之前的买单指令转移过来进行成交。如果交易所 1 和交易所 3 的最佳卖出报价各自都不足 30 手，但是它们加起来就足够了，那么公众投资者 2 - 2 的买单指令可以被分拆到这两家交易所中分别配对成交。

上述两种办法均能帮助公众投资者 2 - 2 按照全国最优买卖报价达成交易。在当今先进的电子交易系统中，公众投资者不必太过担心哪一家交易所会接受他们的交易指令，因为这些指令终将按照全国最优买卖报价进行成交。

保证金账户和相关条款

期权交易者需要了解保证金账户的操作流程，因为美国证券交易委员会（SEC）的规则要求某些期权组合交易必须建立在保证金账户中。下文将对保证金账户和相关条款的基本内容进行概述。

现金账户（cash account）是指由经纪公司保管，用于现金支付所有购买行为的账户。而在保证金账户（margin account）中，经纪公司可以把钱借给客户用以建立某些持仓，即所谓的保证金交易（marginable transaction）。根据规则，不同类型的保证金交易要求客户提供不同数量的权益资本。这些权益资本被称为保证金存款（margin deposit），或简称保证金（margin）。

例如，当投资者通过提供保证金来购买股票时，其保证金账户权益小于股票本身的价值。投资者向经纪公司借来用于购买股票的金额等于股票价值超出保证金的部分，投资者需要为这笔贷款支付利息。保证金负债（margin debt）的应用对投资者产生了巨大的影响，因为保证金的账户权益随着市场波动而产生的变动，比在相同条件下的现金的账户权益变动要大得多。这种现象被称为杠杆效应（leverage）。

另一种常用的保证金交易（marginable transaction）是卖空股票。在这类交易中，经纪公司代表客户借来股票，客户将这些股票以当前的市场价格卖出，期望在将来以更低的价格买进。为了平掉卖空持仓，客户需要用买入的股票进行还贷。在卖空股票的交易中，客户在建仓的时候（除了手续费）实际上没有支付任何东西，但是经纪公司会要求客户提供一笔保证金存款用来填补其未来可能遭受的损失。

有一些期权交易属于保证金交易，而另一部分则不是。而且，某些期权交易规定只能在保证金账户中交易，而另一些既可以用现金账户又可以用保证金账户。在进行期权交易之前，投资者应当彻底熟悉该交易规定使用的账户类型。以下是一个需要记住的简单等式：

账户权益＋保证金负债＝账户价值

账户价值（account value）是指账户中所有证券的总市值。保证金负债（margin debt）是指投资者向经纪公司的借债，而账户权益（account equity）则是指将账户内证券出售所得归还保证金负债后，归投资者所有的剩余部分。

初始保证金、最低保证金、维持保证金和追加保证金

初始保证金（initial margin）是指开始一笔保证金交易所要求提供的最低账户权益资本。初始保证金的要求通常表述为持仓或者对应标的证券的市值的百分比。例如，根据现行规定，通过保证金交易购买股票时要求初始保证金比例为 50 个百分点，也就是说，购买 100 股每股价格为 50 美元的股票需要初始保证金 2 500 美元加上手续费，或者等价于 50% 的股票市值加上手续费。投资者借贷的数额等于 2 500 美元，也就是股票市值剩余的 50%。

如果一个保证金持仓开始亏钱，那么账户权益绝对值与所占总账户价值的百分比都会减少。最低保证金（minimum margin）是指一个百分比水平，（账户权益占）账户价值的百分比必须始终保持在这个水平之上。如果账户权益占比降到最低保证金水平以下，经纪公司就向投资者发送追加保证金通知（margin call），也就是要求投资者提高账户权益投入使其到达维持保证金的水平。维持保证金（maintenance margin）也是指一个关于账户权益的百分比水平，比最低保证金高，而通常比初始保证金低。当收到追加保证金的通知时，客户要么在保证金账户中存入更多的资金或者证券，要么进行平仓。再继续之前的例子，如果股票价格从 50 美元跌至 35 美元，则账户权益（从 2 500 美元）跌至 1 000 美元，因为保证金负债 2 500 美元保持不变。这 1 000 美元的账户权益只占账户价值的 28%（1 000 美元÷3 500 美元＝0.28）。如果最低保证金水平是 35%，则账户权益就低于要求的水平，那么该客户就会收到追加保证金的通知。

尽管很多期权组合策略可以通过保证金的方式来融资交易（marginable），然而需要特别注意的是，支持账户持仓的权益金额是资金管理中的关键。投资者如何对资金进行管理将决定其投资策略的风险水平——也就是说，将决定这个策略的本质是冒险投机还是稳健保守。这个概念的应用将会在接下来的章节中通篇讨论。

卖空股票利息回扣

当股票被卖空时，买家为购买的股票支付现金，和正常购买股票交易没有区别。但是，现金并没有支付给股票的卖家（卖空者），而是付给股票的出借方。股票的出借方持有现金作为抵押并将其投资于国债、其他现金等价物或流动资产。当股票的借入方发生小概率的违约时，出借方可以使用抵押托管的现金买回股票从而获得偿付。

托管现金的意义在于由现金产生的利息。该利息收入在经纪公司和股票的借出方之间分配，而公众投资者无法分享。但是，注册成为证券经纪人的专业交易员，包括期权做市商，能够从中获得一定比例的利息收入，这是因为他们自身在卖空股票的时候无须引入其他经纪商的中介服务。卖空股票利息回扣（short stock rebate）是指专业交易员在卖空股票产生的利息中所能分得的部分。

来自卖空股票利息回扣的收入会影响期权套利策略的定价，这部分内容将在第六章中谈到。通常，做市商获得卖空股票产生的净利息的80%，而股票的出借方则收到20%。因此，如果以每股90美元卖空100股股票，那么就会产生9 000美元现金。如果把这些钱以年利率为4%进行投资，那么每周可以赚取6.92美元（9 000美元×0.04÷52 = 6.92美元），而期权做市商可以获得利息的80%，即5.53美元。尽管这个数额乍看起来并不起眼，但考虑到期权做市商可以累积成百上千手的期权和数百万股的股票持仓，这也是相当可观的收入了。经由复杂的细节阐述足以说明，对于期权做市商而言，利息既是一项重要的收入来源，也是重要的费用支出——因为做市商也借入（股票或资金）。

管理卖空股票利息回扣的收入需要遵行一条基本原则，就是由股票借出方保管的现金必须时刻等于当前股票的市值。因此，随着股票价格的波动，每天都存在着股票借入方与借出方之间的资金转移。一方面，当股价下跌时，托管的存款相应减少，这将释放出一部分资金并降低期权做市商的成本。另一方面，当股价上升时，托管的存款要求相应增加。如果做市商必须借入更多的资金来满足托管存款的需求，那么卖空股票的成本可能比利息收入增加得更快。

损益图

图 1-1 到图 1-12 展示了从基本到高级的各类期权策略的损益图，这些策略是所有经验丰富的期权交易员都应该掌握的。损益图展示了一个期权策略的三个重要方面：最大获利空间、最大风险以及损益平衡点。重视对这三个方面的深入分析可以帮助交易员从主观上判断标的价格是否有足够的机会通过损益平衡点，进而判断该策略的潜在获利是否值得承担相应的风险。

图 1-1 到图 1-4 呈现了四种基本期权策略，分别是买权多头、卖权多头、买权空头与卖权空头，这四种策略是构成复杂策略的基石。

每张图都包含了三条线，其中较低的线（由直线段构成的折线）表示策略在到期日的损益。在上面和中间的两条曲线分别表示策略在到期日前 60 天和 30 天的损益。

图 1-1 展示的是买权多头的策略，这个策略具有无限的潜在获利空间，有限的风险为所支付的权利金损失，而其在到期日的损益平衡点对应的股票价格等于执行价格加上权利金。例如，如果以 4.00 每股的价格买入一手 100 买权，那么其最大风险就是 4.00 每股，而到期日的损益平衡点对应的股票价格等于 104。当股价在损益平衡点之上时，买权多头具有无限的潜在获利空间。

如图 1-2 所示，买权空头的损益图可以看成是买权多头的镜像倒影，其获利空间有限，最高获利为收取的权利金，然而风险却是无限的。买权空头在到期日的损益平衡也在标的股票价格等于执行价格加上权利金时达到。如果以 4.00 每股的价格卖出一手 100 买权，那么其最大获利

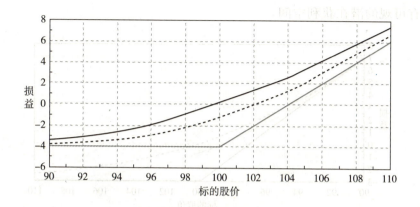

图1-1 买权多头

就是4.00每股,而到期日的损益平衡点对应的股票价格等于104。当股价在损益平衡点之上时,买权空头具有无限的潜在亏损风险。

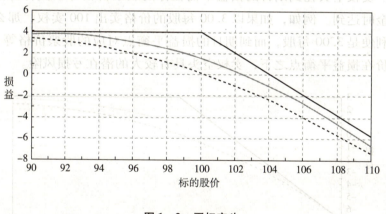

图1-2 买权空头

图1-3展示的是卖权多头的策略。卖权多头具有可观的获利空间,因为标的价格可能跌到零,然而它的风险有限,最大损失仅为支付的权利金。卖权多头在到期日的损益平衡在标的股票价格等于执行价格减去权利金时达到。例如,如果以3.00每股的价格买入一手100卖权,那么其最大风险就是3.00每股,到期日的损益平衡点对应的股票价格是97。当股价在损益平衡点之下时,由于股价最多可能跌到零,所以卖权多头

专业期权交易

具有可观的潜在获利空间。

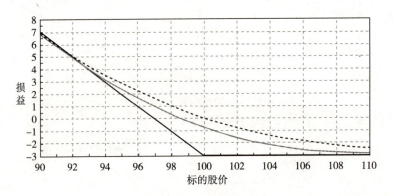

图 1-3 卖权多头

图 1-4 展示的是卖权空头的策略，其获利空间有限却承担着较大的风险。卖权空头在到期日的损益平衡在标的股票价格等于执行价格减去权利金时达到。例如，如果以 3.00 每股的价格卖出 100 卖权，那么其最大获利便是 3.00 每股，而到期日的损益平衡点对应的股票价格等于 97。当股价在损益平衡点之下，卖权空头具有较大的潜在亏损风险。

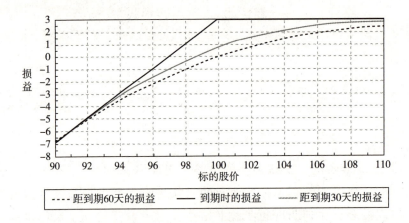

图 1-4 卖权空头

图 1-5 和图 1-6 分别展示的是跨式组合（straddle）多头和空头这两种情况。如图 1-5 所示，跨式组合多头（long straddle）就是同时买

入具有相同标的、相同执行价格和相同到期日的一手卖权和一手买权。在损益图上可以看到，跨式组合存在两个损益平衡点。第一个损益平衡点对应的股价等于执行价格加上总的权利金，第二个损益平衡点对应的股价等于执行价格减去总的权利金。当股价涨至第一个损益平衡点之上时，跨式组合多头具有无限的潜在获利空间；当股价跌至第二个损益平衡点之下时，跨式组合多头也具有相当可观的潜在获利空间。该策略的风险有限，最大损失为两手期权的权利金。这种策略也被称为高波动率策略（high - volatility strategy），因为只有当股价产生大幅的变动，无论向上还是向下，该策略才能获利。

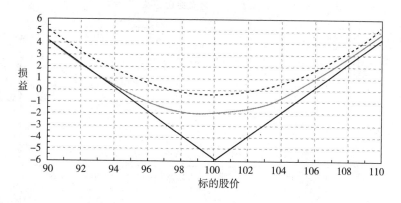

图 1 - 5　跨式组合多头

　　如图 1 - 6 所示，跨式组合空头的损益图就是跨式组合多头的镜像倒影。跨式组合空头（short straddle）就是同时卖出具有相同标的、相同执行价格和相同到期日的一手卖权和一手买权。与跨式组合多头一样，跨式组合空头也存在两个损益平衡点，（对应的股票价格）也分别是执行价格加上总的权利金与执行价格减去总的权利金。但是，跨式组合空头的潜在获利空间有限，最大获利为两手期权的权利金。这是一个低波动率策略（low - volatility strategy），因为如果标的股票的价格上涨超过第一个损益平衡点或者下跌低于第二个损益平衡点时，亏损将增加得很快。

　　图 1 - 7 与图 1 - 8 分别展示的是宽跨式组合多头和空头（long and short strangle）这两种情况，这两种策略也是同时买入或者卖出一手买权

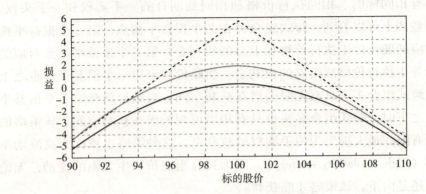

图 1-6　跨式组合空头

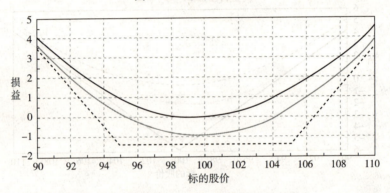

图 1-7　宽跨式组合多头

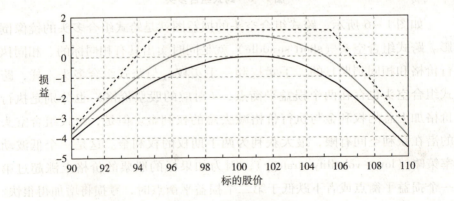

图 1-8　宽跨式组合空头

和一手卖权。而与跨式组合的不同之处在于，宽跨式组合中的买权和卖权的执行价格并不相等。例如，一手 95 – 105 宽跨式组合多头①，就是同时买入一手 95 卖权与一手 105 买权，其中假设卖权权利金为 1. 50 每股，买权权利金为 2. 00 每股，那么总成本就是 3. 50 每股。对应地，宽跨式组合空头就是同时卖出买权和卖权。宽跨式组合策略具有两个损益平衡点，（在到期日）对应的标的股票价格分别是较高的执行价格加上总的权利金与较低的执行价格减去总的权利金。当标的股票价格上涨至前一个损益平衡点之上或者下跌至后一个损益平衡点之下时，宽跨式组合多头产生获利。对应地，如果标的股票价格位于两个损益平衡点之间时，宽跨式组合空头产生获利。

　　除了损益图上直观的差异，跨式组合与宽跨式组合还在三个方面存在不同。第一，跨式组合比对应的宽跨式组合更为昂贵。例如，一手 100 跨式组合②比一手 95 – 105 宽跨式组合的总权利金要高。第二，跨式组合的两个损益平衡点间的距离通常比宽跨式组合的两个损益平衡点间的距离要小。因此，如果标的股票的价格变动较为剧烈，跨式组合将先于宽跨式组合开始获利。第三，跨式组合在到期日变得毫无价值的可能性比宽跨式要小，因为只有当标的股票价格恰好等于执行价格时，跨式组合才产生最大损失。另一方面，对于宽跨式组合，只要股票价格处于两个执行价格之间，其所包含的买权和卖权在到期日都会一文不值。

　　图 1 – 9 展示的是买权垂直价差组合多头（long call vertical spread），这种策略的潜在获利空间与风险都有限。买权垂直价差组合多头，又被称为牛市买权价差组合（bull call spread），就是买入一手执行价格较低的买权，同时卖出一手具有相同标的和到期日，但执行价格较高的买权。这样一买一卖的净支出为正，在会计上记为借记。该策略（在到期日）的损益平衡点对应的股票价格为其中较低的执行价格加上净支出的权利金，其中不包括手续费用。假设某一手买权垂直价差组合多头的操作如

①　"95 – 105 宽跨式组合多头" 采用与 "95 买权" 类似的简化表达方式。
②　"100 跨式组合" 表示其所包含的买权与卖权的执行价格皆为 100 美元。

下，以 5.00 每股的价格买入一手 100 买权，同时以 2.00 每股的价格卖出一手 110 买权。那么其中最大的亏损风险是 3.00 每股，最大的潜在获利为 7.00 每股，而到期日的损益平衡点对应的股价为 103。

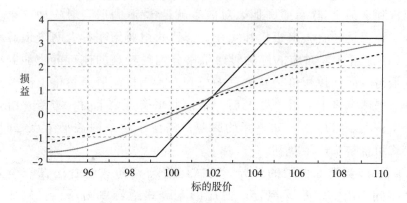

图 1-9　买权垂直价差组合多头

图 1 - 10 展示的是买权垂直价差组合空头（short call vertical spread），也被称为熊市买权价差组合（bear call spread），与牛市买权价差组合互为镜像。这种策略的风险和获利也是有限的，并且在建仓之初具有正的净收入，在会计上记为贷记。熊市买权价差组合与牛市买权价差组合具有相同的损益平衡点，其不同之处在于，当股票价格在平衡点之下时，该策略开始获利，而股价在平衡点之上时，该策略开始亏损。

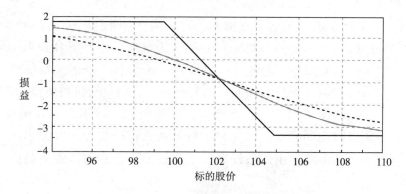

图 1-10　买权垂直价差组合空头

图 1 – 11 和图 1 – 12 简要介绍了两种高级期权策略，尽管没有经常使用，这两者都是高级期权交易员需要理解并掌握的。图 1 – 11 展示的是买权蝶式价差组合多头（long butterfly spread with calls）。它通过买入一手执行价格较低的买权，同时卖出两手执行价格较高的买权，以及买入一手执行价格更高的买权来建立策略组合，且在建立之初净支出为正。该策略包含的三个执行价格是等距离排列的，比如 100 – 105 – 110 或 100 – 110 – 120，并且所有的买权具有相同的标的和相同的到期日。

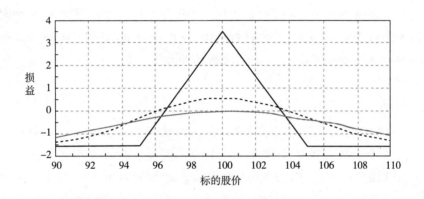

图 1 – 11　买权蝶式价差组合多头

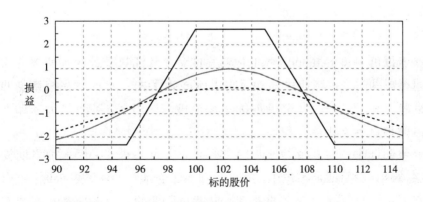

图 1 – 12　买权秃鹰价差组合多头

图 1 – 12 展示的是买权秃鹰价差组合多头（long condor spread with

calls）。这种策略包含四个不同的执行价格，通过买入一手执行价格较低的买权、卖出一手执行价格较高的买权、卖出一手执行价格更高的买权，以及买入一手执行价格比前一个还要高的买权来建立策略组合。这四个执行价格是等距离排列的，比如100－105－110－115或者100－110－120－130。蝶式价差组合和秃鹰价差组合都具有有限的损失风险和有限的潜在获利空间，建立这些策略组合的时候也会承担数次的买卖价差和多重的交易费用。因此它们只适用于那些经验丰富且交易费用较低的期权交易员。

对于类似蝶式价差组合与秃鹰价差组合等高级期权策略的熟练掌握可以加深对于所有层次的策略中的期权运行机制的理解，同样也有助于对期权价格、合成关系以及套利策略的理解。

小结

期权是买方与卖方之间规定了相关权利与义务的合约。它并没有直接决定标的资产的归属。但是，期权的执行与配对行为会引发买卖交易的发生从而使双方的股票持仓发生变化。期权交易通常需要进行七个方面的决策，而股票交易则只需要四方面。这些看似细微的差异实际上具有重要的意义，这将在整本书中进行讨论。

市场这个术语具有两种含义，其一是指进行交易的场所，其二是指由买入报价、卖出报价以及希望购买的或者出售的股票或者期权合约的数量构成的一个有机整体。在美国的期权市场中，有很多互相竞争的做市商和交易所。因此，全国最优买卖报价（NBBO）可能包含来自不同地区的相互竞争的参与者。

保证金账户的机制对于期权交易员而言意义非凡，因为很多期权策略必须建立在保证金账户中。而且，证券经纪商（包括做市商等）有资格获得卖空股票持仓产生的利息，也就是所谓的卖空股票利息回扣。对利息收入和费用的计算将在本书中持续地讨论，因为这也是期权做市商的重要考虑因素。

　　损益图表揭示了期权策略的三个重要方面：潜在获利空间、亏损风险以及损益平衡点。绝对意义上的"最优"期权策略是不存在的，但是，在给定的条件之下，基于期权价格行为和策略运行机制的正确理解加上合理的市场预期，交易员可以构建出"最优"策略。

第二章　操作 Op – Eval Pro 软件

计算机程序能达到快速运算并改善分析的效果，但它们并不能替你做出决定。本书所附 Op – Eval Pro 软件结合了多个功能特点，能帮助期权交易者分析波动率和持仓风险，从而协助他们制订交易计划。根据用户的输入，该软件能够计算出期权的理论价值、隐含波动率以及股票价格分布。根据不同的情形设定，该软件能回答"假使怎样将会怎样"的问题，并通过图形来表示仅含有期权或期权与股票相结合的策略。该软件同时可用于分析持仓风险，即希腊字母，以及它们将如何变化。该软件程序的每个界面都可以被打印，并且每个场景都可以被保存以供未来使用。本章我们将介绍如何安装和操作该软件，如有软件相关的问题可发送电子邮件至 opeval@ gmail. com。

程序的功能特点概述

本书所附的 Op – Eval Pro 软件由六个界面组成，每个界面都能被打印和保存以供未来使用。单一期权计算器（Single Option Calculator）主要用于制订单一期权交易计划。在给定同等输入时，该界面可以计算出买权和卖权的理论价值、隐含波动率及希腊字母。

价差持仓（Spread Positions）界面用于计算由一至四个不同期权或由标的资产和三个不同期权组合而成的多腿持仓①的理论价值和希腊字母。该界面还可以用于计算隐含波动率，并且允许对不同期权输入不同的波动率水平。位于界面右下角的"Price +1"等按钮，可以自动计算

---

① 多腿持仓是指由不同资产持仓组合在一起的持仓。

持仓的价值和希腊字母，从而可以更方便地进行短期持仓分析。

理论图形（Theoretical Graph）界面用于绘制价差持仓（Spread Positions）界面所构建的期权组合的可视化图形，但期权组合里的每个期权都必须具有相同的存续期。该界面可以绘制由不同标的价格、波动率、存续期或利率时所对应的损益、理论价值和希腊字母变动图。这些功能可以帮助初级和中级的期权交易员探索期权价格变动的细微差别。

表格（Table）界面展示了在用户所选择的标的价格和存续期变动范围下，价差持仓（Spread Positions）界面所构建的组合持仓对应的理论价值和希腊字母。如果用户想把表格输出的理论价值转化成 Delta 或其他希腊字母，只需把光标放在表格上，右击并选择所需的输出即可。操作界面右下角的按钮可供用户改变其波动率假设。

组合（Portfolio）界面是一个灵活的制图工具，它可以计算由标的资产和十五个以内不同期权组合而成的持仓的希腊字母，并制作对应的图。这些期权可以同时具有不同存续期和不同的隐含波动率。该界面同样能够回答"假使这样将会如何？"的问题，也就是说，用户可以观察并分析波动率和存续期变化对持仓的影响。

分布（Distribution）界面用于计算给定波动率、时间间隔及用户的其他输入下，标的的资产一个标准差的价格范围，这有助于交易员选择期权的执行价格和股票的目标价格。

安装软件

本书所附的 CD 有 Op – Eval Pro 软件的两个安装版本，一个是 Windows XP 版本，一个是 Windows Vista 版本，因而该 CD 不会自动运行，请参照以下指令进行安装：

1. 将 CD 光盘插入光盘驱动器。

2. 单击"Start"，然后点击"Run"，输入"e：\ setup"（或"f：\ setup"）。

3. 单击合适的 XP 或 Vista 图标。

4. 双击"setup. exe",然后按照指令操作。

5. 在 Windows XP 系统下运行程序,只需点击桌面上的"Op – Eval Pro"图标。在 Windows Vista 系统下,必须先点击"Start",接着点击"Programs",然后点击"Op – Eval Programs",最后点击"Op – Eval Pro"。

披露和免责声明

本节内容包含了关于 Op – Eval Pro 软件假设条件的重要信息(如图 2 –1所示)。读者应该仔细阅读整节内容。只有彻底地理解了这个程序(或任何程序)的缺陷后,你才能做出明智的决策。如果仅依靠自己的直觉和信息不足的观察进行判断,在投资或交易的任何领域都很难有所成就,更不用说期权了。仔细阅读完所有的披露和免责声明后,如果接受程序的条件及缺陷,可以选择"Agree",也可以选择"Disagree"退出程序。

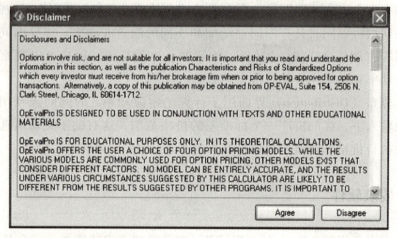

注:本声明的中文翻译内容如下:

期权有风险,不适合所有的投资者,阅读并理解本节的声明以及《标准化期权的特征和风险》对您非常重要,每个投资者在从事期权交易或交易前都应该从他的经纪商那里收到这本书,此外,这本书的印刷品可以从芝加哥,clark street, Suite154,2506N,OP – EVAL,IL60614 – 1712 处获得。

OpEvalPro 软件是和课本或其他教学材料一起使用的。

OpEvalPro 仅用于教学目的,在它的理论定价里,OpEvalPro 只为投资者提供了四种期权定价模型,而在考虑其他因素后期权定价模型还有很多种类。任何一个模型都不可能是完全精确的,在不同假设条件下得到的结果也是不同的。

图 2 –1 披露和免责声明界面

第二章　操作 Op – Eval Pro 软件

定价公式的选择

期权合约规格会因行权方式、标的资产类型及股息支付方法的不同而有所区别。Op – Eval Pro 应用了四种不同的期权定价公式，以区别分析个股期权、指数期权以及美式期权或欧式期权。单一期权计算器（Single Option Calculator）、价差持仓（Spread Positions）界面以及组合（Portfolio）界面下都分别拥有两个按钮，一个用于选择"美式"（American）或"欧式"（European），另一个则用于选择"指数"（Index）或"股票"（Equity）。在价差持仓（Spread Positions）界面和组合（Portfolio）界面，可以选择"是否指数"（IsIndex）和"是否欧式"（IsEuropean）两栏的内容。

如果选择"美式"（American），那么就意味着期权可以在到期前被提前执行，此时将用二项式公式（binomial formula）来定价。该公式将整个时间段划分为一定数量的离散时间区间或步数，然后根据未来可能出现的每种情况计算贴现值。二项式公式中的步数设置位于界面的右下角，可以通过双击"步数＝"（Steps＝）按钮进行修改。一般来说，交易员不需要改变步数的设置，"25"适用于绝大多数的使用者。

如果选择"欧式"（European），就意味着期权不能在到期前被提前执行，此时将用 Black – Scholes 期权定价公式来定价。该公式采用微分的方法，而不是使用类似于二项式公式中的分步计算。

"指数"（Index）和"股票"（Equity）的区别主要在于公式中对股息的处理方式。股票期权的标的资产是个股，因此股息支付发生在离散的时间间隔内，并在股息支付日之前就已发出通知。股指期权的标的资产则是由市场中大量股票组成的股票指数，股指期权定价公式并不试图去辨别每只个股的股息支付日，而是以百分比收益率的方式进行处理。这种股息支付方式假定股息的支付类似于银行存款账户的利息支付，在一年中持续地均匀地进行支付。虽然这种方法有些过于简化，但该处理方法在股指期权定价中已被普遍接受。

专业期权交易

一点提醒：在大部分情况下，选择"指数"（Index）和"欧式"（European）会在很大程度上提高程序的运算速度。二项式公式用于计算"美式"（American）和"股票"（Equity）期权时较为繁琐，尤其是在绘图或公式步数较多（大于25步）的情况下。出于学习的目的，我们有必要去比较不同方法下得到的结果的差异，而在一般情况下这两种方法产生的结果差异都极小。如果在定价公式的选择中选用"指数"（Index）和"欧式"（European），你会在几乎不丧失准确性的情况下节省大量时间。

我们将在接下来的内容中对 Op – Eval Pro 软件展开全面的讨论。即使是经验丰富的交易员和计算机用户也有必要阅读下一节的内容以学习该程序的全部功能。

Op – Eval Pro 的功能特征

本软件包含 10 项功能，我们将在本章后面内容中介绍每一项功能：

- 单一期权计算器（Single Option Calculator）
- 价差计算器（Spread Calculator）
- 绘制图形（Graphing）
- 理论表格生成器（Theoretical Table Generator）
- 组合分析及制图（Portfolio Analysis and Graphing）
- 概率分布（Probability Distribution）
- 打印预览（Print Preview）
- 打印（Print）
- 保存价差组合（Save Spread）
- 打开价差组合（Open Spread）

单一期权计算器（Single Option Calculator）

图 2 – 2 显示了单一期权计算器的界面。该功能可同时计算相同执行

价格、相同存续期以及相同标的证券的买权和卖权的理论价值、Delta、Gamma、Theta 和 Vega。这些项的定义位于界面顶端工具栏的"帮助"（Help）选项中。在后面几章中我们将讨论如何运用程序中的信息来分析期权价格以及估计给定预期情景下期权价格的变动。在本章，我们仅描述该程序的各种功能如何运行。

Op–Eval Pro：OP–EVAL：Single View　(单一期权界面)

□ EQUITY (股票)　□ AMERICAN (美式)			CALL (买权)	PUT (卖权)
STOCK PRICE (股价)	58.00	VALUE (价值)	46.73	19.28
STRIKE PRICE (执行价格)	60.00	DELTA	0.93	−0.24
VOLATILITY % (波动率)	35.00	GAMMA	0.00	0.01
INTEREST RATE % (利率)	4.00	VEGA	0.40	0.63
DIVIDEND (股息)	0.00	7-THETA	−0.01	0.00
DAYS TO EX–DIV (除息剩余期限)	0.00	RHO	2.01	−2.51
DAYS TO EXPIRY (存续期)	9999.00	Decimal Places (小数位数)		2

图 2 – 2　单一期权计算器

单一期权计算器界面上的移动

激活输入框可以通过点击另一个框来改变，或者也可以通过键盘的方向键来改变。向下方向键和向右方向键使激活框首先沿着输入列向下移动，然后到达"买权"（Call）框，再到达"卖权"（Put）框，最后返回到"股票价格"（STOCK PRICE）框。向上方向键和向左方向键则使激活框沿相反的方向移动。在买权和买权价值下面的框不能被激活，因为它们只能被作为结果输出。

输入范围

"股票价格"（STOCK PRICE）输入框可以接受 0.00 到 99 999.99 之间的任意价格。如果你输入一个整数，例如 50，那么 Op – Eval Pro 将会

专业期权交易

默认小数点后面的值是零。在输入一个价格后，按回车键或一个方向键，或者通过点击来激活另一个框，这都将使程序重新计算所有的输出结果。

在美国市场，期权的执行价格间距随标的证券种类及标的证券价格的不同而有所差异。然而，Op – Eval Pro 可以更加灵活地将执行价格设置成 0 至 99 999 之间的任一值。这个特性使 Op – Eval Pro 能被应用于标的资产更为广泛的期权。

波动率，正如我们将在第七章讨论的，是衡量期权标的资产潜在价格变动的一个统计指标。在其他因素保持不变的情况下，股票价格具有更大的可能变动范围（更高的波动率）意味着期权具有更高的理论价值。交易员通常用百分比来表示波动率，因而 Op – Eval Pro 也沿用了这一做法。当"波动率%"（VOLATILITY%）框被激活时，你可以输入1.00 至 999.99 之间的任意值。

利率水平影响期权的价值，这是因为时间和资金的成本直接影响购买决策。Op – Eval Pro 接受 0 至 99.99% 之间的任意利率输入值。通过输入不同的利率值然后观察期权价值变化可以发现，相对于其他输入变量，利率变动对期权价值的影响相对较小。该结论与后面第三章的讨论相一致。

对于"存续期"（DAYS TO EXPIRY）框，Op – Eval Pro 接受从 0 至9 999 之间的任意值。计算存续期的天数时，如果输入数据是在市场交易时间或交易时间之前，那么到期天数就应当包括当天，如果输入数据是在市场交易时间之后，那么到期天数就不应包括当天。同样，确保正确地输入期权的到期日，它是最后交易日的次日。对于个股期权和美式股指期权，例如 OEX 期权，正确的到期日为到期月份的第三个星期五之后的星期六（虽然从技术上来说，到期日是到期月份的第三个星期六，但最后交易日是到期月份的第三个星期五）。对于欧式股指期权，例如SPXX、DJX 或 MNX 期权，正确的到期日提前了一天，为到期月份的第三个星期五，而最后交易日则为到期月份的第三个星期四。

"股息"（DIVIDEND）框的输入取决于期权的标的资产。正如前文所讨论的，Op – Eval Pro 对个股期权和现金结算的股指期权采用不同的计算公式。如果"指数"（Index）出现在单一期权计算器界面，或者价差持仓界面或组合界面中"是否指数"（IsIndex）栏被选中，那么程序将使用百分比的股息率，并假设在整年中持续并均匀地支付股息。指数当前的股息率可在《华尔街日报》、《投资者商业日报》和《巴伦周刊》中找到。

如果界面中出现了"股票"（Equity），或"是否指数"（IsIndex）没有被选中，那么程序将假定离散的股息支付方式。此时，还必须有两个输入变量，分别是股息支付的数量和除息日距当前的天数。你可以从每天的财经报纸或公司网站中找到股息派发的目录。由于二项式期权定价过程需要对现金流进行贴现，因而需要"距除息日的天数"（DAYS To EX – DIV）的值以计算股息派发的时间。

正确的输入至关重要

如果分析期权时输入有误，Op – Eval Pro 所计算出来期权价值将明显偏离真实市场中所观察到的期权价格。不当设置同样会导致对期权价格变动的错误估计及对期权策略的错误选择。正如"披露和免责声明"（Disclosure and Disclaimers）中所解释的那样，这是你使用该程序的风险之一。只有信息输入正确时，Op – Eval Pro 才能得到最佳的运用，因此请花费必要的时间收集有用的输入数据。

计算隐含波动率

首先正确输入单一期权计算器界面左侧波动率以外的所有输入信息，再点击激活"买权"（CALL）或"卖权"（PUT）任一栏，然后输入一个值，再按一下回车键，就能得到期权的隐含波动率的最终计算结果。隐含波动率是如何被应用于期权交易决策以及估计结果等问题将在本书后续多个地方中进行讨论。

如果你改变了"买权"（CALL）或"卖权"（PUT）栏中的输入值，Op – Eval Pro 将会重新计算波动率，然后运用新的波动率计算另一栏中买权或卖权的价值，并同时重新计算所有其他的输出数据。

价差持仓界面（The Spread Positions Screen）

价差持仓界面可用于分析大量不同的组合持仓，包括仅由买权或仅由卖权构成的一对一的垂直价差组合、比率价差组合、跨期组合，同时含有买权和卖权的价差组合，以及股票和期权的价差组合等。价差持仓界面可用于计算持仓价值和希腊字母。点击界面上方菜单栏中的"价差"（SPREAD）项将会出现图2-3所示的新界面。

Op-Eval Pro: Spread View （价差展示）

SPREAD POSITIONS (价差持仓)	Option 1 (期权1)	Option 2 (期权2)	Option 3 (期权3)	Option 4 (期权4)
IsIndex (是否指数)	True(是)	True(是)	True(是)	True(是)
IsEuropean (是否欧式)	True(是)	True(是)	True(是)	True(是)
Quantity (数量)	1	-1	0	0
Type (类型)	Call (买权)	Call (买权)	Put (卖权)	Put (卖权)
Stock Price (股价)	98.00	98.00	98.00	98.00
Strike Price (执行价格)	100.00	110.00	110.00	110.00
Volatility % (波动率)	30.00	30.00	30.00	30.00
Interest %* (利率)	4.00	4.00	4.00	4.00
Dividend (股息)	0.00	0.00	0.00	0.00
Ex-Div Days (除息剩余期限)	0	0	0	0
Expiry Days* (存续期)	60	60	60	60
Multiplier (乘数)	1	1	1	1
Value (价值)	4.14	1.27	12.55	12.55
Delta	0.48	0.20	-0.80	-0.80

SPREAD GREEKS (价差希腊字母)	Total
Value	2.87
Delta	0.28
Gamma	0.01
Vega	0.05
Theta	-0.11
Rho	0.04

Decimal Places (小数位数)　2

图2-3　价差持仓界面

价差持仓界面的操作方法类似于单一期权计算器。通过左键点击可以激活一个输入栏，并且你可以修改任意被激活输入栏中的数值。方向键同样可以被用于改变激活栏并重新计算结果。价差持仓界面中包含了一些单一期权计算器界面中所不具备的功能。在接下去的几段内容中，我们将讨论这些特有的功能。

第二章 操作 Op – Eval Pro 软件

使用星号（＊）来锁定一行

价差持仓（Spread Positions）界面可用于同时分析两个或更多的期权，这些期权的波动率和存续期可以相同也可以不同。该界面同样可用于分析仅包含买权、仅包含卖权或同时包含期权和股票的价差组合。星号（＊）使我们可以更加便利地分析特定的价差。当星号（＊）出现在最左列的某项［如"数量"（Quantity），"类型"（Type），"股票价格"（Stock Price）等］中时，如果我们修改该项对应行中任一单元格的值，那么该行中所有其他单元格都将被修改为相同的值。如果星号（＊）没有出现，那这意味着该行中每个单元格的值是独立设置的，对该行中某个单元格的值的修改不会影响其他单元格的内容。

利用双击左键添加和移除星号

要添加或移除某项的星号，你只需将光标移至对应的项，并双击左键。如果星号本身已经存在，通过双击可以将它移除，如果星号不存在，通过双击可以添加。

选择"买权"（Call）、"卖权"（Put）或"股票"（Stock）

当"类型"（Type）行中的某个单元格被激活时，将会出现一个向下的箭头。左击该箭头可以打开一个下拉菜单，包括"买权"（Call）、"卖权"（Put）和"股票"（Stock）选项。点击其中一个选项可以关闭下拉菜单，并使"类型"（Type）行中对应单元格的内容变更为所选选项。

确保乘数一致

Op – Eval Pro 允许用户调整组合持仓中每个组成部分的乘数，因而该程序可以计算组合持仓的价值，并绘制以点数或美元计价的图形。然而必须注意，在设置"数量"（Quantity）和"乘数"（Multiplier）的值时，应确保期权和标的资产的一致性。

请注意，正如对价值计算的影响一样，"乘数"（Multiplier）的设置同样影响 Delta 以及其他希腊字母的计算。

加一和减一按钮

在价差持仓界面的右下角存在四个命令按钮。你可以试着点击其中一个，然后观察所发生的变化。可以发现，点击一次"价格＋1"（Price＋1）按钮可以使"股票价格"（Stock Price）行中所有的值都增加一个整数点，然后期权的价值、Delta、价差持仓的价值及价差持仓的希腊字母都相应被重新计算。如果点击其余三个按钮中的任意一个，股票价格或到期天数将会发生相应的变化，同时所有输出结果也都被重新计算。

"＋1"和"－1"按钮可以方便地估计出一单位标的资产价格和（或）一单位存续期的变动对组合持仓价值的影响。例如，一名交易员想知道图2－3中如果股票价格在五天内上涨了4美元，100－110买权价差持仓的价值将会如何变化。要回答这个问题，你只需要点击四次"价格＋1"（Price＋1）按钮（将股票价格从98增加到102），然后点击五次"天数－1"（Days－1）按钮（将存续期从60减少到55）。重新计算的结果是，价差持仓的价值从2.87增加到4.01，Delta同样从0.28增加到0.32。

价差组合和隐含波动率

在价差持仓界面下，你也可以像在单一期权计算器界面中那样计算某个期权的隐含波动率。第一，激活"价值"（VALUE）行中的一个单元格；第二，输入期权的市场价格；第三，按回车键。此时"波动率"（Volatility）就成了输出变量，这个输出值就是该期权价格对应的隐含波动率。如果"波动率％"（Volatility％）上有星号，那么计算某列期权的隐含波动率不会影响其他列期权的价值。然而，"波动率％"（Volatility％）行的任意单元格的变化都将改变该行的其他单元格上的值。

图形界面

损益图为投资策略提供了一个直观的描述，因此，它可以很好地被用于教育及策略分析。正如本书中出现的例子，Op－Eval Pro的制图功能使图表的快速准备和打印成为可能。该程序共有两个制图功能，其中一个源于价差持仓界面。

价差持仓界面下的制图功能可以产生两种不同类型的图形。第一，它可以绘制由一至四个期权或由一个股票与一至三个期权构成的单腿（single – part）或多腿（multiple – part）策略。第二，它可以绘制策略敏感性图，例如 Delta、Gamma、Theta、Vega 和 Rho 等希腊字母。这些希腊字母的定义可以在"帮助"（Help）文件中找到，我们也将在第四章对其进行深入讨论。如果要选择图的类型，只需在图上右击，然后从列表中选择所需要的选项。图 2 – 4 显示了一个由价差持仓界面中的 100 – 110 买权价差组合（见图 2 – 3）产生的理论图形界面。

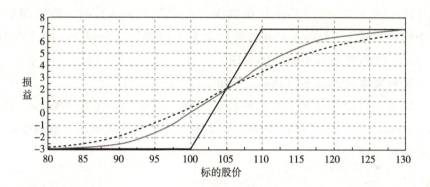

图 2 – 4　理论图形界面

为了能绘制价差持仓界面相一致的图形，价差持仓界面中的所有持仓都必须有相同的标的价格（Stock Price）、到期时间（Expiry Days）、股息、距除息日的天数（Ex – Div Days，如果有的话）以及利率。这些输入如果不一致，图形将无法产生。进一步地，对于要产生图形的持仓，其"数量"（Quantity）值必须是一个正数或负数。在理论图形界面，期权的数量可以通过点击对应栏后输入新的值并按回车键来完成。

理论图形（Theoretical Graph）界面的三条线

理论图形界面中有三条线。其中折线显示了策略组合在到期时刻的情况。中间线显示了策略组合在距离到期一半时间时的情况，而到期时间由价差持仓界面的"存续期"（Expiry Days）给出，我们可以通过点击右下角的中间按钮" – 1"或" + 1"来重新计算中间线。第三条线则显示了策略组合在距离到期天数为价差持仓界面给出的值时的情况。

如何"快速改变"图形

在理论图形界面的左下角有四行分别显示了价差持仓界面中期权 1、2、3 和 4 的执行价格和数量。改变组合持仓中某个期权的数量将会改变整个组合持仓，而 Op－Eval Pro 软件则会立即对新的组合持仓重新进行绘图。

绘制标的资产与持仓的图形

Op－Eval Pro 软件可以绘制持仓对标的股票的图形。当你把价差持仓界面中的"类型"（Type）设置成"股票"（Stock）时，理论图形界面中的"描述"（Description）将会变为"股票"（Stock），而"价值"（Value）的值将会等于股票的价格。

绘制策略敏感性图（Delta，Gamma，Theta，Vega）

如果将光标移至某个图形并右击，就会出现一个包含"Value，Delta，Gamma，Theta，Vega，Rho"的菜单。要对这些项制图，你只需简单地左击对应项。

理论价格表（Theoretical Price Table）

理论价值的表格可以快速地估计一系列市场状况发生变化时某个策略组合的损益情况。由于价差持仓界面每次只能计算和分析一个价格，因此如果使用价差持仓界面来分析将会非常耗时。理论价值表功能可以为价差持仓界面的净持仓绘制理论价值或敏感性（Delta，Gamma，Theta 以及 Vega）表格。要选择表格类型，你只需在表格上右击，然后从备选菜单中选中即可。表格左上角的单元格包含了被计算项的信息。理论图形功能中的所有局限性同样都适用于表格功能。图 2－5 显示了价差持仓界面（见图 2－3）及理论图形（见图 2－4）所对应的买权牛市价差组合的价值表格。

表格最左列的股票价格区间和顶行的时间区间及间隔大小都可以通过右击表格然后左击"修改坐标"（Change Axes）进行修改。在计算输出结果时，用户也可以修改波动率设置以及输出结果的小数点位数的设置。这些功能可以使用户方便地根据需求来调整价格区间、时间区间以及波动率水平进行分析。

理论价格	60天	54天	48天	42天	36天	30天	24天	18天	12天	6天
125	9.12	9.23	9.35	9.46	9.58	9.70	9.81	9.91	9.97	9.99
120	8.51	8.64	8.78	8.93	9.09	9.27	9.47	9.66	9.85	9.98
115	7.61	7.73	7.86	8.02	8.19	8.40	8.65	8.95	9.31	9.74
110	6.40	6.47	6.56	6.67	6.79	6.94	7.13	7.39	7.76	8.35
105	4.95	4.96	4.96	4.97	4.98	4.98	4.99	5.00	5.00	5.02
100	3.44	3.37	3.29	3.20	3.08	2.94	2.75	2.50	2.14	1.56
95	2.09	1.97	1.85	1.70	1.53	1.34	1.10	0.83	0.51	0.16
90	1.07	0.96	0.84	0.71	0.58	0.44	0.30	0.16	0.05	0.00
85	0.44	0.37	0.30	0.22	0.16	0.10	0.05	0.00	0.00	0.00
80	0.14	0.11	0.08	0.05	0.03	0.01	0.00	0.00	0.00	0.00

图 2 – 5 理论价格表

组合（Portfolio）界面

组合界面可用于绘制最多由 15 个不同存续期的期权和一个标的资产组合而成的复杂的持仓图形。在输入界面左上部分的"标的资产参数"（Underlying Parameters）和"期权参数"（Option Parameters）值后，你只需简单地左击"增加"（ADD）（在图形中并不出现，但位于组合界面），一个新的组成部分就能被加入到持仓中。注意，乘数可以通过"标的资产参数"（Underlying Parameters）下的"乘数"（MULT）输入框进行修改。"移动波动率"（Move Volatility）及"移动存续期"（Move days to expiry）输入框可以使图形能够刻画这些因素变动的影响。图 2 – 6 显示了组合界面下由六个部分组成的持仓。

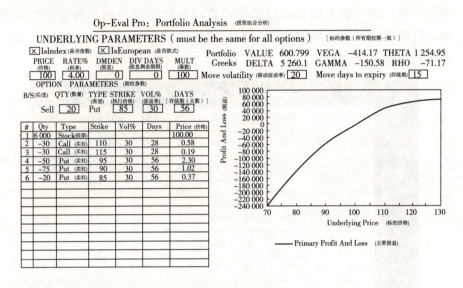

图 2-6 组合界面

分布界面 （The Distribution Screen）

在本书第七章讨论中，我们将介绍如何应用期权的市场价格所得出的隐含波动率来计算市场对未来标的股票在期权存续期内一单位标准差的价格范围的预测。分布界面根据用户选择的四段时间间隔来对这种预测进行计算。你只需简单地输入标的价格、波动率以及时间区间，Op-Eval Pro 软件就能计算出标的资产一个标准差的价格范围。图 2-7 给出了一个分布界面，表示一只价格为 83 美元，波动率为 33% 的股票，在未来 7 天、14 天和 21 天的一个标准差的价格范围。

预览、打印及保存

如果结果不能被打印出来展示或保存起来以供将来使用，那么研究和分析是否还有意义？在 Op-Eval Pro 软件中，所有的界面都可以被打印前预览，所有情景都可以被保存。练习使用程序屏幕上方菜单栏中的"保存为"（Save As）、"打印预览"（Print Preview）及"打印"（Print）

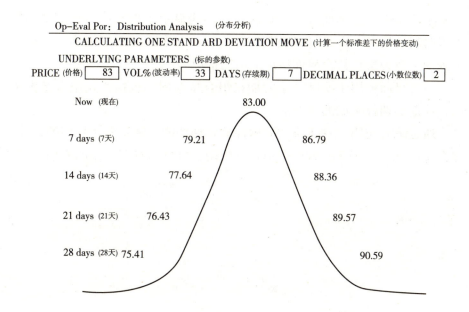

Op-Eval Por：Distribution Analysis （分布分析）

CALCULATING ONE STAND ARD DEVIATION MOVE （计算一个标准差下的价格变动）

UNDERLYING PARAMETERS （标的参数）

PRICE （价格） 83 VOL% （波动率） 33 DAYS （存续期） 7 DECIMAL PLACES （小数位数） 2

Now （现在）　83.00

7 days （7天）　79.21　86.79

14 days （14天）　77.64　88.36

21 days （21天）　76.43　89.57

28 days （28天） 75.41　90.59

注：＊价格在给定的时间内基于一个标准差的变动范围（1 年为 365 天）。

图 2 – 7　分布界面

按钮。要重新打开过去保存的某个情景，你只需简单地单击菜单栏中的
"打开"（Open）按钮。

小结

Op – Eval Pro 是一款为方便计算、快速制图及改进分析而设计的软件，但它并非被设计来代替你做决策。

程序安装完成后，在你试图运用程序进行单一期权分析或多期权的组合策略分析之前，必须仔细阅读并彻底掌握披露和免责声明。

单一期权计算器、价差持仓界面以及组合界面都是被用于分析期权理论价值及它们对应的 Deltas、Gammas、Thetas 和 Vegas。如果任意界面中的 "股票价格"（Stock Price）发生改变，Op – Eval Pro 软件将重新计算波动率，这就是所谓的隐含波动率。

制图和表格功能的应用需要价差持仓界面的相应输入。图中的折线

专业期权交易

显示了策略组合在到期时刻的情况；中间线显示了策略组合在距离到期一半时间的情况，并且可以被重新计算；第三条线显示了策略组合在距离到期天数为价差持仓界面给出的值的情况。

组合界面可用于绘制复杂的期权组合持仓图，包括跨期组合及由不同存续期的期权构成的组合。

通过练习使用 Op – Eval Pro 软件的多种功能，熟悉各个界面的设计，你会发现 Op – Eval Pro 软件是一款分析期权价格和投资策略的实用工具。

第三章　期权价格行为基础

期权价格行为的相关主题主要涉及两个章节的内容，这是因为交易员需要掌握期权价格行为两方面的内容。这一章主要讨论当市场环境变化时期权价格如何变化。期权价格在短期内的变动方式与股票价格或期货价格都不相同，交易员在交易期权时需要以不同方式来思考。下一章将讨论希腊字母——Delta、Gamma、Theta、Vega、Rho——它们如何变化、如何用于评估持仓风险、当市场波动时持仓风险会如何变化。

本章首先对期权和保险之间的相似性进行简要对比；其次，描述当各种参数变化时期权价值的变化；再次，我们将引入波动率的概念并介绍它对期权价格的影响；最后，本章讨论波动环境下期权价格的变化，以及期权交易员制订交易计划的独特方式。

与保险的相似性

期权如同一张保单，如果存续期内特定事件发生，那么持有人将获得补偿。而如果这些事件未发生，那么保单在到期时将一钱不值。

卖权和保险之间的相似性很容易理解。如果标的股票价格下跌，卖权的价值就会上升。股票价格下跌就类似于被保险的资产被损坏了，而卖权价值上升就类似于保险进行了赔付。

而买权和保险之间的相似性则并不明显，因为买权包含的权利是买入而不是卖出。尽管如此，当市场上升时，买权具有和保险类似的特性——它们可以保护现金或流动性持有者免予错过市场上行的机会。卖权针对的是投资者在市场之内时面临的风险，而买权针对的是投资者在市场之外时面临的风险。卖权降低了市场下行的风险，而买权针对的是错过市场上行的风险。尽管一个是"实际损失"而另一个却是"机会损失",但买权和卖权在针对特定事件提供保护这一层面来说,和保险在很多方面都有相似之处。

保险金的构成

保险公司在计算保险金时通常考虑五个因素。第一他们考虑被保险资产的价值,其他因素相同时,资产价值越高保险金就越贵;第二个因素是免赔额,免赔额越高保险金就越低,因为资产持有者自身承受的风险越高;第三个因素是距离到期的时间,时间越长保险金越高;第四个因素是利率,利率会影响保险金是因为保险公司会在赔付之前将保险金进行投资,利率越高保险金越低;第五个同时也是最后一个因素——风险。风险由许多部分组成,例如资产的实际品质以及同类资产的历史损失情况。例如,当一家公司承包汽车时可能会分析驾驶者的年龄和驾驶记录、停车地点以及每年行驶的里程数。当其他因素相同时,车辆的受损概率越高,保险金就越高。

保险公司并非简单将这五个决定保险金的因素输入到数学公式进行计算,他们还会考虑竞争者的行为。保单的市场价格和保险公司计算出来的理论价值之间的差异需要保险公司决定是否"参与竞争"来赢得业务或是观望以等待更好的机会。期权投资者在任何时段都在做着类似决策。

期权与保险的比较

与保险的五个决定因素相当,期权在定价时有六项主要因素:标的价值、执行价格、存续时间、利率、股息和波动率。对于期权来说,标的股票或指数的价格就相当于保险对应的资产价值。如果其他因素相同,标的价格越高意味着期权价值越高。

标的当前价格和期权执行价格之间的差距相当于保险中的免赔额。免赔额是指保险人根据保险的条件作出赔付之前,被保险人先要自己承担的损失额度。例如,一张保单的免赔额为 500 美元意味着损失程度达到上述特定金额之前保险公司都无需赔付。该理念对期权同样适用。虚值期权就相当于一张具有免赔条款的保单：当标的股票没有达到执行价格时，期权无须支付，这就相当于保单到期作废的情况。而平值期权就相当于没有免赔条款的保单，即使股票价格只下降了一点，期权仍然具有价值——和保单赔付的情况类似。

存续时间对期权价值的影响容易理解，存续时间缩短时期权价值会下降。保险的情况类似，一张 6 个月保单的价值低于一张 1 年保单。但存续期的变化具体在多大程度影响期权价值则并不直观，这些我们会在本章后面的部分详细讨论。

第四个因素，利率的变化对买权和卖权的影响相反。利率的上升会导致买权价值上升而卖权价值下降。利率变化对短期期权价值的影响极小，因此对于短期投机交易决策的影响甚微。然而，利率会显著影响第六章所讨论的无风险套利策略的获利，因此专业做市商需要加以考虑。

股息是期权价格中无法与保险类比的额外因素。股息对期权价值的影响和利率相反。股息的增加倾向于降低买权价值而增加卖权价值。但类似的是，股息率的变化对期权价值的影响很小，因此对期权投机者的影响甚微。但股息率的变化会影响专业做市商的无风险套利策略，这部分内容将在第六章讲述。

期权价值的最后一个部分"波动率"在概念上等同于保险中的风险因子。就像保险风险评估值上升会提高保险金一样，波动率的上升也会提高期权价值。波动率相关的内容将会在第七章详细讨论，本书中很多地方也都会提到。

表 3－1 概述了保险金和期权价值之间的相似性，表 3－2 概述了六个因素的变化对买权和卖权价值的影响。在表 3－2 中，"正向影响"表示当该因素上升而其他因素不变时，期权价值也会上升。"反向影响"表示当该因素上升而其他因素不变时，期权价值会下降。例如，"标的价格"对于买权价值有正向影响，而对于卖权价值有反向影响。

表 3–1	价值的影响因素：期权价值与保险金的比较
保险	期权
资产价值	标的价格
免赔额	执行价格
时间	时间
利率	利率和股息率
风险	波动率
=保险金	=价值

表 3–2	因素变化与期权价值的改变	
因素	对买权价值的影响	对卖权价值的影响
标的价格	正向	反向
执行价格	反向	正向
时间	正向	正向
利率	正向	反向
股息率	反向	正向
波动率	正向	正向

期权定价公式

　　期权理论价值可以通过一些数学公式计算出来。芝加哥大学的两个教授 Fisher Black 和 Myron Scholes 于 1973 年开发出首款定价公式，被称为 Black–Scholes 期权定价模型。而这样的定价公式需要复杂的数学计算。之后，其他数学家开发出被称为二叉树期权定价模型的定价公式。这些定价公式背后的数学知识并不在本书的覆盖范围之内，但可以在 J. C. Cox、S. A. Ross、M. Rubenstein、J. Hull 等人的书中找到。本书附带的 Op–Eval Pro 软件可以让用户选择 4 种定价公式，包括 Black–Scholes 模型以及三款不同的二叉树定价模型。从学习的角度，你可以输入相同的参数来比较各种模型的计算结果。多数情况下，你会发现这些结果之间差别很小。除非特别说明，本书中的期权价值由 Black–Scholes 模型计算而来，并精确到小数点后两位。

下面几个例子显示了当期权定价公式的输入参数变化时，买权和卖权的价值如何变化。这些例子都是静态的，即每次只有一个因素变化，而其他因素保持不变。本节后面会提到一些动态的例子。

买权价值和股票价格

表 3-3 显示了在不同的存续期下，当标的价格变化时买权的价值如何变化。表 3-3 包含了 11 行和 7 列。行代表了不同的股价，列表示不同的存续期。对比表格的不同行和列，可以看出标的价格变化、存续期变化或两者共同变化时期权理论价值的变化。

对买权价格变化的示例可以从表 3-3 中行 6 列 1 看起。股票价格是 100，存续期为 90 天，该执行价格为 100 的买权的理论价值是 6.53。如果股价上升 1 变成 101（为行 7 列 1），而其他因素不变，买权的理论价值将上升 0.58 变成 7.11。如果股价下降 1 变成 99，买权价值将下降 0.54 变成 5.99。两种情况下，买权价值的变化量都小于股价变化量。从本表的其他地方也可以看到类似的关系。假设其他因素不变，在任何存续期下，期权理论价值的变化量都小于股价变化量。同时，期权价值变化量与股价变化量的比率随股价和时间而变。

表 3-3　执行价格为 100 的买权在不同股价和存续天数时的理论价值

（利率为 5%；波动率为 30%；无股息）

		列 1	列 2	列 3	列 4	列 5	列 6	列 7
	股价	90 天	75 天	60 天	45 天	30 天	15 天	0 天
行 11	105	9.66	9.05	8.39	7.67	6.86	5.91	5
行 10	104	8.99	8.37	7.71	6.97	6.13	5.12	4
行 9	103	8.34	7.72	7.05	6.3	5.44	4.39	3
行 8	102	7.71	7.09	6.42	5.66	4.8	3.71	2
行 7	101	7.11	6.49	5.82	5.07	4.19	3.09	1
行 6	100	6.53	5.92	5.25	4.5	3.63	2.53	0

续表

		列 1	列 2	列 3	列 4	列 5	列 6	列 7
行 5	99	5.99	5.38	4.72	3.98	3.12	2.04	0
行 4	98	5.46	4.86	4.21	3.49	2.65	1.61	0
行 3	97	4.97	4.38	3.74	3.04	2.23	1.25	0
行 2	96	4.5	3.93	3.31	2.63	1.86	0.94	0
行 1	95	4.06	3.51	2.91	2.26	1.53	0.7	0

例如，存续期为 45 天且股价上升 1，即从 97 变成 98 时，期权价值上升 0.45，即从 3.04 变成 3.49，约为股价变化量的 45%。而在另外一种情况下，存续期为 60 天且当股价从 102 上升到 103 时，买权价值上升 0.63，即从 6.42 变成 7.05，约为股价变化量的 63%。

从表 3-3 中可以得到两个结论。第一，如前所述，期权价格变化量小于股价变化量。第二，期权价格变化量取决于存续期以及股价相对于执行价格的位置。

图 3-1 显示了当股价变化时买权价值如何变化。上方的曲线是存续期为 90 天的买权价值，如表 3-3 的列 1 所示。中间的曲线是存续期为 45 天的买权价值，如表 3-3 中的列 4 所示。下面的折线（由两段直线组成）为到期时的买权价值，如表 3-3 的列 7 所示。图 3-1 显示了和

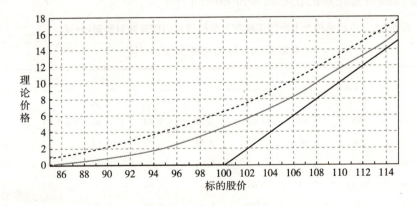

图 3-1　存续期为 90 天、45 天时和到期时的买权（执行价格为 100）价值

表 3-3 相同的两个信息，即买权价值与股价正相关，但相关程度取决于股价和执行价格的关系。

当股价显著低于执行价格时，买权价值接近于零。随着股价向着执行价格上升，买权价值逐渐上升。当股价接近并超过执行价格时，买权价值上升的速度越来越快。最后，当股价大幅超越执行价格时，买权价值的变化与股价变化接近于 1:1 的关系。但在理论上，买权价值变化量不可能 1:1 的达到股价变化量，因为在理论上买权价值中始终包含一部分的时间价值。

卖权价值和股票价格

买权的上述价格变化特征同样适用于卖权，但同时存在一项主要的差异，即卖权价值与股票价格反向相关。因此，当股价上升时卖权价值下降，而当股价下降时卖权价值上升。表 3-4 包含了卖权（执行价格为 100）在不同股价和存续期时的理论价值。

对卖权价格变化的示例可以从表 3-4 中行 6 列 1 看起。股票价格为 100，存续期为 90 天，执行价格为 100 的卖权的理论价值是 5.31。如果股价下降 1 变成 99（为行 5 列 1），而其他因素不变，卖权价值将上升 0.45 变成 5.76。如果股价上升 1 变成 101，卖权的理论价值将下降到 4.88。两种情况下，卖权价值的变化量都小于股价变化量，这种关系始终存在，就如同买权的情形。同时，期权价值变化量与股价变化量的比率随股价和时间而变化。

例如，存续期为 45 天且股价下降 1，即从 99 变成 98 时，卖权价值从 4.36 变成 4.89，约为股价变化量的 53%。而在另外一种情况下，存续期为 60 天且当股价从 103 上升到 104 时，卖权价值从 3.23 下降到 2.89，约为股价变化量的 34%。

表3-4　　执行价格为100的卖权在不同股价和存续期时的理论价值

（利率为5%；波动率为30%；无股息）

	股价	列1 90天	列2 75天	列3 60天	列4 45天	列5 30天	列6 15天	列7 0天
行11	105	3.44	3.03	2.57	2.06	1.45	0.7	0
行10	104	3.76	3.35	2.89	2.35	1.72	0.93	0
行9	103	4.11	3.7	3.23	2.69	2.03	1.18	0
行8	102	4.49	4.07	3.6	3.05	2.39	1.5	0
行7	101	4.88	4.47	4	3.45	2.78	1.88	0
行6	100	5.31	4.9	4.43	3.89	3.22	2.32	0
行5	99	5.76	5.36	4.9	4.36	3.71	2.83	1
行4	98	6.24	5.84	5.4	4.89	4.24	3.4	2
行3	97	6.74	6.36	5.93	5.43	4.82	4.04	3
行2	96	7.28	6.91	6.49	6.02	5.45	4.74	4
行1	95	7.84	7.48	7.09	6.64	6.12	5.49	5

　　图3-2显示了当股价变化时卖权价值如何变化。上方的曲线是存续期为90天的卖权价值，如表3-4的列1所示。中间的曲线是存续期为45天的卖权价值，如表3-4中的列4所示。下面的折线（由两段直线组成）为到期时的卖权价值，如表3-4的列7所示。和表3-4一样，图3-2显示出卖权价值与股价反向相关，且相关程度取决于股价和执行

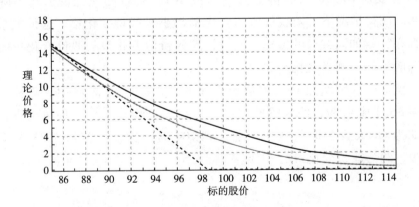

图3-2　存续期为90天、45天和到期时的卖权（执行价格为100）价值

价格的关系。

当股价显著高于执行价格时，卖权价值接近于零。随着股价向着执行价格下降，卖权价值逐渐上升。当股价接近并跌破执行价格时，卖权价值上升的速度越来越快。最后，当股价大幅低于执行价格时，卖权价值的变化与股价变化接近于1:1的关系。但在理论上，卖权价值变化量不可能1:1的达到股价变化量，因为在理论上卖权价值中始终包含一部分的时间价值。

Delta

期权价格变化与股价变化的比率是期权价格行为的一个重要方面，这被称为期权的 Delta。具体来说，Delta 就是指当标的股票的价格变化一个单位时，期权理论价值的变化量。本章引入 Delta 的概念，但详细的讨论将在第四章中进行。

回顾表3-3的例子。当股价从100上升到101时，存续期为90天且执行价格为100的买权价值将上升0.58，即从6.53升至7.11，该买权就可被描述为"Delta为58"。实际上，该Delta具体为0.58，或58%。这意味着该执行价格为100的买权价值的预期变化量为股价变化量的58%。观察表3-4中的另一个例子，当股价从100下降到99时，执行价格为100的卖权价值上升了53%。该卖权可被描述为"Delta为-53"，或-53%。这意味着当股价变化1美元时，该执行价格为100的卖权价值预计将变化53美分。

买权价值与卖权价值的关系

买权和卖权的价值之间的关系曾让很多交易员迷惑。直觉上，你可能会认为当股价等于执行价格时，拥有相同执行价格和存续期的买权和卖权应该具备相同价值。但在实际上，上述等式不可能发生。假设没有股息，买权价格将始终高于卖权价格，因为买权包含利息成分而卖权不包含。比较表3-3和表3-4可以发现这种不等关系。两表中的行6对应于股价在 100 时的期权价值。当存续期为 90 天（列 1）时，执行价格为 100 的买权的价值为 6.53，而相应卖权的价值为 5.31。在行 6 的每个位置，买权价值都比卖权价值更高。这种差异的存在是因为买权价格中存在利息因素，而卖权中没有。在第六章介绍完无风险套利策略后，利息因素存在的原因将更加明朗。

除行 6 外，在表 3-3 和表 3-4 中，执行价格为 100 的买权的时间价值均高于执行价格为 100 的卖权。例如，比较两表的行 4 列 2，此处股价为 98 美元，存续期为 75 天。此时，执行价格为 100 的买权价格为 4.86，均为时间价值；而执行价格为 100 的卖权价格 5.84 中，包含了 2 美元的内在价值和 3.84 美元的时间价值。此例中，卖权的时间价值比买权的时间价值低 1.02。另外一个例子是表中行 9 列 5 的情况，股价为 103 美元，存续期为 30 天。此时，执行价格为 100 的买权价值为 5.44，其中包含 3 美元的内在价值和 2.44 美元的时间价值；而执行价格 100 的卖权价值 2.03 均为时间价值，比买权的时间价值低了 0.41。

从广义来说，上述买权价格高于卖权价格的关系被称为买权卖权平价关系，将在第五章详细讨论。买权卖权平价关系表明股价、买权价格、卖权价格需要相互保持特定关系，否则存在无风险套利的机会，专业交易者可以从中获得几乎无风险的利润。专业的做市商始终在寻找市场失效的交易机会——价格脱离了相互之间关系的情形——并立刻进场进行套利。由于做市商之间的激烈竞争，这类机会通常只在极短时间内出现，而这种"失效"的程度只相当于每股几分钱。尽管如此，由于做市商每天交易大量的期权，因此仍可从这类无风险套利的机会中获利。

期权价值与执行价格

前面我们提到，期权的执行价格就如同保单的免赔额。保单的免赔额越高，那么保险金或者说成本就越低。相应地，较低的免赔额会提高保险金。对期权来说，如果标的股价为 100，某执行价格为 100 的买权处于平值状态，类似于一张没有免赔额的保单。当执行价格提高到 105

而其他如股价等因素不变时，买权价值会下降。这是因为，当股价为100时，执行价格为105的买权正处于价外5个点，就像是一份拥有免赔额的保单。表3-5显示，当执行价格从100上升到105再到110时，期权价值依次从6.53下降到4.37再到2.8。用保险的语言来说，就是当执行价格远离股价时会导致免赔额上升，从而使得保险金下降。

　　股票分割，例如将1股拆成2股，是导致股价变动的最常见的情形，但拆股不会影响期权的实值或虚值程度。如当1拆2导致股价从100变成50时，原来执行价格为110的买权处于10%的虚值状态，而新的执行价格为55的买权仍然处于10%的虚值状态。股票1拆2对于期权价值的影响更多的是股价变化而非执行价格变化所至。执行价格变化的影响无须讨论，因为很少发生只有执行价格改变而其他因素不变的情形。值得一提的是，在2007年股票分割的处理方式有所变化。在新的处理方法中，除了1拆2和1拆4这两种情形外，其他分割方式均会对交割物进行调整，而不是调整执行价格或是权利金与执行价格的乘数。具体细节可参考美国证监会 Release No. 34-55258。

表3-5		执行价格上升的影响	
	原输入参数	新执行价格	新执行价格
股价	100		
执行价格	100	105	110
股息率	0%		
波动率	30%		
利率	5%		
到期天数	60		
	原价值	新价值	新价值
100买权	6.53	105买权：4.37	110买权：2.80
100卖权	5.31	105卖权：8.08	110卖权：11.45

期权价值与存续期

如果其他因素不变，期权价值会随着时间流逝而减少。两类图形可

专业期权交易

以描述这一现象。首先，可以看图3-1和图3-2。这两张图显示了存续期为90天、45天和到期时的期权价格。随着时间流逝，曲线逐渐变成到期时的损益，即分段的直线。

图3-3从另外一个角度描述了时间流逝的影响。图3-3A可能是时

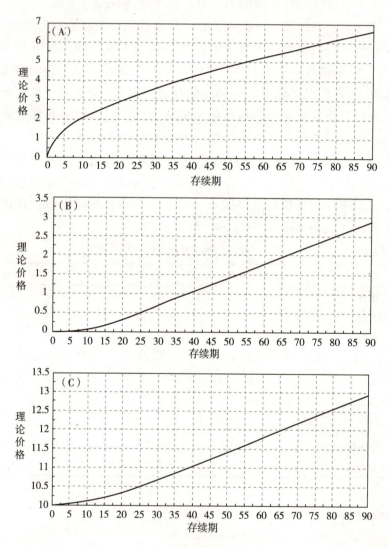

图3-3　（A）平值买权与时间；（B）虚值买权与时间；（C）实值买权与时间

间流逝效应的最好的图示，在存续期大于 30 天时几乎为一条直线，而当存续期继续减少时期权价值快速下降到 0。图形对应于表 3 - 3 中的行 6，即股价为 100 时的情形。执行价格为 100 的平值买权在 90 天时价值为 6.53，在 75 天时价值下降到 5.92，在 60 天时价值继续下降到 5.25。这种情况下，时间流逝对期权价值的影响程度初始时较小，而在临近到期时比较大。从表 3 - 3 行 6 可以看到，当时间流逝一半，即存续期从 90 天变到 45 天时，平值买权价值仅仅减少了 31% （从 6.53 降到 4.5）。类似的价格/时间关系还存在于存续期从 60 天到 30 天的情形，这时平值买权的价值从 5.25 下降 31% 到 3.63，而当存续期从 30 天变动到 15 天时，平值买权的价值从 3.63 下降 30% 到 2.53。表 3 - 4 中行 6 解释了股价为 100 时平值卖权的类似的价格/时间关系。

Theta

期权价值的时间流逝度量被称为 Theta。Theta 是当时间流逝一个单位时，期权理论价值的变动量。所谓"一个单位"可以是一天、一周或其他时间单位。在本书附带的 Op - Eval Pro 程序中，用户可以设定 Theta 的时间单位。第四章将详细讨论所有这些希腊字母。

复杂的时间流逝效应

对于期权的初学者来说，时间流逝对于期权价值的影响并非像初看那么简单。图 3 - 3 的 B 和 C 中可以看到，时间流逝对于实值和虚值期权的影响不同于对平值期权的影响（图 3 - 3 A）。

图 3 - 3B 显示了时间流逝如何影响虚值买权。图中买权执行价格为 110，而股价为 100，存续期最长为 90 天。这条接近于直线的线条和图 3 - 3A 中的曲线存在明显不同。注意到最后一周中时间流逝的影响极小，而在图 3 - 3A 中最后一周的时间流逝影响最大。

图 3 - 3C 所显示的实值买权的时间流逝影响几乎与虚值买权的相同。图形表示的是股价 100 时，执行价格为 90 的买权在最后 90 天的变

专业期权交易

化。请记住，时间流逝只会导致期权的时间价值减少。因此，对于一个当前股价为 100，执行价格 90，存续期为 90 天的买权来说，其价值为 12.82，时间流逝只会影响该实值期权价值中的 2.82 部分。在到期时，该买权价值将等于其内在价值 10。

时间价值损失与波动率

表 3-6 显示了波动率对时间流逝的影响。表中包含 9 列和 3 个部分。每列表示一个不同的存续期。行分成了三个主要部分，分别为执行价格 100 的买权、执行价格 105 的买权和执行价格 110 的买权。每个部分包括三类不同的波动率假设。数值下面的百分比显示了时间价值损失所占的不同比例。

表 3-6　　　　　平值买权和虚值买权在不同波动率下的价值

列 1	列 2	列 3	列 4	列 5	列 6	列 7	列 8	列 9
56 天	49 天	42 天	35 天	28 天	21 天	14 天	7 天	到期
		100 买权		20% 波动率				
3.43	3.19	2.94	2.66	2.36	2.03	1.64	1.14	0
100%	93%	86%	78%	69%	59%	48%	33%	0%
				30% 波动率				
4.98	4.64	4.28	3.9	3.46	2.98	2.42	1.7	0
100%	93%	86%	78%	69%	59%	48%	33%	0%
				40% 波动率				
6.54	6.1	5.63	5.12	4.57	3.94	3.2	2.25	0
100%	93%	86%	78%	69%	59%	48%	33%	0%
		105 买权		20% 波动率				
1.48	1.28	1.08	0.87	0.65	0.43	0.22	0.05	0
100%	86%	73%	59%	44%	29%	15%	0%	0%
				30% 波动率				
2.92	2.61	2.28	1.93	1.55	1.15	0.72	0.26	0
100%	89%	78%	66%	53%	39%	25%	9%	0%

列1	列2	列3	列4	列5	列6	列7	列8	列9
				40%波动率				
4.44	4.01	3.56	3.08	2.56	1.99	1.35	0.61	0
100%	90%	80%	69%	58%	45%	30%	14%	0%
		110买权		20%波动率				
0.52	0.41	0.3	0.2	0.11	0.05	0.01	0	0
100%	79%	58%	38%	21%	10%	2%	0%	0%
				30%波动率				
1.59	1.34	1.09	0.83	0.56	0.35	0.14	0.02	0
100%	84%	69%	52%	35%	22%	9%	1%	0%
				40%波动率				
2.9	2.53	2.14	1.73	1.32	0.89	0.46	0.1	0
100%	87%	74%	60%	46%	31%	16%	3%	0%

假设：股价100；无股息；利率5%。

注：表中的百分比为时间流逝的影响所占的比例。

表3-6最上面部分的第一行显示，当波动率为20%时，执行价格为100的买权在存续期为56天时的价值为3.43，在28天时价值下降到2.36，而在到期时价值变成0。由于时间的流逝，该买权将在存续期内的前半段损失其期初价值3.43的31%，而在存续期的后半段损失掉剩余69%。对于波动率为30%和40%的情况，上述损失的比率几乎完全相同。可以得出结论，对于平值期权来说，当波动率水平不同而其他因素相同时，期权前一半存续期的时间流逝所导致的价值损失约为期权期初价值的1/3。

对于虚值程度5%的执行价格为105的买权来说，时间损失的比率比平值买权大，且随波动率变化。表3-6的中间部分的第一行显示，当波动率为20%时，执行价格为105的买权在存续期为56天时的价值为1.48，在28天时价值下降到0.65，而在到期时价值变成0。因此，该买权将在存续期内的前半段因时间流逝而损失其期初价值的56%，而在存续期的后半段损失掉剩余44%。对于波动率为30%的情形，前半程损失的比率略低，而后半程损失的比率略高，存续期从 56 天变成 28 天时损失率为 47%，低于波动率为 20% 时的 56%。而在存续期 28 天至到期时的阶段，该买权的价值损失为 53%，高于波动率为 20% 时的 44%。当波动率为 40% 时，该买权在前半程的损失率更低（为 42%），而后半程损失率更高（为 58%）。

本例中虚值程度 10% 的执行价格为 110 的买权反映了波动率对时间流逝影响的另一种情形。表 3－6 的下面部分的第一行显示，当波动率为 20% 时，执行价格为 110 的买权在存续期 56 天到 28 天时价值损失了 79%，而在存续期 28 天至到期时价值损失了 21%。对于波动率为 30% 的情形，前半程损失的比率更低（为 65%，而之前为 79%），而后半程损失的比率更高（为 35%，而之前为 21%）。对于波动率为 40% 的情形，前半程价值的损失比率为 54%，而后半程为 46%。

从表 3－6 中可以得到三个结论：第一，虚值期权的时间价值损失与平值期权不同，虚值期权在存续期的前半段损失较多但后半段损失较少，相比而言，平值期权刚开始损失较少而临近到期时损失较多；第二，期权的虚值程度越高，在存续期前半段的时间损失比率越大；第三，波动率上升会导致虚值期权前半程的时间损失下降，而后半程的损失上升。

权利金卖家的其他选择

表 3－6 可以给持续实施期权卖出策略的交易者和投资者一些思考的空间，尤其是当他们卖出虚值程度在 5% 到 10% 的期权时。这些被称为"权利金卖家"的期权交易者如果研究表 3－6，就会发现相比于直接卖出 1 个月期的虚值程度为 5% ~ 10% 的期权，他们还可以有其他选择。表 3－6 说明，在特定情况下，卖出一个 2 个月期的期权并在到期前 1 个月买回再如此循环，可以比卖出 1 个月期的期权带来更多时间流逝产生的权利金。

期权价值与利率

图 3 - 4A 表明当利率上升时买权价值会上升，而图 3 - 4B 则表明卖权价值会相应下降。这种上升和下降是买卖平价关系的直接结果，将在第五章中解释。

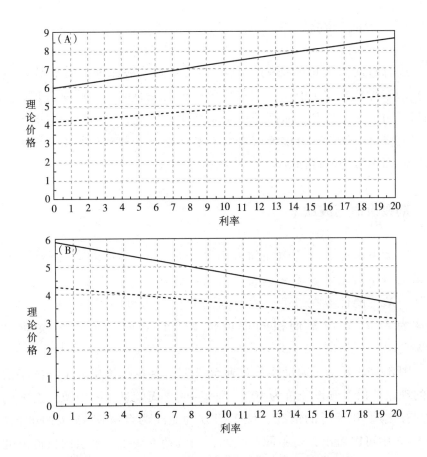

图 3 - 4　（A）买权价值与利率；（B）卖权价值与利率

利率对期权价值的影响较小。当利率从 3% 上升到 5% 时，存续期为 90 天的平值买权价值从 6. 29 上升到 6. 53。上述期权价值计算的假设是股价为100，波动率为30%，无股息。尽管极少发生，利率也可能在相当短的时间内出现2%变化。然而，类似的利率大幅变动，通常伴随着其他宏观或全球政治事件，会对股价和波动率形成巨大冲击。相比股价和波动率的变化，利率变化对期权价格的影响较小。尽管如此，它仍会对进行无风险套利的专业交易者产生较大影响，这些将在第六章中进行讨论。

期权价值与股息

股息对期权价格的影响与利率相反。当无股息时，资金成本（利率）因素导致买权价值超过卖权价值。但有股息时，由股息分得的现金红利可用于支付利息，从而减少资金成本。因此，当股息率上升时，买权价值将会下降，而卖权价值将会上升。而当股息率与利率相等时，买权价值和卖权价值将相等。

期权价值与波动率

波动率是衡量股价向任何方向波动程度的一项指标，详细内容将在第七章中讨论。波动率越大，期权价格越高。波动率以百分比表示。例如，某标的证券在过去一段时间的股价行为可能被描述成"交易波动率为25%"，或某期权的理论价值在计算时"使用的波动率为30%"。

图3-5B显示了波动率从0到50%时，某执行价格为100的平值买权的理论价值，假设股价为100，利率4%，无股息。图中位于上方的曲线为存续期90天时的情况，位于下方的曲线为存续期45天时的情况。图3-5中可以看出，对不同存续期，当波动率变化时平值期权价值的变化都接近线性。

图3-5B显示出波动率变化对虚值期权价值产生了不同的影响。图中显示的是执行价格为110的买权（10%虚值）分别在存续期90天

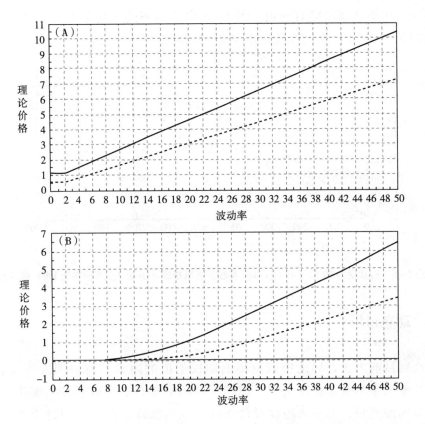

图3-5　（A）波动率和平值买权；（B）波动率和10%虚值买权

（上面的曲线）和存续期45天（下面的曲线）时的情况。波动率变化的
影响取决于执行价格和波动率水平。

极端波动率

　　极端波动率意味着期权价值上升至其极限。买权价值的极限为股价，
因为没有理性投资者会为买权支付超过股价的价格。对于卖权，其价值
的极限为执行价格，因为股价永远不会低于0。图3-6显示了当波动率
上升至1 000%时，平值买权的价格如何变化。虽然并未图示，卖权的变

专业期权交易

化也类似。图 3 - 5A 和图 3 - 6 显示的都是平值买权,但由于横轴的范围不同,使得两张图略有区别。图 3 - 5 中波动率的变化范围是 0 到 50%,而图 3 - 6 中波动率的变化范围是 0 ~ 1 000%。

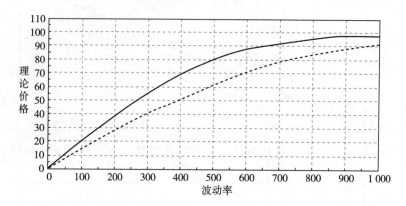

图 3 - 6 存续期为 90 天及 45 天的 100 买权价值与极端波动率(股票价格为 100)的关系

动态市场

到目前为止,讨论中假设影响期权价值的因素只有一项发生变化,而其他因素不变。在现实中,在同一时间常常有多个因素发生变化。进行市场预测时,也不会假设股价在同一天内涨跌但波动率保持不变。相反,股价、波动率都会在未来几天或几周发生变化,而这三个因素——股价、波动率、时间——对期权价格的影响各不相同。虽然利率也会变化,但变化通常很小,对期权价值的影响可以忽略不计。股息一般在 1 年中变化 1 次,因此在一定程度是可以预测的,虽然也会存在特殊股息、股息暂停、股息大幅偏离历史平均水平等可能导致期权价格需要"调整"的特殊市场事件。股息相关内容将在第六章讨论。

三因素预测(Three - Part Forecasts)

股票交易者只需要关注股价的运动方向,而期权交易者需要加入其他两个因素——对时间的预测和对隐含波动率的预测。第七章详细讨论了隐含波动率的相关内容。

回到表 3-1。如果认为股价将在存续期为 90 天时的 97 美元上升到存续期为 75 天时的 101 美元，那么执行价格为 100 的平值买权可望从 4.97 上升到 6.49。但如果股价的上升过程的耗时比事先预期的长 15 天，即到存续期为 60 天时才完成，那么买权将升值到 5.82，相比获利减少了 0.67，或者说获利下降了 40%。

而当波动率变化时会发生什么？下面的交易场景将进行讨论。

交易场景

假设 Joe 正期待 Jumpco（一家儿童垫零售商）发布盈余公告。公告将在 3 天后发布，Joe 相信公告中蕴含的好消息将推高股价，在公告发布后一段时间股价将从目前的 67 美元上升 10% 至 74 美元。为了分析买入"Jumpco 四月 75 买权"（即标的为 Jumpco，四月到期，执行价格为 75 美元）后可能的盈利情况，Joe 制作了表 3-7。根据目前所知的参数，股价为 67 美元，执行价格为 75，利率为 4%，股息率为 2%，存续期为 16 天。由于目前该买权的市场价格为 50 美分，Joe 根据第七章的方法计算出隐含波动率为 38%。

表 3-7　　　　　　　　　三因素预测

场景 1：股价在 7 天内上升 10%，而波动率仍为 38%

	原始输入参数	新的输入参数	
股价	67.00	74.00	←股价上升
执行价格	75.00	75.00	
股息率	2.0%	2.0%	
波动率	38.0%	38.0%	←波动率不变
利率	4.0%	4.0%	
到期天数	25	18	←天数下降

续表

输出		输出	
75 买权价值	0.50	2.10	←期权价值上升320%

场景2：股价在7天内上升10%，而波动率下降到25%

原始输入参数		新的输入参数	
股价	67.00	74.00	←股价上升
执行价格	75.00	75.00	
股息率	2.0%	2.0%	
波动率	38.0%	25.0%	←波动率下降
利率	4.0%	4.0%	
到期天数	25	18	←天数下降
输出		输出	
75 买权价值	0.50	1.25	←期权价值上升150%

场景3：股价在7天内上升5%，而波动率下降到25%

原始输入参数		新的输入参数	
股价	67.00	70.50	←股价上升
执行价格	75.00	75.00	
股息率	2.0%	2.0%	
波动率	38.0%	25.0%	←波动率下降
利率	4.0%	4.0%	
到期天数	25	18	←天数下降
输出		输出	
75 买权价值	0.50	0.30	←期权价值下降40%

表3-7的场景1预测股价会在7天内从67美元上升到74美元，即上升10%，而波动率仍保持在38%。基于这些假设，Joe预期"Jumpco四月75买权"将会上涨320%至2.1。虽然该场景很诱人，Joe并未着手去买入买权，因为他意识到市场表现可能会和预测的不同。

即使他对于股价和时间的预测是准确的，Joe还希望考虑隐含波动率下降的影响。基于第七章的方法稍作研究，可以发现对于Jumpco期权来说，25%的波动率水平比目前的38%更加常见。因此Joe制作了场景2

来估计波动率下降到 25% 时的影响。根据计算结果，"Jumpco 四月 75 买权"的预期价格将变成 1.25 元，相对于目前的 0.5 元仍有可观的 150% 的涨幅。

　　Joe 的分析并未到此结束。虽然他对 Jumpco 持乐观态度，但仍想知道如果股价涨幅仅为 5% 而非他期待的 10%，买权价格会如何。表 3-7 中的场景 3 中股价在 7 天内涨到 70.5 美元，约从 67 美元上涨 5%，波动率降至 25%，由此计算买权价值从 0.5 降到 0.3，损失了 20 美分，降幅为 40%。当然，买入买权的最大损失风险是期权的全部买入成本以及佣金，或者说投资的 100% 都可能损失。尽管如此，由于他对自己的预测报有信心且愿意承担损失全部投资的风险，Joe 决定买入部分"Jumpco 四月 75 买权"。

　　Joe 在分析"Jumpco 四月 75 买权"过程中用到的三部预测和多场景分析是期权投机不同于股票投机的地方。期权交易者需要在投资决策的同时考虑时间和波动率的影响。通过制作本章中的理论价值表，交易者可以获得对期权价格行为的理性预期。本书附带的，同时也在第二章中介绍过的 Op – Eval Pro 软件可以用于生成这些表格。这些软件可以帮助交易员获得对期权价格的理性预期，并选择符合他们期望的策略。通过实践后，任何交易员都能熟练完成此类多场景分析。

小结

　　期权具有价值，在一定程度上是因为它们与保险相似。卖权保障持有人的资产免予市场下跌的风险，而买权保障现金或流动性资产免予市场上行的风险。精算师们在确定保险金时考虑的因素对应于定价公式（如 Black – Scholes 期权定价模型）在计算期权理论价值时涉及到的因素。

　　保险金相关的资产价值对应于期权估值中的标的资产价格。保险中的免赔额相当于执行价格。时间因素对两者的作用相同，但保险中的利率的影响对应于期权中的利率与股息的综合影响。最后，保险中的风险

专业期权交易

因子对应于期权中的波动率。

在到期之前，期权价格的变动量始终小于标的股价变动量的 1∶1 的水平。Delta 表示当股价变动 1 个单位时期权价格的变动量。在其他定价因素不变的情况下，时间流逝将导致期权价格下跌。平值期权的价值随时间流逝呈现非线性下跌，刚开始损失较少，而临近到期时损失较多。时间流逝对实值期权和虚值期权的影响则不同于平值期权，开始时损失较快，而临近到期时损失较慢。利率正向影响买权价格，而反向影响卖权价格。股息的作用与利率相反：股息上升则买权价格下跌，同时卖权价格上升，反之亦然。

波动率对期权价格有直接影响。波动率越高，买权和卖权价格都会上升。波动率是衡量股价波动程度的指标，而与波动的方向无关。虽然对于非数学专业人士而言，波动率作为一个统计指标不太容易掌握，但它仍然可以从直观上去理解并融入到交易决策之中。

市场是动态的，而非静态的，本章讨论的影响期权价格的因素也可能让初学者感到困惑。另外，对期权价格变动的理性预期非常重要，多场景分析有助于更好地理解所设计的策略中潜在的利润和风险。

第四章 希腊字母

本章将主要讨论五个指标，这五个指标经常被交易员用于衡量市场动态发展中期权价格和持仓风险发生的变动。这五个指标——Delta、Gamma、Theta、Vega 以及 Rho，通常称为希腊字母（Greeks），假定期权定价公式中的其他因素保持不变的情况下，单个指标用于估计一个输入变量发生变化所引起期权价值的变化。每个希腊字母，我们都将分三步进行讨论。第一，我们给出每个希腊字母的定义，并分别用一个例子来说明各个希腊字母对期权价格的影响。第二，我们讨论每个希腊字母如何随着其他因素的变动而变动。第三，我们将介绍持仓希腊字母（Position Greeks）的概念，并给出用于衡量多腿期权持仓希腊字母的方法。

后文的讨论虽然会有比较强的技术性，但期权交易员必须掌握这些概念。同时，这些内容也是对第十章持仓风险管理的一个必要准备。

概述

当标的股票价格上涨或下跌时，期权价值同样会随之上涨或下跌。Delta 是期权价值关于标的价格变动敏感性的一个衡量指标。Delta 本身又会随着标的股票价格的涨跌而变动，Gamma 就是 Delta 关于标的价格变动敏感性的一个衡量指标。Vega 是期权价值关于波动率变动敏感性的一个衡量指标，Theta 是期权价值关于时间变动敏感性的一个衡量指标，Rho 是期权价值关于利率变动敏感性的一个衡量指标。本章将通过举例以及总结规律的形式来深入讨论每个希腊字母，这些基本规律包括这些希腊字母如何变动，它们对期权价格的影响何时最大、何时最小以及他

专业期权交易

们如何随时间或波动率变动。

Delta

根据第三章的讨论，我们知道标的资产价格是决定期权价值的一个重要因素。Delta 表示在假定其他因素保持不变的情况下，一单位标的资产价格变化所引起期权价值变化的一个估计值。Delta 主要回答了以下问题：如果标的股票价格上涨或下跌了一个点，那么我的获利或亏损会是多少？

本章的所有图表均通过 Op－Eval Pro 软件来绘制。如表 4－1 至表 4－6 所示，其初始参数设置如下：股票价格为 100，执行价格为 100，波动率为 30%，利率为 4%，存续期为 60 天，无股息。根据这些输入参数，Op－Eval Pro 的单一期权计算器给出以下四个输出结果：5.19 的 100 买权价值，+0.55 的 100 买权 Delta，4.59 的 100 卖权价值，-0.46 的 100 卖权 Delta。

在表 4－1 中，100 买权的 Delta 表示在其他因素不变的情况下，当股票价格从 100 上涨 1 点至 101 时（如表中箭头右边所示），100 买权的价值将上涨 0.55 至 5.74。100 卖权的 Delta 表示在上述同等情况下，100 卖权的价值将下跌 0.46 至 4.13。虽然在本例中买权和卖权的 Delta 似乎准确地刻画了买权和卖权价值的变动，但其实这仅仅是预测。在现实市场的大部分情况下，预测情况与市场真实变动之间总会存在细微的差别。在下一节讨论 Gamma 时，我们将会解释存在这些差异的原因。不过在这里，你必须首先对 Delta 有一定的了解。

从数学的角度来看，期权的 Delta 实际上是期权价值对标的资产价格变动的一阶导数。虽然不一定非要知道具体的数学公式，但你必须掌握 Delta 的含义，它是在其他因素保持不变的情况下，给定一单位标的价格变动，所引起期权价值大小变动的一个估计。正如接下去即将讨论的，资产价格一个单位的变动所引起的期权价值的变动，将取决于该期权的实虚值状态。其中，实值期权价值的变动相对较大，平值期权价值的变动相对较小，而虚值期权价值的变动更小。

买权拥有正的 Delta

表 4 – 1 中 100 买权的 Delta 前的正号（＋）意味着标的资产价格变动和买权理论价值变动之间呈现正向的关系。如表中所示，只有当标的股票价格上涨时，100 买权的理论价值才会随之上涨。值得注意的是，单一期权 Delta 的符号（正号或负号）与具体的期权持仓 Delta 的符号可能存在不同。关于持仓的 Delta，我们将在本章后面内容详细讨论。

卖权拥有负的 Delta

100 卖权的 Delta 前的负号（－）意味着标的资产价格变动和卖权理论价值变动之间呈现反向的关系。也就是说，如表 4 – 1 所示，股票价格上涨将会导致卖权价值的下跌。

在 Op – Eval Pro 中的 Delta

在 Op – Eval Pro 中，Delta 以两种形式出现在三个界面中。在单一期权计算器界面（见图 2 – 2），Delta 分别出现在买权和卖权价值栏的下方。在价差组合持仓和投资组合界面（见图 2 – 3 和图 2 – 6）中，Delta 在两个地方出现：单一期权的 Delta 出现在“DELTA”一栏，期权价差组合的 Delta 则出现在“Spread delta”一栏。其中，持仓 Delta（Spread Delta）等于持仓中所有单一期权 Delta 之和。

表 4 – 1　　　　　　　　　　　　　　　**Delta 的说明**

	初始输入值	股票价格上涨后的输入值
输入变量：		
股票价格	100 　→	101
执行价格	100	
股息	无	
波动率	30%	
利率	4%	
存续期	60	

续表

	初始输出值		新输出值
输出变量:			
100 买权价值	5.19	→	5.74
100 买权 Delta	+0.55		
100 卖权价值	4.59	→	4.13
100 卖权 Delta	−0.46		

Gamma

正如前文所讨论的，在大部分情况下，Delta 无法准确地预测资产价格变动一个单位后期权的新价值。误差存在的原因是 Delta 本身会随着标的资产价格的变动而变动。在假定其他因素保持不变的情况下，Gamma 是一单位标的资产价格变动所引起的 Delta 变动的一个估计值。从数学的角度来看，Gamma 实际上是期权价值对标的资产价格变动的二阶导数。事实上，Gamma 回答了以下问题：期权持仓在市场变动下的风险暴露是多少？也就是说，当标的股票价格发生变动时，我的期权持仓的 Delta 将会改变多少？Gamma 可以提升对于股票价格变动所引起期权价值变动的估计精度。

表 4 - 2 举例说明了 Gamma 的概念。在基于表 4 - 1 中所设条件下，表 4 - 2 加入了根据期权 Gamma 计算出来的股票价格变动后新的买权和卖权 Delta 值。当股票价格从 100 上涨到 101 时，100 买权的 Delta 从 +0.55 增加了 0.03 至 +0.58，增加的幅度等于 Gamma 值。

类似地，100 卖权的 Delta 从 −0.46 增加了 0.03 至 −0.43。这是正确的表达！卖权的 Delta 之所以增加，是因为 −0.43 大于 −0.46。对于熟悉数学的读者，这是显而易见的。但是同时，对于其他读者而言，当观察希腊字母的变化时，也必须时刻注意把正号和负号与数值的增加和减少正确对应起来。

表 4-2　　　　　　　　　　　　　Gamma 的说明（1）

	初始输入值		股票价格上涨后的输入值
输入变量：			
股票价格	100	→	101
执行价格	100		
股息	无		
波动率	30%		
利率	4%		
存续期	60		
	初始输出值		新输出值
输出变量：			
100 买权价值	5.19	→	5.74
100 买权 Delta	+0.55	→	+0.58
100 买权 Gamma	+0.03	→	+0.03
100 卖权价值	4.59	→	4.13
100 卖权 Delta	-0.46	→	-0.43
100 卖权 Gamma	+0.03	→	+0.03

虽然表 4-2 中买权和卖权的 Delta 变动正好等于 Gamma 值，但实际中这两者会因为取整误差及 Gamma 自身发生变动等原因而存在微小差别。在表 4-2 中，100 买权和 100 卖权的 Gamma 值在股票价格变动后似乎都保持不变，这主要是因为在计算时只取了两位小数。如果在计算过程中保留小数点后四位，100 买权的 Gamma 将从 0.0327 减少到 0.0321，100 卖权的 Gamma 则从 0.0335 减少到 0.0328。由于本例只涉及一个点或 1% 的股票价格的变化，因此这样细小的改变可能看起来微不足道。但是，如果股票价格改变了 5% 或者更多，那么这些细微的变化将会累加到相当可观的程度，从而对具有大量持仓却放任不管的交易员产生显著的影响。

期权价值的 Gamma 是正数

由于 Delta 变动与标的资产价格变动之间具有正的相关关系，因此

专业期权交易

无论是买权还是卖权，它们的 Gamma 值始终都为正数。如表 4 - 2 所示：股票价格的上涨使得 100 买权和 100 卖权的 Delta 同时增加。例如，100 买权的 Delta 从 +0.55 增加到了 +0.58，增量正好等于 Gamma 值 +0.03。相应地，如表 4 - 3 所示，股票价格的下跌导致了两类期权的 Delta 同时减少。100 买权的 Delta 从 +0.55 减少到 +0.51，100 卖权的 Delta 值从 -0.46 减少到 -0.50。在这个例子中，Delta 改变量并不完全等于 Gamma 值，主要是因为取整误差的缘故。股票价格与 Delta 变动之间总是存在正相关关系：股票价格上涨时，Delta 值增加（见表 4 - 2），股票价格下跌时，Delta 减少（见表 4 - 3）。

表 4 - 3   **Gamma 的说明（2）**

	初始输入值		股票价格下跌后的输入值
输入变量：			
股票价格	100	→	99
执行价格	100		
股息	无		
波动率	30%		
利率	4%		
存续期	60		
	初始输出值		新输出值
输出变量：			
100 买权价值	5.19	→	4.65
100 买权 Delta	+0.55	→	+0.51
100 买权 Gamma	+0.03	→	+0.03
100 卖权价值	4.59	→	5.05
100 卖权 Delta	-0.46	→	-0.50
100 卖权 Gamma	+0.03	→	+0.03

注意到，具有相同标的资产、相同执行价格以及相同存续期的买权和卖权的 Gamma 几乎相等。如表 4 - 2 和表 4 - 3 所示，由于计算过程中仅取到小数点后两位，它们的值看起来是一样的。相同执行价格的买权和卖权的 Gamma 几乎相等主要是因为买权卖权平价关系的存在，由此可

以推知当买权和卖权具有相同标的资产、相同执行价格及相同存续期时，它们 Delta 的绝对值之和必然等于 + 1.00（或非常接近 + 1.00）。这意味着如果买权 Delta 的绝对值增加，那么卖权 Delta 的绝对值必然会减少相同的数量，否则两个 Delta 的绝对值之和就不再等于 + 1.00。由于买权和卖权的 Delta 变动量几乎相等，因此作为衡量 Delta 变动的 Gamma 就必须几乎相等。我们将在第五章对买权卖权平价关系进行讨论。

Vega

波动率将在第七章深入讨论，在这里我们首先给出 Vega 的定义。Vega 表示在假定其他因素不变的情况下，标的资产的波动率变动一个百分点所引起的期权价值变动的一个估计值。从数学的角度来看，期权的 Vega 实际上就是期权价格对标的资产波动率的一阶导数。由于从理论上来说，一阶导数表示瞬时变化率，而 Vega 衡量的是一个百分点变化带来的影响，因此通常会存在取整误差。事实上，Vega 回答了一个这样的问题：如果波动率变动了一个百分点，那我的盈利或亏损会是多少？

表 4 - 4　　　　　　　　　　　　**Vega 的说明**

	初始输入值		波动率上涨后的输入值
输入变量：			
股票价格	100		
执行价格	100		
股息	无		
波动率	30%	→	31%
利率	4%		
存续期	60		
	初始输出值		新输出值
输出变量：			
100 买权价值	5.19	→	5.35
100 买权 Vega	+0.16		
100 卖权价值	4.59	→	4.75
100 卖权 Vega	+0.16		

专业期权交易

如表4-4所示，当波动率从30%上涨到31%后，100买权价值从5.19上涨到5.35而100卖权价值从4.59上涨到4.75。

期权价值的 Vega 是正数

买权和卖权的Vega总为正数，原因是期权价值变动与波动率变动之间呈正相关关系，也就是说，波动率上涨时，期权价值上涨，波动率下跌时，期权价值也下跌。

买权卖权平价关系的另一个结论是具有相同标的、执行价格及存续期的买权和卖权具有相等的Vega。根据买权卖权平价原理，具有相同标的资产价格、执行价格和存续期的买权卖权之间存在一个可量化的关系。对于给定的波动率增量，当买权价值上涨时，为了保持买权卖权平价关系，具有相同执行价格的卖权价值也必须上涨相等的量。因此，具有相同标的资产、执行价格和存续期的买权卖权的Vega必须相等。

Vega 不是希腊字母

熟悉希腊字母表的读者可能会注意到，Vega并不是一个希腊字母。虽然难以确定该词的发明者以及第一次被引用的准确信息，但是有一点可以肯定，期权交易员希望寻找一个以"v"开头（表示Volatility，指波动率），并且发音类似于Delta、Gamma和Theta的单词。此外，还有一些数学家和交易员用其他希腊字母如Kappa或Lambda来代替Vega。为什么不使用一个统一的术语来表示这个与波动率密切相关且同等重要的概念是期权业务中存在的众多怪相之一。

Theta

Theta表示在假定其他因素保持不变的情况下，给定一单位存续期的改变所引起的期权价值变动量。Theta回答了以下问题：随着时间的消逝，我的盈利或亏损会是多少？表4-5表示了存续期从60天减少到53天时，买权和卖权的价值变动情况。买权价值从5.19减少到4.86，变化量等于其 Theta 值－0.33。卖权价值从 4.59 减少到 4.33，变化量也等于它的 Theta 值－0.26。虽然在本例中期权价值的变化量恰好等于 Theta 值，但由于取整误差的关系，两者可能会存在细微的差异，尤其是在计算过程中保留多位小数的情况下。

　　Theta 的定义引发了一个重要的问题：一单位时间究竟是多少？从数学的角度来看，Theta 是期权价值对存续期的一阶导数。这就意味着从理论上来说一单位时间指的是瞬时。然而，这种观点并不能为交易员提供一种用于估计持仓随时间变化影响的工具。很多专业交易员都使用一天的 Theta，而非专业的交易员一般使用不同的时间结构，可能是一周、十天或占持有期一定百分比的时间跨度。因此，对于一单位时间到底是多少的问题没有"正确"的答案。

表 4－5　　　　　　　　　　　　　Theta 的说明

	初始输入值		存续期改变后的输入值
输入变量：			
股票价格	100		
执行价格	100		
股息	无		
波动率	30%		
利率	4%		
存续期	60	→	53
	初始输出值		新输出值
输出变量：			
100 买权价值	5.19	→	4.86
100 买权 Theta（7 天）	－0.33		
100 卖权价值	4.59	→	4.33
100 卖权 Theta（7 天）	－0.26		

　　Op－Eval Pro 允许用户在计算 Theta 时设置天数。只需双击界面右下角的"Theta"，你就可以打开名为"Applications Setting"的方框，并可以输入 999 以下的任意数字。然而，值得注意的是，如果"Days to Expiry"（存续期）的输入值等于或小于计算 Theta 的天数（时间单位）时，

专业期权交易

Op – Eval Pro 会自动计算一天的 Theta，因为对存续期只剩六天甚至更少的期权计算一个七天的 Theta 是没有意义的。

不同的计算机程序对时间单位的定义不同，因此在运用某个特定软件来估计期权价格变动之前，你必须确保知道 Theta 在该软件中是如何计算的。

在表 4 – 5 中的一个重要发现是 100 买权的 Theta 值 – 0.33 并不等于 100 卖权的 Theta 值 – 0.26。对于个股期权、ETF 期权以及其他可交割标的资产的期权，具有相同标的、相同执行价格和相同存续期的买权卖权的 Theta 并不相等。Theta 不相等是因为买权和卖权具有不同的时间价值。不同的时间价值却在相同的时间内衰减至零，这说明衰减的速度不同，从而导致不同的 Theta。可交割标的资产的买权和卖权具有不同的时间价值是因为买权价值中含有利息成分，而卖权价值中则不包含该部分。

期权价值的 Theta 是负数

Theta 值中的负号有时候会使期权交易新手感到困惑。期权价值与存续期的变动呈正相关关系：在假定其他因素不变的情况下，存续期越长，期权价值就越高，存续期越短，期权价值就越低。因此，有人可能会认为 Theta 应该始终为一个正数。然而事实上，Theta 却往往是负值，这是为什么？

在其他因素不变的情况下，期权价值会随着时间的流逝而逐渐减少，因此期权交易员习惯在 Theta 值前面加上负号。Theta 值的负号表明，随着到期日的临近，期权价值是逐渐衰减的，或者说对于期权的持有者是一个损失的过程。

经验丰富的交易员可能会注意到并非所有的 Theta 都始终为负的。深度实值欧式期权的理论价值可能会低于他们的内在价值，其原因在于这些期权不能被提前执行，以及受到将会在第六章详细讨论的套利定价关系的限制。在这种情况下，期权就会具有正的 Theta，这意味着随着期权到期日的临近，期权理论价值逐渐地增加到其内在价值。

Rho

Rho 表示在假定其他因素不变的情况下，给定一个百分点的利率变动所引起的期权价值变动的一个估计值。Rho 回答了以下问题：如果利率水平变动了 1%，那么我的盈利或亏损会是多少？表 4 - 6 说明了当利率从 4% 上升到 5% 时，100 买权和 100 卖权的价值的变动情况。100 买权的价值与利率变动正向相关，它的价值从 5.19 上涨到了 5.27，变化量等于其 Rho 值 +0.08。然而，100 卖权的价值与利率变动负向相关。利率水平增加 1% 导致 100 卖权的价值从 4.59 下跌到 4.52，变化量等于该卖权的 Rho 值 -0.07。

表 4 - 6   Rho 的说明

	初始输入值		利率上升后的输入值
输入变量：			
股票价格	100		
执行价格	100		
股息	无		
波动率	30%		
利率	4%	→	5%
存续期	60		
	初始输出值		新输出值
输出变量：			
100 买权价值	5.19	→	5.27
100 买权 Rho	+0.08		
100 卖权价值	4.59	→	4.52
100 卖权 Rho	-0.07		

买权 Rho 为正而卖权的 Rho 为负是买权卖权平价关系的另一推论。对于可交割资产的期权，买权的时间价值高于具有相同执行价格和存续期的卖权，高出的部分等于持有成本（cost of carry）。持有成本的概念将在第六章进行解释，它表示期初购买标的股票的融资成本，主要包含期

权存续期内产生的利息以及可能存在的股息。

当利率上升时，持有成本也将上升，从而买权的时间价值高于卖权的时间价值的部分也将上升。初次接触期权的人可能会认为卖权价值不变而买权价值上升，或者买权价值不变而卖权价值下降。然而在现实中，这两种情况都极少发生，最常见的情况应该是买权价值上升，同时卖权价值下降，使得买权卖权的时间价值之差与持有成本保持一致。以上的买权与卖权价值的变化情况说明了买权的 Rho 是正数而卖权的 Rho 是负数。

对于大部分期权交易员而言，利率变化对短期期权的影响都是比较小的，因而非专业交易员在交易短期股票期权时不太会关注 Rho。然而，正如第六章将讨论的内容，对于参与套利策略的专业交易员，必须重视利率变动的影响，而 Rho 正是判断利率变动影响的一个引导指标。

希腊字母如何变动

试图用一个本身不停变动的指标去衡量其他对象时，往往会引发明显的问题。考虑到市场条件发生改变时希腊字母也会随之变化，因此对期权价值变动的估计具有相当的难度。例如，当股票价格、存续期、波动率或这些因素的任意组合发生变化时，期权的 Delta、Gamma、Theta 和 Vega 也会随之改变。有时候单个希腊字母会发生显著变化，并对期权价值产生很大影响，但有时候这些变化又几乎不造成影响。图形和表格是分析希腊字母变化的有效工具，因此接下来我们同时应用图形和表格对各个希腊字母的变动进行讨论。

由于标的价格、存续期以及波动率的变化对交易员的影响最大，因此表 4－7 和表 4－8 主要是针对这三个输入变量的改变。表 4－7 给出了在三种股票价格以及多种存续期下的一系列 100 买权价值、100 卖权价值及对应的希腊字母。对这个表格的研究可以揭示 Delta、Gamma、Vega 和 Theta 如何随股票价格与存续期各自或同时的变动而变动。

表 4－8 给出了在波动率为 25% 和 50% 以及多种存续期下，90 买权、

100 买权以及 110 买权各自对应的期权价值与希腊字母。对这个表格的研究可以揭示虚值、平值和实值期权的希腊字母如何随波动率与存续期各自或同时的变动而变动。表 4 - 7 和表 4 - 8 可以帮助交易员分析市场情况的改变对他们持仓的影响。

表 4 - 7   实值、平值和虚值期权的希腊字母

		列 1	列 2	列 3	列 4	列 5
		56 天	42 天	28 天	14 天	到期
行		股票价格 110				
A	100 买权	12.06	11.47	10.88	10.32	10.00
	Delta	0.82	0.85	0.89	0.95	1.00
	Gamma	0.02	0.02	0.02	0.01	0.00
	Vega	0.11	0.09	0.06	0.02	0.00
	Theta（1 天）	- 0.04	- 0.04	- 0.04	- 0.03	0.00
	Rho	0.12	0.09	0.07	0.04	0.00
B	100 卖权	1.31	0.90	0.50	0.13	0.00
	Delta	- 0.18	- 0.15	- 0.11	- 0.05	0.00
	Gamma	0.02	0.02	0.02	0.01	0.00
	Vega	0.11	0.09	0.06	0.02	0.00
	Theta（1 天）	- 0.03	- 0.03	- 0.03	- 0.02	0.00
	Rho	- 0.03	- 0.02	- 0.01	0.00	0.00
		股票价格 105				
C	100 买权	8.19	7.52	6.75	5.84	5.00
	Delta	0.71	0.72	0.75	0.81	1.00
	Gamma	0.03	0.03	0.04	0.04	0.00
	Vega	0.14	0.12	0.09	0.05	0.00
	Theta（1 天）	- 0.05	- 0.05	- 0.06	- 0.07	0.00
	Rho	0.10	0.08	0.06	0.03	0.00
D	100 卖权	2.46	1.96	1.38	0.65	0.00
	Delta	- 0.30	- 0.28	- 0.25	- 0.19	0.00
	Gamma	0.03	0.03	0.04	0.04	0.00
	Vega	0.14	0.12	0.09	0.05	0.00
	Theta（1 天）	- 0.04	- 0.04	- 0.05	- 0.06	0.0
	Rho	- 0.04	- 0.03	- 0.02	- 0.01	0.00

续表

		列1	列2	列3	列4	列5
		56天	42天	28天	14天	到期
	股票价格100					
E	100 买权	5.08	4.36	3.52	2.45	0.00
	Delta	0.55	0.54	0.53	0.52	0.00
	Gamma	0.03	0.04	0.05	0.07	0.00
	Vega	0.16	0.14	0.11	0.08	0.00
	Theta（1天）	-0.05	-0.06	-0.07	-0.09	0.00
	Rho	0.08	0.06	0.04	0.02	0.00
F	100 卖权	4.38	3.83	3.16	2.27	0.00
	Delta	-0.45	-0.46	-0.47	-0.48	0.00
	Gamma	0.03	0.04	0.05	0.07	0.00
	Vega	0.16	0.14	0.11	0.08	0.00
	Theta（1天）	-0.04	-0.04	-0.05	-0.08	0.00
	Rho	-0.06	-0.05	-0.03	-0.02	0.00

假设：波动率为30%；利率为5%；无股息。

表4-8 希腊字母和波动率变动

		列1	列2	列3	列4	列5
		56天	42天	28天	14天	到期
行		波动率50%				
A	110 买权	4.39	3.38	2.19	0.92	0.00
	Delta	0.36	0.33	0.28	0.18	1.00
	Gamma	0.02	0.02	0.02	0.03	0.00
	Vega	0.14	0.12	0.10	0.05	0.00
	Theta（1天）	-0.07	-0.08	-0.09	-0.09	0.00
	Rho	0.05	0.03	0.02	0.01	0.00
B	100 买权	8.20	7.06	5.73	4.02	0.00
	Delta	0.55	0.55	0.54	0.53	0.00
	Gamma	0.02	0.02	0.03	0.04	0.00
	Vega	0.16	0.14	0.11	0.08	0.00

续表

行		列1	列2	列3	列4	列5
		56 天	42 天	28 天	14 天	到期
		波动率 50%				
	Theta（1 天）	−0.08	−0.09	−0.11	−0.15	0.00
	Rho	0.07	0.05	0.04	0.02	0.00
C	90 买权	13.94	13.00	11.95	10.82	10.00
	Delta	0.75	0.77	0.80	0.87	1.00
	Gamma	0.02	0.02	0.02	0.02	0.00
	Vega	0.12	0.11	0.07	0.04	0.00
	Theta（1 天）	−0.06	−0.07	−0.07	−0.08	0.00
	Rho	0.09	0.07	0.05	0.03	0.00
		波动率 25%				
D	110 买权	1.02	0.67	0.32	0.05	0.00
	Delta	0.30	0.28	0.25	0.19	0.00
	Gamma	0.03	0.03	0.03	0.01	0.00
	Vega	0.11	0.08	0.05	0.01	0.00
	Theta（1 天）	−0.03	−0.03	−0.02	−0.01	0.00
	Rho	0.03	0.02	0.01	0.00	0.00
E	100 买权	4.30	3.68	2.97	2.06	0.00
	Delta	0.55	0.54	0.54	0.53	0.00
	Gamma	0.04	0.05	0.06	0.08	0.00
	Vega	0.16	0.14	0.11	0.08	0.00
	Theta（1 天）	−0.04	−0.05	−0.06	−0.08	0.00
	Rho	0.08	0.06	0.04	0.02	0.00
F	90 买权	11.26	10.87	10.50	10.19	10.00
	Delta	0.89	0.91	0.95	0.99	1.00
	Gamma	0.02	0.02	0.02	0.01	0.00
	Vega	0.07	0.06	0.03	0.01	0.00
	Theta（1 天）	−0.03	−0.03	−0.03	−0.02	0.00
	Rho	0.12	0.09	0.06	0.03	0.00

假设：股票价格为 100；利率为 5%；无股息。

Delta 如何变动

正如前文所表述的，Delta 表示在假定其他因素保持不变的情况下，给定一单位标的资产价格变化所引起的期权价值变化的一个估计值。Delta 的变动情况具有五个一般性的规律。由于买权的 Delta 为正而卖权的 Delta 为负，为方便起见，这五个规律将使用 Delta 的绝对值来表述。

Delta 和股票价格

Delta 的第一条规律描述了 Delta 如何随标的股票价格变动。买权和卖权的 Delta 都会随股票价格的上涨而增加，随股票价格的下跌而减少。表 4 - 7 和图 4 - 1A、图 4 - 1B 说明了这种观点。乍看这两个图几乎完全一样，但事实并非如此。沿着横轴正向进行观察可以发现，买权的 Delta 从 0 增加到 + 1.00，而卖权的 Delta 则是从 - 1.00 增加到 0。表 4 - 7 的列 1 显示了存续期为 56 天时，股票价格从 100 上涨到 105 再到 110 时，100 买权的 Delta 值从 + 0.55（行 E）增加到 + 0.71（行 C）再到 + 0.82（行 A），100 卖权的 Delta 值从 - 0.45（行 F）增加到 - 0.30（行 D）再到 - 0.18（行 B）。请记住涉及到负号时需要整体代入增加和减少的项中。Delta 值随股票价格的上涨而增加随股票价格的下跌而减少的规律在表 4 - 7 的其他列中同样成立。

Delta 和执行价格

Delta 的第二条规律是关于实值、平值和虚值期权的不同 Delta 水平。无论存续期为多少，实值期权 Delta 的绝对值大于 + 0.50，平值期权 Delta 的绝对值接近 + 0.50 的水平，虚值期权 Delta 的绝对值小于 + 0.50。如表 4 - 7 所示，股票价格为 110 时，100 买权属于实值期权，100 卖权则属于虚值期权。表 4 - 7 的行 A 显示了 100 买权 Delta 的绝对值总是大于 + 0.50，行 B 显示了 100 卖权 Delta 的绝对值总是小于 + 0.50。

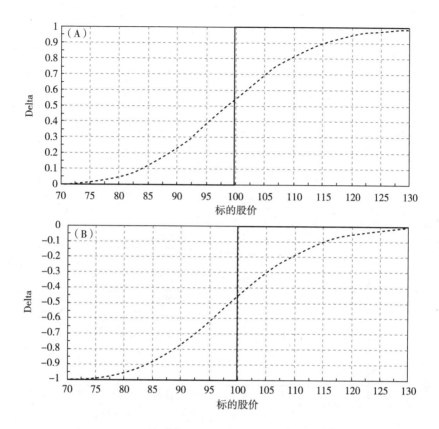

图 4 - 1　（A）100 买权 Delta 与股票价格的关系；（B）100 卖权 Delta 与股票价格的关系

Delta 和存续期

Delta 的第三条规律是关于 Delta 如何随到期日的临近而变动。随着到期日的临近，实值期权 Delta 的绝对值逐渐增加到 +1.00。这条规律的图形说明见图 4 - 2A，数值说明见表 4 - 7。例如，在表 4 - 7 的行 A，股票价格为 110 意味着 100 买权属于实值期权，Delta 从存续期为 56 天的 +0.82（列 1）增加至存续期为 28 天的 +0.89（列 3），继续增加至到期日的 +1.00（列 5）。

注意图 4 - 2A、图 4 - 2B 及图 4 - 2C 中横轴所示的"存续期"是从右至左递减的，因此从右至左地观察才符合期权的时间衰减过程。一般

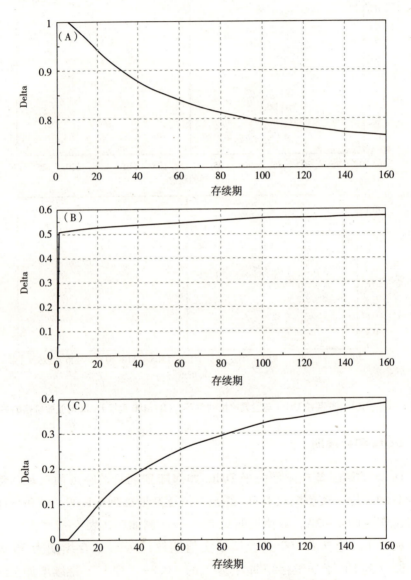

图 4 - 2   （A）实值 90 买权的 Delta 与存续期的关系；

（B）平值 100 买权的 Delta 与存续期的关系；

（C）虚值 110 买权的 Delta 与存续期的关系

来说，直观的做法是把较小的数放左边而较大的数放右边（见图4－1、图4－3、图4－4及其他），但这对期权存续期来说并不直观。读者需要花点时间习惯并掌握这三个图。

平值期权Delta的绝对值一直保持在+0.50附近。在表4－7的行E和F，股票价格是100，所以100买权和100卖权都是平值期权。在这几行所有列上Delta的绝对值都保持在+0.50附近。这种观点的图示说明可见参图4－2B。

虚值期权Delta的绝对值随着到期日临近逐渐递减至零。图4－2C和表4－7说明了这一点。在表4－7的行D，股票价格是105，从而100卖权是虚值期权，该行上Delta的绝对值从存续期为56天的－0.30（列1）减少至存续期剩28天的－0.25（列3），最后减少至到期日的0.00（列5）。

相同执行价格买权卖权的 Delta

Delta的第四条规律是指具有相同执行价格的买权卖权Delta的绝对值之和近似等于+1.00。例如，股票价格为100及存续期为56天时（见表4－7列1，行E和F），100买权的Delta等于+0.55，而100卖权的Delta为－0.45，这两个数的绝对值之和就等于+1.00。在表4－7的任意点上，该关系都成立，这也是买权卖权平价关系的另一个结论。

Delta 和波动率

Delta的第五条规律解释了Delta如何随波动率变动。该规律表明随着波动率的上升，Delta的绝对值逐渐趋于+0.50。也就是说，随着波动率的上升，虚值期权的Delta上升，实值期权的Delta下降。表4－8说明了这条规律。表4－8由两部分构成，每部分中的股票价格都是100，因此90买权是实值期权，100买权是平值期权，110买权是虚值期权。表4－8的下半部分（行D、E和F）假设波动率为25%，上半部分（行A、B和C）假设波动率为50%。在波动率为25%及存续期为56天的情况下，实值90买权的Delta为+0.89（列1，行F）。当波动率上涨到50%

专业期权交易

时（列1，行C），Delta减少到+0.75。比较行F和行C的任意两个对应的Delta可以得出同样的结论：波动率的上升导致实值90买权的Delta减少。这个观点的图示说明可参见图4-3A。

对于虚值110买权的Delta值，其变动方向则相反。在表4-8中，在波动率为25%以及存续期为56天的情况下，110买权的Delta值为+0.30（列1，行D）。波动率上升到50%使Delta增加到+0.36（列1，行A）。比较行D和行A的任意两个对应的Delta值可以得出同样的结论：波动率的上升导致虚值110买权的Delta增加。这个观点的图示说明可参见图4-3C。

如图4-3B和表4-8的行B、E所示，在较大的波动率范围内，平值期权Delta的绝对值始终保持在+0.50附近。正如图4-3B所显示的，在很低的波动率水平下，平值期权的Delta增加到了+1.00，这是因为期权价值本身已经很低并且与股票价格的变动之间具有很高的相关关系。考虑一种假想的情形，股票价格是100，存续期是60天，波动率是1%。在这个例子中，一个存续期是60天的平值100买权的价值为0.82，Delta为0.98。股票价格上涨0.1至100.1就会导致买权价值上涨到0.92以及Delta上涨到0.99。虽然股票价格波动率为1%的可能性极小，但这能够帮助交易员思考极端市场环境下（在20年或30年的交易生涯中才可能真正发生）将会发生什么。

当波动率上升时Delta将趋向于+0.50，当波动率下降时Delta将偏离+0.50，这是因为波动率的变化导致了股票价格的标准差大小的变化，但股票价格和执行价格之间的距离却保持不变。考虑以下情形，股票价格是100，标准差是5%，105买权的Delta值是+0.35。在这种情形下，执行价格105偏离当前股票价格100的距离为一个标准差。如果保持股票价格不变，而波动率上升到原来的两倍水平10%，那么105买权的执行价格偏离当前股票价格的距离仅为半个标准差。由于从波动率的角度来看，105买权已更接近股票价格，从而它的Delta也必须更接近+0.50。

类似地，如果股票价格不变而波动率水平下降时，从波动率的角度来看，105买权的虚值程度将更高，也就是说，两者的距离超过了股票

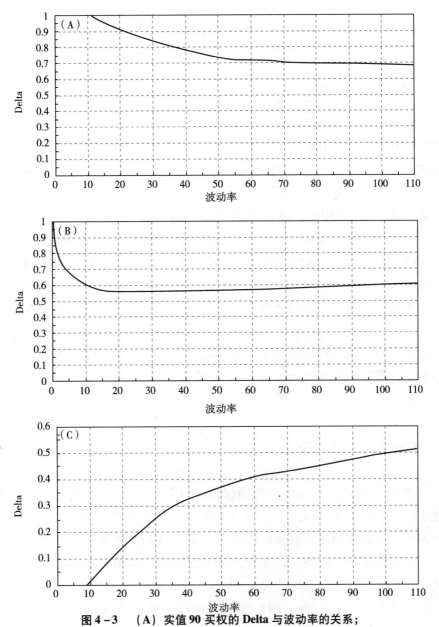

图 4 – 3 （A）实值 90 买权的 Delta 与波动率的关系；

（B）平值 100 买权的 Delta 与波动率的关系；

（C）虚值 110 买权的 Delta 与波动率的关系

价格的一个标准差。由于虚值程度越高的期权，其 Delta 的绝对值就越小，因此，如果波动率下降，并且其他因素保持不变，105 买权的 Delta 将减少。

期权价格和波动率

除希腊字母的信息之外，表 4 – 8 同样显示了一些关于波动率变动对期权价格影响的重要信息。当波动率上升时，虚值期权的价值以指数化的速度增长，而平值期权的价值则保持近似线性的速度增长。波动率对实值期权的影响则小于一比一的关系。例如，在表 4 – 8 的列 1 中，波动率从 25% 上升到 50%，波动率上升一倍导致实值的 90 买权价值上涨 24%，从 11.26 上涨到 13.94。相比之下，平值的 100 买权价值显著上涨了 90%，从 4.30 上涨到 8.20，而虚值的 110 买权价值则暴涨 430%，从 1.02 上涨到 4.39。

正如第三章关于交易计划部分所讨论的，隐含波动率的显著变化不能被忽略。仅包含虚值期权的持仓所面临的隐含波动率变动风险远高于仅包含平值或实值期权的持仓。正是这个原因，专业交易员往往会采用如垂直价差等组合策略的方式持有虚值期权，以减少对隐含波动率风险的暴露。

Gamma 如何变动

表 4 – 7 和图 4 – 4 显示了平值期权的 Gamma 值是最大的，并且会随着到期日的临近而增加。这个观点对期权交易员来说有重要意义，因为它解释了随着标的股票价格的改变及期权从虚值到平值再到实值的过程中，期权价格的变动路径。虚值期权由于低 Delta 和 Gamma，它们对标的股票小幅波动的反应不显著。然而，随着股票价格接近于执行价格，新形成的平值期权似乎会剧烈变化，期权价值的变动幅度显著地大于 Delta。这种期权价格变动方式会给期权买方带来盈利的喜悦但给期权卖方带来亏损的痛苦。

考虑 Debra 的案例，她以 5.08 点的价格购买了一手 100 买权其中，每点代表 100 美元，每手合约对应 100 股股票，假设当时股票价格为 100 美元，期权存续期为 56 天（见表 4-7，列 1，行 E）。如果股票价格在 28 天以后上涨到 110 美元，Debra 的买权价值上涨到了 10.88 点（列 3，行 A），那么由于这 28 天内股票价格的 10% 上涨，她在每手期权上获得的未实现利润为 5.80 点或 580 美元。然而，如果股票价格在接下去两周内又下跌了 5 美元，那么她的买权价值将下跌到 5.84 点（列 4，行 C）。因此，仅需一半的时间和一半的股票变动，Debra 的所有利润将几乎化为乌有。期权的 Delta 值从初始的 +0.55 增加到了 +0.89 是导致这种损失的潜在原因。如果 Debra 意识到市场改变了她的持仓敏感性，那么在市场开始向下时，她可能会倾向于迅速平仓以获得收益。

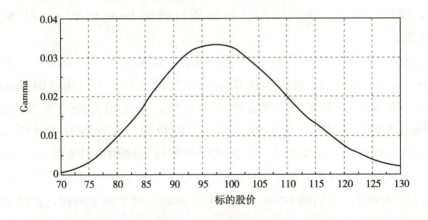

图 4-4　100 买权的 Gamma 与标的股票价格的关系

买权和卖权 Gamma 的等价性

表 4-7 显示了具有相同标的资产、相同执行价格及相同存续期的买权卖权具有相等的 Gamma 值。这种等价性是买权卖权平价关系的一个结论，该平价关系表明具有相同执行价格和存续期的买权卖权 Delta 的绝对值之和必须等于 +1.00。因此，如果买权（卖权）Delta 的绝对值增加或减少，那么卖权（买权）Delta 的绝对值必须减少或增加相等的量，以

使得两者的和保持为 +1.00。

如表 4 - 7 的行 A、B、C、D 和表 4 - 8 的行 A、C、D、F 以及图 4 - 5A、图 4 - 5C 显示了实值期权和平值期权的 Gamma 在距到期 30 天之前以微小的幅度增加，随后逐渐减少到零。由于 Gamma 反映了 Delta 的变动，Gamma 微小的变动意味着 Delta 以一个接近稳定的速度变动，直到最后一个月，Delta 变化速度减小。例如，对于一个存续期是四个或五个月的平值期权，股票价格一美元的上涨可能导致 Delta 值从 +0.75 变为 +0.77，这时的 Gamma 为 +0.02。然而，如果存续期只有一周，同样的股票价格一美元上涨只能使 Delta 值从 +0.75 变为 +0.76，意味着 Gamma 值为 +0.01。类似地，对于存续期为 90 天的虚值期权，股票价格上涨一美元可能导致 Delta 值从 +0.33 变为 +0.35，而如果存续期仅为 10 天，那么同样的一美元股票价格涨幅只能使 Delta 值从 +0.35 变为 +0.36。

表 4 - 7 的行 E、F，表 4 - 8 的行 B、E 以及图 4 - 5B 显示了平值期权的 Gamma 与实值、虚值期权 Gamma 之间的差异。平值期权的 Gamma 非常小并且几乎为常数，仅存在小幅上涨，直至距到期一个月左右，Gamma 开始迅速增长，并持续至到期前的瞬间，在到期的时刻 Gamma 值又减少到 0。你可以通过考察在到期时期权的结构来理解为何 Gamma 会如此变动。交易员对实值期权进行行权，把它们转换为股票持仓。因此，在到期时，它们的 Delta 为 +1.00。然而，对于虚值期权，在到期时它们不存在任何价值，因此它们的 Delta 为零。现在考虑以下情况发生时 Delta 的变动：在到期前的瞬间，一个期权从非常轻度的虚值变成了实值，那么这个期权 Delta 的绝对值立刻从 0 的附近增加到了 +1.00 的附近。此时的 Gamma 非常大，几乎为无穷，因为股票价格从 99.99 到 100.01 的 2 分涨幅就能使买权的 Delta 从 0.00 变为 +1.00，使卖权的 Delta 从 -1.00 变为 0.00。

Gamma 和波动率

图 4 - 6A、图 4 - 6C 显示了波动率如何影响实值期权和虚值期权的

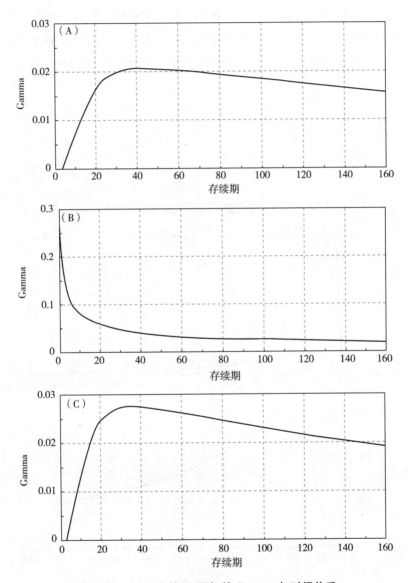

图 4 – 5 （**A**）实值 90 买权的 **Gamma** 与时间关系；

（**B**）平值 100 买权的 **Gamma** 与时间关系；

（**C**）虚值 110 买权的 **Gamma** 与时间的关系

Gamma。在大约 10% 至 20% 的低波动率水平下，Gamma 随着波动率上升而增加。然而，随着波动率上升至 30% 后，Gamma 随着波动率上升而减少。正如前文讨论的，这种情况发生主要是由于随着波动率的上升，

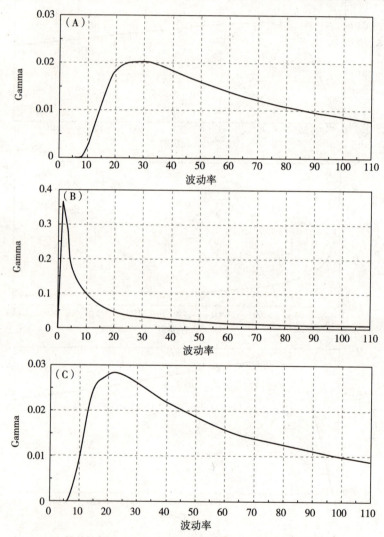

图 4-6 （A）实值 90 买权的 Gamma 与波动率的关系；

　　　　（B）平值 100 买权的 Gamma 与波动率的关系；

　　　　（C）虚值 110 买权的 Gamma 与波动率的关系

Delta 的绝对值逐渐趋向于 + 0.50。而随着 Delta 的绝对值越来越接近
+ 0.50，Delta 的变动越来越小，从而 Gamma 也变小。

　　图 4 – 6B 显示了平值期权的 Gamma 如何随波动率变动。由于无论波
动率水平是多少，平值期权的 Gamma 始终保持在 + 0.50 附近，从而波
动率的增加不改变 Gamma。然而，在非常低的波动率水平下，平值期权
的 Gamma 会大幅增长，这种情况发生主要是因为低波动率水平意味着低
标准差。在高波动率水平下，一美元股票价格的变动可能只是相当于半
个标准差甚至更少的变动，而同样的价格改变量在低波动率水平下则可
能等于两个标准差的变动。由于 Delta 值与用标准差衡量的股票价格距
离有关，具有两个标准差实值程度的期权 Delta 的绝对值远大于仅有半
个标准差实值程度的期权 Delta 的绝对值。这种期权具有更高的 Gamma，
因为股票价格变动会使 Delta 的绝对值从 + 0.50 变动到 + 1.00 附近。同
样的逻辑也适用于虚值期权和它们的 Delta。

Vega 如何变动

　　表 4 – 7、表 4 – 8 和图 4 – 7 显示了当期权处于平值时，一个百分点
的波动率变动对 Vega 及期权价值的影响是最大的。在表中的任意一列，

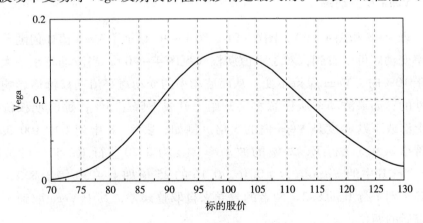

图 4 – 7　100 买权的 Vega 与标的股票价格的关系

当 100 买权和 100 卖权处于平值时，Vega 达到最大值（表 4 – 7 的行 E、F 以及表 4 – 8 的行 B、E）。平值期权具有最大的 Vega 主要是因为波动率的变化对平值期权价格的绝对影响是最大的。例如在表 4 – 8 中（列 1），波动率水平从 25% 上升到 50% 使 90 买权的价格从 11.26（行 F）上涨到 13.94（行 C），上涨幅度为 2.68。而平值的 100 买权价格则上涨得更多，从 4.30（行 E）上涨到了 8.20（行 B），涨幅为 3.90。110 买权价格的上涨幅度大于虚值期权，但小于平值期权，它的价格上涨了 3.37，从 1.02（行 D）上涨到了 4.39（行 A）。

Vega 和存续期

表 4 – 7、表 4 – 8 和图 4 – 8A、图 4 – 8B、图 4 – 8C 显示了实值期权、平值期权和虚值期权的 Vega 如何随着到期日的临近而减小。从列 1 至列 5 逐行观察表 4 – 7 中各期权的 Vega 变动情况，可以发现随着到期日的逐渐临近，不仅期权价格减小，Vega 值也随之减小。这是由于时间减少后，潜在的股票价格变动也会变小。图 4 – 8A、图 4 – 8B 和图 4 – 8C 显示了同样的观点。然而，相对于实值期权和虚值期权，平值期权（见图 4 – 8B）具有更大的 Vega，并且其 Vega 保持了更长的时间后才逐渐趋于 0。

Vega 和波动率

表 4 – 8 和图 4 – 9A、图 4 – 9B、图 4 – 9C 显示了 Vega 值如何随着波动率变动。可以看到，对于平值期权（见图 4 – 9B），当波动率水平大于等于 10% 时，Vega 保持不变，从而波动率的变动对平值期权价格影响是线性的：如果波动率从任意水平开始上升或下降了 5%，那么期权价值的上涨或下跌幅度是 Vega 值的 5 倍。例如，表 4 – 8 中列 1 中 100 买权的价格从 4.3（行 E，25% 的波动率）变为 8.20（行 B，50% 的波动率）。行 E 中的 Vega 值为 +0.16。0.16 的 25 倍加上 4.30 等于 8.3，近似等于列 1 行 B 的 8.2。两者的差异来自取整误差，其中 Vega 取到了小数点后的两位。

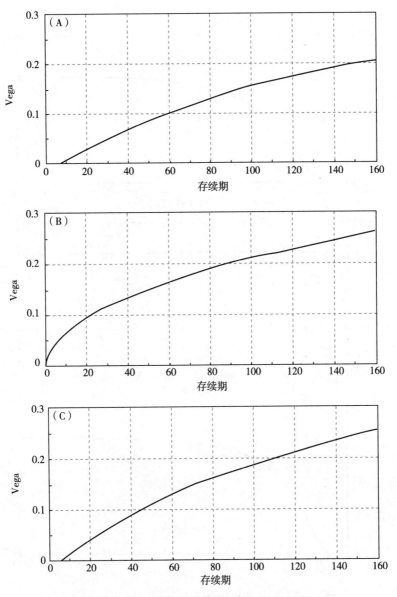

图 4 - 8 （A）实值 90 买权的 Vega 与时间的关系；

（B）平值 100 买权的 Vega 与时间的关系；

（C）虚值 110 买权的 Vega 与时间的关系

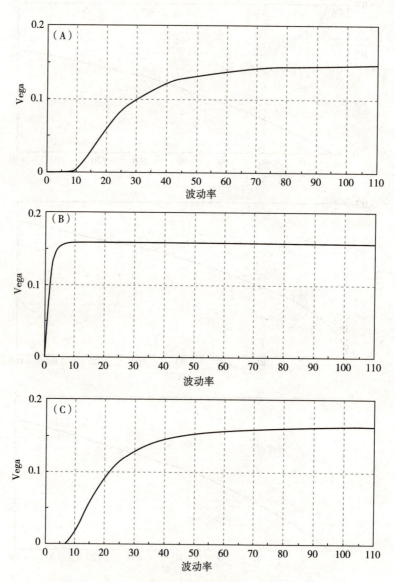

图 4 – 9 （A）实值 90 买权的 Vega 与波动率的关系；

（B）平值 100 买权的 Vega 与波动率的关系；

（C）虚值 110 买权的 Vega 与波动率的关系

Vega 和执行价格

对于实值期权和虚值期权，当波动率水平很低时（低于10%），Vega接近于0，并会随着波动率水平的上升而增加，直到波动率水平达到50%后，Vega 将趋于稳定而不会随着波动率继续增加。因此，波动率的变动对实值期权和虚值期权的影响并不是类似于平值期权那样的线性关系。考察表4-8列1中110买权的价格从1.02（行D，25%的波动率）变为4.39（行A，50%的波动率）。行D的Vega值是+0.11。0.11的25倍再加上1.02等于3.77，这与表4-8列1行A中的4.39并不相等。相对于平值期权，波动率对实值期权和虚值期权的影响方式不同，因此波动率对平值期权影响的估计方法在这里不适用。

Theta 如何变动

交易员必须掌握 Theta 如何变动，因为期权价格随时间流逝的影响将直接关系到交易策略。奇怪的是，交易员经常会误解或简化这个概念，从而通常导致不幸的结局。一句警告：Theta 作为时间对期权价值的影响是一个负数，因此在讨论"最大"和"最小"值的概念时很容易混淆。请仔细阅读本节内容！

表4-7和图4-10显示了当期权处于平值时 Theta 值最小（绝对值最大）。这些 Theta 之间差异在图中比在表格中体现得更明显，因为从绝对水平来看，这些数字都很小，处于0.00和-0.05之间。同样地，即使如表4-7中的行E和行F所示，100买权和100卖权处于平值时 Theta 最小（绝对值最大），但它们的差异仍然不是很明显，因为这些值都四舍五入到两位小数。平值期权的时间价值大于实值期权和虚值期权，而期权价值随时间流逝而减少的正是期权的时间价值部分。因此，给定相同的存续期，平值期权在每单位时间内减少的价值大于实值期权和虚值期权。

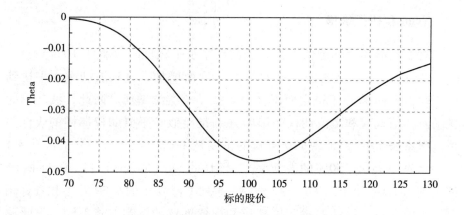

图 4 – 10 100 买权的 Theta 与标的股票价格的关系

Theta 和存续期

表 4 – 7、表 4 – 8 和图 4 – 11B 显示了平值期权的 Theta 随着到期日的临近而减小（绝对值增大），然后在到期前的瞬间 Theta 趋于零。在到期前的最后一单位时间内，平值期权的 Theta 值最小（绝对值最大）。在表 4 – 7 的行 E，假设股票价格始终为 100，100 买权的 Theta 值从 – 0.05（列 1）开始逐渐递减至 – 0.06、– 0.07 和 – 0.09，最后在到期时刻变为 0。平值卖权的 Theta 也以类似的规律变动。

如表 4 – 7 和图 4 – 11A、图 4 – 11C 所示，实值期权和虚值期权的 Theta 在开头一段时间内变小（绝对值增大），之后再随着到期日的临近逐渐变大（绝对值减小），这与平值期权 Theta 的变动规律是不同的。由于实值、平值和虚值期权的 Theta 表现不同，因此交易员在总结时间对期权价值影响的一般规律时必须注意区分。

结合 Delta 来运用 Theta

交易员应该如何应用 Theta？由于 Theta 估计了在一段时间内持仓的盈利或亏损量，因此一个持有期权多头的交易员可以将 Theta 与 Delta 相结合，来估计在一个特定时间段内，股票价格必须变动多少才能使 Delta

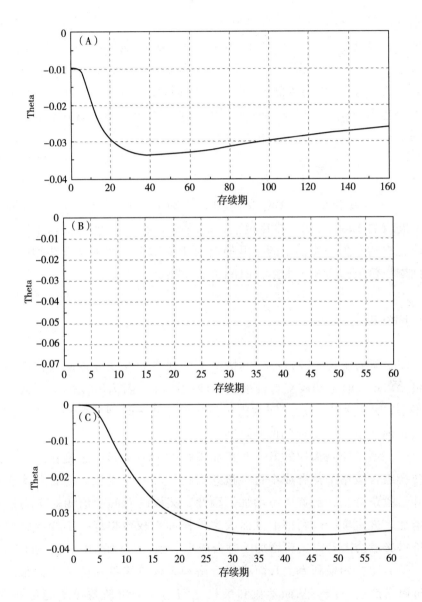

图 4 – 11　（A）实值 90 买权的 Theta 与时间的关系；

　　　　　　（B）平值 100 买权的 Theta 与时间的关系；

　　　　　　（C）虚值 110 买权的 Theta 与时间的关系

导致（标的价格的变动）的盈利大于 Theta 导致（时间流逝）的亏损。例如，假设某期权的一天 Theta 为 − 0.05，Delta 为 + 0.35。该期权的购买者在未来七天内必须有 1 美元的股票涨幅才能抵消时间的流逝——+ 0.35 的 Delta 效果与 7 倍的 − 0.05 的 Theta 效果相抵消。虽然预测市场是一门艺术而非一门科学，但设定某时间段内的目标价格并形成一个参考的架构，从而帮助交易者做出客观的交易决策。

Theta 和波动率

如表 4 − 8 和图 4 − 12A、图 4 − 12B、图 4 − 12C 所示，实值、平值和虚值期权的 Theta 随着波动率的上升而减小（绝对值增大）。这个结果是符合逻辑的，因为波动率的上升使期权价值增大，如果存续期相同，较高的期权价值包含较大的单位时间价值损耗量。

Rho 如何变动

Rho 预测在其他因素不变的情况下，利率的变动导致期权价值的变动量。Rho 一般是期权交易员最少关注的指标，因为 Rho 的绝对数值一般很小，并且利率在短时间内很少发生大于 1% 的剧烈变动。然而，交易员必须知道 Rho 变动的四条规律。

第一条规律是买权的 Rho 为正而卖权的 Rho 为负。这是在第六章讨论转换组合策略中持有成本这一概念时得出的一个结论。随着利率水平上升，股票持仓的融资成本增加，因此，买权的时间价值相对于卖权必然增加。进一步假设利率上升而股票价格和卖权价格保持不变，那么买权价格必然会上升以支付增加的融资成本。因此买权的 Rho 是正的。

类似地，如果利率上升而股票价格和买权价格都保持不变，那么卖权价格必然会下降，从而卖权和买权之间的时间价值差异才能足够大，以支付增加的融资成本。因此卖权的 Rho 是负的。事实上，当其中一个发生变化时，不管买权还是卖权的价值都不会保持不变，一般情况是买权价值上升一小部分而卖权价值下降一小部分。

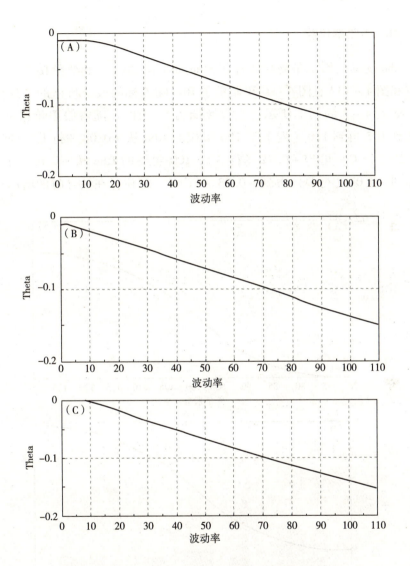

图 4 – 12 （A）实值 90 买权的 Theta 与波动率的关系；

（B）平值 100 买权的 Theta 与波动率的关系；

（C）虚值 110 买权的 Theta 与波动率的关系

专业期权交易

Rho 和股票价格

Rho 变动的第二条规律描述了 Rho 如何随着标的股票价格变动。表 4 −7和图 4 −13A、图 4 −13B 显示了 Rho 随着标的股票价格的上涨而增加。如表 4 −7 的列 1 所示，当存续期为 56 天时，随着股票价格从 100 上涨到 105 再到 110（列 1），100 买权的 Rho 从 +0.08（行 E）增加到 +0.10（行 C）再到 +0.12（行 A），100 卖权的 Rho 从 −0.06（行 F）增加到 −0.04（行 D）再到 −0.03（行 B）。记住存在负号时的增加和减

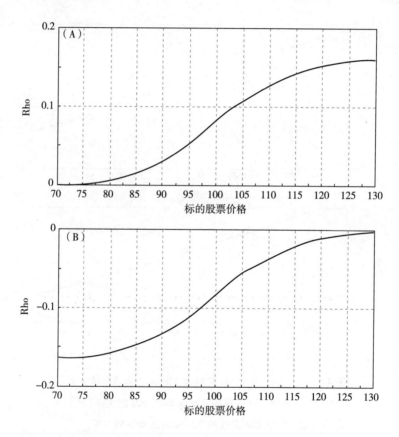

图 4 −13 （A）100 买权的 Rho 与标的股票价格的关系；

（B）100 卖权的 Rho 与标的股票价格的关系

第四章 希腊字母

少的概念！Rho 随着股票价格上涨而增加随着股票价格下跌而减小的规律对表4－7中的任意列都成立。图4－13A、图4－13B用图形表明了这一观点。乍看之下，这两个图似乎毫无区别，但它们是有区别的。其中，买权的 Rho 从 0 增加到 +0.17，而卖权的 Rho 从 -0.17 增加到 0。

Rho 随着股票价格上涨而增加的规律是持有成本概念的另一个结论。购买高价股票的融资成本高于低价股票，因此利率水平变动对高价股票的融资成本绝对值的影响要大于低价股票。

Rho 和存续期

图4－14A、图4－14B和图4－14C显示了 Rho 的第三条规律。Rho 几乎以线性的方式随时间增加。持有成本理论同样解释了这一规律。在给定利率水平下，融资成本与期限几乎成正比关系，长期限的融资成本大于短期限的融资成本。如果利率水平发生了变化，对长期限的绝对影响会以线性方式大于短期限。

Rho 和波动率

Rho 的第四条规律描述了波动率对 Rho 的影响，是一项复杂的概念。表4－8和图4－15A、图4－15B、图4－15C显示了波动率对实值、平值和虚值期权的 Rho 具有不同的影响效果。比较难理解的是，波动率仅通过它对期权价格的影响而间接地影响 Rho。

如表4－8中列1与行 D 和行 A 的交汇所示，波动率从25%上升到50%后导致110 买权的 Rho 从0.03 增加到0.05。同时请注意买权价格也从1.02上升到了4.39。值得一提的是，利率的变动不仅会改变持有标的股票的成本，而且还会影响持有期权的成本（也就是资金因投资期权而放弃的利息收入）。无论利率水平是多少，4.39 能够产生的利息都是1.02 能够产生的利息的4倍。因此，利率的变动对高波动率情况下的影响必然大于低波动率情况下的影响。图4－15C显示了波动率水平大约从10%变到50%时，波动率的上升对一个虚值买权的 Rho 呈指数的影响。当波动率高于50%时，波动率上升的影响趋于平稳，Rho 的值接近

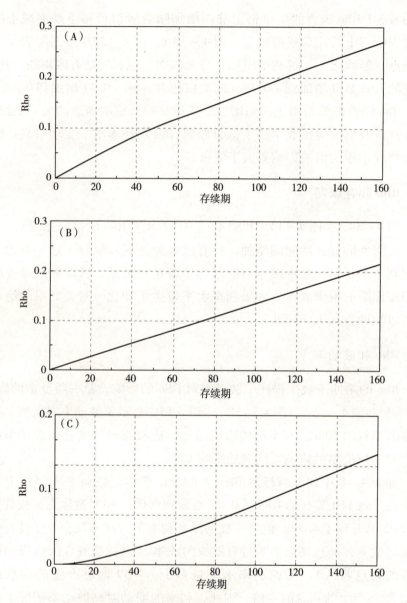

图 4 – 14　（A）实值 90 买权的 Rho 与时间的关系；

（B）平值 100 买权的 Rho 与时间的关系；

（C）虚值 110 买权的 Rho 与时间的关系

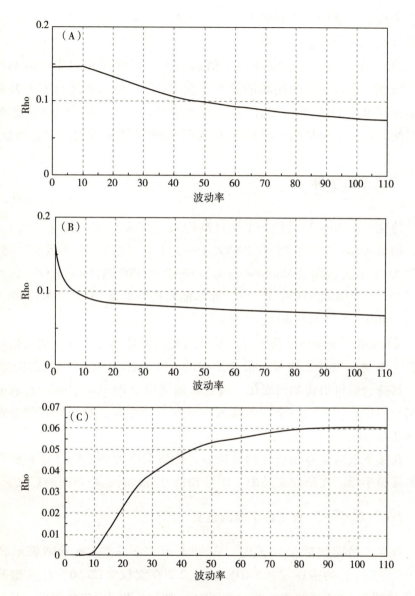

图 4 – 15　（A）实值 90 买权的 Rho 与波动率的关系；

（B）平值 100 买权的 Rho 与波动率的关系；

（C）虚值 110 买权的 Rho 与波动率的关系

专业期权交易

于它的极限，这种规律类似于在高波动率下期权价格接近于它的极限的情况（见图2-6）。

图4-15B显示了波动率对平值期权Rho的影响相对于虚值期权更接近线性，而且是一个递减的关系。图4-15A显示了波动率上升导致实值买权Rho的减少。幸运的是，波动率和Rho之间复杂的相互影响关系对绝大部分交易员的影响都非常有限，即使对专业交易员也是如此。

持仓希腊字母

持仓（position）是指一个期权被购买（多头）或出售（空头）。例如，如果Adam购买了25手"XYZ十一月100买权"，那么他的"持仓"就是25手多头。如果Matthew购买了15手"QRS四月45卖权"以及出售了15手"QRS四月40卖权"，那么他的持仓就是15手"四月45卖权多头"和15手"四月40卖权空头"。

Adam和Matthew以及所有交易员需要的就是寻找一种方法来估量市场条件改变（也就是期权定价公式中的一个或多个输入变量发生改变）时，其持仓的价值将如何变化。持仓希腊字母（Position Greeks）表明了当期权定价公式中的一个特定输入变量发生改变时，整个持仓将会产生盈利还是亏损。

在接下去对正号和负号的讨论后，你将会学习到如何计算和解释持仓的希腊字母。在期权交易中，正号和负号可以有三种不同的意义。

"+"和"−"有三种不同的意义

首先，与期权数量相关时，正号表示"多头"，负号则表示"空头"。关于持仓的描述"+3NDX一月2 200卖权@12.50"应该解释为"3手价格为12.5点每手、标的为NDX、执行价格为2 200并且一月份到期的卖权多头"。关于持仓的描述"−15XSP十一月145买权@9.10"应该解释为"15手价格为9.10点每手、标的为XSP、执行价格为145并且十一月份到期的买权空头"。

第二，与期权的 Delta、Vega、Theta 或 Rho 相关时，正号和负号表示期权价格与各自对应的输入变量变动之间是正相关关系还是负相关关系。"某个买权的 Delta 为 +0.65"表示买权的价值与标的股票价格变动之间是正相关关系，也就是说如果股票价格上涨，买权价值也上涨，如果股票价格下跌，买权价值也下跌。

第二个例子"某卖权的 Rho 为 -0.08"表示该卖权的价值与利率之间呈负相关关系。如果利率水平上升，那么卖权价值将下跌。第三个例子"某卖权的 Vega 为 +0.20"表示该卖权的价值与波动率之间呈正相关关系。如果波动率上升，卖权价值将上涨，如果波动率下降，该卖权的价值将下跌。

Gamma 的正号表示持仓的 Delta 与标的股票价格变动呈正相关关系，也就是说，股票价格上涨时，Delta 值增加，而股票价格下跌时，Delta 值减少。Gamma 的负号表示期权的 Delta 与标的股票价格变动之间呈负相关关系：股票价格上涨时，Delta 值减少，而股票价格下跌时，Delta 值增加。

最后，与整个期权持仓的希腊字母相关时，正号和负号表示对应因素增加对持仓的影响是盈利还是亏损。例如，考虑"Sally 的 3 手买权多头的 Vega 是 +2.73"，这里的正号表示其他因素保持不变而波动率上涨一个百分点时，Sally 的持仓将产生 2.73 点盈利。另一个例子"Bill 的 4 手卖权多头的 Theta 是 -3.64"，这里的负号表示其他因素保持不变而时间变动一单位时，Bill 的持仓将产生 3.64 点的损失。

如果没有一些练习，这三种不同的意思可能很难记住，因此请记住：（1）多头或空头，（2）正相关或负相关，（3）盈利或亏损。我们在接下去讨论持仓希腊字母时，请记住正号和负号可能根据用途不同而表示这三种含义中的任意一种。

介绍表 4 – 9 至表 4 – 18

我们用十个相同格式的表格来阐述持仓希腊字母。每个表格包含了两个例子。第一个例子是关于期初以每手 4.20 点的价格购买或出售 4 手"XYZ 80 买权"。第二个例子是关于期初以每手 0.81 点的价格购买或出售

专业期权交易

10 手"QRS 40 卖权"。每个例子都有一系列步骤并用编号的行来表示。6 行的内容分别表示（1）期初持仓，（2）相关输入及它们的变动（例如股票价格、存续期、波动率等变量），（3）单期权的希腊字母，（4）期初持仓的希腊字母，（5）期初和期末的持仓价值，（6）示例意义的总结。

这些例子主要是为达到两个目的。第一个目的是显示如何计算持仓的希腊字母。第二个目的是解释如何应用持仓希腊字母来估算持仓价值的变动。

持仓 Delta

假设其他因素保持不变，一个具有正 Delta 的持仓在标的股票价格上涨时会盈利，在标的股票价格下跌时会亏损。买权多头的持仓和卖权空头的持仓具有正的 Delta 值，表 4－9 分别给出了一个例子。行 1 列 1 做多买权的例子描述了 4 手"XYZ 80 买权"的多头持仓。每手期权的期初购买价格是 4. 20 点，期末的价格是 4. 77 点（列 3）。行 2 显示了股票价格从 80 上涨到 81，行 3 表明买权多头的 Delta 是 +0. 55。行 4 说明了持仓 Delta 的 +2. 20（列 2）是根据买权多头的数量（+4）乘以买权 Delta（+0. 55）的结果。行 5 说明了期初持仓价值等于买权数量（+4）乘以每手买权价格（4. 20 点），结果持仓价值为 16. 8 点借记，列 2 显示了这点。其中，借记（Debit）意味着交易员在为期权建仓时支付一定金额，而在平仓时收到相应的金额。因此，借记的持仓增加意味着盈利，减少则意味着亏损。在这种情况下，16. 80 点或 1 680 美元就意味着期初建仓所投入的金额。行 5 列 3 意味着期末持仓价值是"19. 08 借记"或 1 908美元。这是一种增长的情形，并且表示期末持仓相对于期初持仓盈利了 2. 28 点（228 美元）。表 4－9 行 6 关于买权多头例子的总结为："持仓 Delta 值 +2. 20 估计了股票价格上涨一个点会导致持仓盈利 220 美元，但真实的盈利由于 Delta 本身的增大为 228 美元。"在真实的交易环境下，真正的结果可能并不总是恰好等于估计的结果，这主要由以下几个原因造成：第一，根据股票价格变动的大小，Gamma 可能会使 Delta 显著改变足够大以使真实结果偏离估计值；第二，数值的四舍五入很容易导致真实结果和估计值的偏离；第三，其他因素如时间、波动率等不变的假设可能并不一定成立。

表 4 – 9　　　　　　　正 Delta 的持仓——买权多头和卖权空头

买权多头的例子	列 1	列 2		列 3
1 持仓	4 手 XYZ80 买权多头	每手 4.20	→	4.77
2 股票价格		80.00	→	81.00
3 期权 Delta		+0.55		
4 持仓 Delta	+4 × +0.55 =	+2.20		
5 持仓价值	+4 ×4.20 =	16.80 借记	→	19.08 借记

6 总结：+2.20 的持仓 Delta 估计了股票价格上涨一个点会导致持仓盈利 220 美元，但真实的盈利由于 Delta 本身的增大而增加到 228 美元（从 16.80 借记到 19.08 借记）。

假设：存续期 60 天；波动率 30%；利率 5%；无股息。

卖权空头的例子	列 1	列 2		列 3
1 持仓	10 手 QRS40 卖权空头	每手 0.81	→	0.52
2 股票价格		41.00	→	42.00
3 期权 Delta		– 0.34		
4 持仓 Delta	– 10 × – 0.34 =	+3.40		
5 持仓价值	– 10 × 0.81 =	8.10 贷记	→	5.20 贷记

6 总结：+3.40 的持仓 Delta 估计了股票价格上涨一个点会导致持仓盈利 340 美元，但真实的盈利由于 Delta 本身的减小而减少到 290 美元（从 8.10 贷记到 5.20 贷记）。

假设：存续期 40 天；波动率 25%；利率 5%；无股息。

　　表 4 – 9 中卖权空头的例子是以每手 0.81 的价格做空 10 手 "QRS 40 卖权"。持仓的 Delta 值 +3.40（行 4）估计了在其他因素不变的情况下，如果 QRS 股价上涨了一个点，这 10 手卖权空头（– 10）将会产生 3.40 点或 340 美元的盈利，而如果 QRS 股价下跌了一个点，则持仓将产生相同数量的亏损。行 2 显示了股票价格从 41 上涨了一个点到 42，行 5 显示了持仓价值从 8.10 点贷记变到 5.20 点贷记，产生了 2.90 点（290 美元）的盈利。贷记（Credit）意味着交易员在期初为期权建仓时收到一笔金额，而在平仓时则必须支付相应的金额。从而贷记的持仓价值减少意味着盈利，贷记持仓价值增加则意味着亏损。在本例中，估计的结果是盈利 340 美元，但并没有正好等于实际的盈利 290 美元的结果。类似于做

专业期权交易

多买权的例子，真实结果与估计值的差异来自于 Delta 值的变动。

表 4-10 显示了买权空头持仓和卖权多头持仓都具有负的 Delta。在假设其他因素不变的情况下，标的股票价格上涨时，一个具有负 Delta 的持仓将会产生亏损，而在标的股票价格下跌时则会盈利。

表 4-10　　　　　　负 Delta 的持仓——买权空头和卖权多头

买权空头的例子	列 1	列 2		列 3
1 持仓	4 手 XYZ80 买权空头	每手 4.20	→	4.77
2 股票价格		80.00	→	81.00
3 期权 Delta		+0.55		
4 持仓 Delta	−4 × +0.55 =	−2.20		
5 持仓价值	−4 × 4.20 =	16.80 贷记	→	19.08 贷记

6 总结：−2.20 的持仓 Delta 估计了股票价格上涨一个点会导致持仓亏损 220 美元，但真实的亏损由于 Delta 本身减小而增大到 228 美元（从 16.80 贷记到 19.08 贷记）。

假设：存续期 60 天；波动率 30%；利率 5%；无股息。

卖权多头的例子	列 1	列 2		列 3
1 持仓	10 手 QRS40 卖权多头	每手 0.81	→	0.52
2 股票价格		41.00	→	42.00
3 期权 Delta		−0.34		
4 持仓 Delta	+10 × −0.34 =	−3.40		
5 持仓价值	+10 × 0.81 =	8.10 借记	→	5.20 借记

6 总结：−3.40 的持仓 Delta 估计了股票价格上涨一个点会导致持仓亏损 340 美元，但真实的亏损由于 Delta 本身的增大而减少到 290 美元（从 8.10 借记到 5.20 借记）。

假设：存续期 40 天；波动率 25%；利率 5%；无股息。

持仓 Gamma

持仓的 Gamma 并不说明持仓盈利或亏损，它们刻画了标的股票价格变动时持仓的 Delta 如何变动。一个正的 Gamma 意味着标的股票价格变动时，持仓的 Delta 也将产生同向的变动。一个负的 Gamma 意味着标的股票价格变动时，持仓的 Delta 将产生反向的变动。

表 4-11 显示了买权多头和卖权多头持仓都具有正的 Gamma。在表

量以及股票价格下降一个点导致持仓 Delta 增加的量。在列 6 持仓 Delta 的真实变动量是 −1.00，从 +3.40 变到了 +2.40。真实变动值与估计值之间的差别主要来自取整误差。

当某个持仓具有负 Gamma 时，由标的股票价格变动引起的持仓 Delta 的相应变动都不利于投资者。例如，假设一个交易员做空表 4−2 中的 100 买权。该买权空头持仓的初始 Delta 是 −0.55，持仓 Gamma 是 −0.03。该持仓 Gamma 估计了股票价格从 100 上涨到 101 将导致持仓 Delta 减少 0.03，从 −0.55 减少到 −0.58。标的股票价格上涨则 Delta 下跌！股票价格上涨使买权空头持仓更不利，因为实际的损失大于使用初始 Delta 估计出来的结果。随着市场的继续上涨，该持仓在每单位股票价格上涨中的损失越来越大，这是因为买权空头持仓对市场的暴露朝着 −1.00 持续地减小。

表 4−3 显示了当股票价格下跌时，负 Gamma 对买权空头持仓同样产生不利影响。假设一个交易员做空了表 4−3 中的 100 买权，初始 Delta 是 −0.55。随着股票价格从 100 下跌到 99，该买权空头持仓盈利少于使用初始 Delta 估计的量。盈利减少是因为买权空头的 Delta 从 −0.55 上升到了 −0.51。实际盈利少于初始 Delta 估计出的结果对于该买权的卖空者来说是不利的。

表 4−12　　　　　负 Gamma 的持仓——买权空头和卖权空头

买权空头的例子	列1	列2		列3
1 持仓	4 手 XYZ80 买权空头	每手 4.20		
2 股票价格		80.00	→	81.00
3 期权 Delta		+0.55	→	0.59
4 期权 Gamma		+0.04		
5 持仓 Gamma	−4 × +0.04 =	−0.16		
6 持仓 Delta	−4 × +0.55 =	−2.20	→	−2.36

7 总结：−0.16 的持仓 Gamma 估计了股票价格上涨一个点会导致持仓 Delta 下跌 0.16，真实的跌幅为 0.16（从 −2.20 到 −2.36）。

假设：存续期 60 天；波动率 30%；利率 5%；无股息。

续表

卖权空头的例子	列 1	列 2		列 3
1 持仓	10 手 QRS40 卖权空头	每手 0.81		
2 股票价格		41.00	→	42.00
3 期权 Delta		− 0.34	→	− 0.24
4 期权 Gamma		+ 0.11		
5 持仓 Gamma	− 10 × + 0.11 =	− 1.10		
6 持仓 Delta	− 10 × − 0.34 =	+ 3.40	→	+ 2.40

7 总结：− 1.10 的持仓 Gamma 估计了股票价格上涨一个点会导致持仓 Delta 下跌 1.10，而真实的跌幅为 1.00（从 + 3.40 到 + 2.40）。

假设：存续期 40 天；波动率 25%；利率 5%；无股息。

持仓 Vega

一个拥有正 Vega 的持仓在其他因素保持不变而波动率上升时将会获得盈利。表 4 − 13 显示了期权多头持仓具有正的 Vega。表 4 − 13 中买权多头持仓的 Vega 值 + 0.52 意味着其他因素保持不变而波动率上升一个百分点时，包含四手 "XYZ 80 买权" 多头的持仓将会获利 0.52 点或 52 美元，正好等于行 5 中真实的量。

一个拥有负 Vega 的持仓，在其他因素保持不变而波动率上升时将会损失，在波动率下降时盈利。表 4 − 14 显示了期权空头持仓具有负的 Vega。表 4 − 14 中卖权空头持仓的 Vega 值是 − 0.50，意味着如果其他因素保持不变而波动率上升一个百分点，那么该持仓将会亏损 0.50 点或 50 美元。这个估计结果正好等于行 5 中的损失，该期权空头持仓价值从 8.10 点增加到了 8.60 点。该负 Vega 同样估计了如果波动率下降一个百分点，那么持仓将获利 50 美元。

表 4 − 13　　　　正 Vega 的持仓——买权多头和卖权多头

买权多头的例子	列 1	列 2		列 3
1 持仓	4 手 XYZ80 买权多头	每手 4.20	→	4.33
2 波动率		30%	→	31%

续表

买权多头的例子	列 1	列 2		列 3
3 期权 Vega		+0. 13		
4 持仓 Vega	+4 × +0. 13 =	+0. 52		
5 持仓价值	+4 × 4. 20 =	16. 80 借记	→	17. 32 借记

6 总结：+0. 52 的持仓 Vega 估计了波动率上涨一个百分点会导致持仓盈利 52 美元，真实的盈利为 52 美元（从 16. 80 借记到 17. 32 借记）。

假设：股票价格 80；存续期 60 天；利率 5%；无股息。

卖权多头的例子	列 1	列 2		列 3
1 持仓	10 手 QRS40 卖权多头	每手 0. 81	→	0. 86
2 波动率		25%	→	26%
3 期权 Vega		+0. 05		
4 持仓 Vega	+10 × +0. 05 =	+0. 50		
5 持仓价值	+10 ×0. 81 =	8. 10 借记	→	8. 60 借记

6 总结：+0. 50 的持仓 Vega 估计了波动率上涨一个百分点会导致持仓盈利 50 美元，真实的盈利为 50 美元（从 8. 10 借记到 8. 60 借记）。

假设：股票价格 41；存续期 40 天；利率 5%；无股息。

表 4 – 14　　　　负 Vega 的持仓——买权空头和卖权空头

买权空头的例子	列 1	列 2		列 3
1 持仓	4 手 XYZ80 买权空头	每手 4. 20	→	4. 33
2 波动率		30%	→	31%
3 期权 Vega		+0. 13		
4 持仓 Vega	−4 × +0. 13 =	−0. 52		
5 持仓价值	−4 × 4. 20 =	16. 80 贷记	→	17. 32 贷记

6 总结：−0. 52 的持仓 Vega 估计了波动率上涨一个百分点会导致持仓亏损 52 美元，真实的亏损为 52 美元（从 16. 80 贷记到 17. 32 贷记）。

假设：股票价格 80；存续期 60 天；利率 5%；无股息。

卖权空头的例子	列 1	列 2		列 3
1 持仓	10 手 QRS40 卖权空头	每手 0. 81	→	0. 86
2 波动率		25%	→	26%

117

续表

卖权空头的例子	列 1	列 2		列 3
3 期权 Vega		+ 0.05		
4 持仓 Vega	− 10 × + 0.05 =	− 0.50		
5 持仓价值	− 10 ×0.81 =	8.10 贷记	→	8.60 贷记

6 总结：− 0.50 的持仓 Vega 估计了波动率上涨一个百分点会导致持仓亏损 50 美元，真实的亏损为 50 美元（从 8.10 贷记到 8.60 贷记）。

假设：股票价格 41；存续期 40 天；利率 5%；无股息。

持仓 Theta

持仓的 Theta 估计了时间的流逝是否会给持仓带来持续的盈利或亏损。由于期权价值随着时间而衰减，从而期权空头的持仓会随时间流逝而获利，因此这些持仓具有正的 Theta。表 4 – 15 中买权空头持仓的 Theta 是 + 0.16（行 4），该值估计了存续期减小"一单位"后，持仓将获得 16 美元盈利。在这个例子中，一单位时间是一天，Theta 准确地估计了存续期从 60 天减少到 59 天时，空头持仓价值从 16.80 点减少到 16.64 点。卖权空头持仓的 Theta 值等于 + 0.10（行 4），该值估计了在一单位时间变动后持仓将获利 10 美元。

如果只有存续期发生改变，具有负 Theta 的持仓将会发生亏损。期权多头具有负的 Theta。在表 4 – 16 中，买权多头持仓的 Theta 为 − 0.16 意味着如果其他因素不变只有存续期减少了一天，那么持仓将会亏损 0.16 点或 16 美元。卖权多头持仓的 Theta 为 − 0.10 意味着一天时间过去但其他因素保持不变时，该持仓将会亏损 10 美元。

表 4 – 15　　　　　　　正 Theta 的持仓——买权空头和卖权空头

买权空头的例子	列 1	列 2		列 3
1 持仓	4 手 XYZ80 买权空头	每手 4.20	→	4.16
2 存续期		60	→	59
3 期权 Theta		− 0.04		
4 持仓 Theta	− 4 × − 0.04 =	+ 0.16		

续表

买权空头的例子	列1	列2		列3
5 持仓价值	−4 × 4.20 =	16.80 贷记	→	16.64 贷记

6 总结：+0.16 的持仓 Theta 估计了存续期减少一天会导致持仓盈利 16 美元，真实的盈利为 16 美元（从 16.80 贷记到 16.64 贷记）。

假设：股票价格 80；波动率 30%；利率 5%；无股息。

卖权空头的例子	列1	列2		列3
1 持仓	10 手 QRS40 卖权空头	每手 0.81	→	0.80
2 存续期		40	→39	
3 期权 Theta		−0.01		
4 持仓 Theta	−10 × −0.01 =	+0.10		
5 持仓价值	−10 × 0.81 =	8.10 贷记	→	8.00 贷记

6 总结：+0.10 的持仓 Theta 估计了存续期减少一天会导致持仓盈利 10 美元，真实的盈利为 10 美元（从 8.10 贷记到 8.00 贷记）。

假设：股票价格 41；波动率 25%；利率 5%；无股息。

表 4-16　　负 Theta 的持仓——买权多头和卖权多空头

买权多头的例子	列1	列2		列3
1 持仓	4 手 XYZ80 买权多头	每手 4.20	→	4.16
2 存续期		60	→	59
3 期权 Theta		−0.04		
4 持仓 Theta	+4 × −0.04 =	−0.16		
5 持仓价值	+4 × 4.20 =	16.80 借记	→	16.64 借记

6 总结：+0.16 的持仓 Theta 估计了存续期减少一天会导致持仓亏损 16 美元，真实的亏损为 16 美元（从 16.80 借记到 16.64 借记）。

假设：股票价格 80；波动率 30%；利率 5%；无股息。

卖权多头的例子	列1	列2		列3
1 持仓	10 手 QRS40 卖权多头	每手 0.81	→	0.80
2 存续期		40	→	39
3 期权 Theta		−0.01		
4 持仓 Theta	+10 × −0.01 =	−0.10		
5 持仓价值	+10 × 0.81 =	8.10 借记	→	8.00 借记

6 总结：−0.10 的持仓 Theta 估计了存续期减少一天会导致持仓亏损 10 美元，真实的亏损为 10 美元（从 8.10 借记到 8.00 借记）。

假设：股票价格 41；波动率 25%；利率 5%；无股息。

持仓 Rho

持仓 Rho 估计了其他因素保持不变而利率发生改变时持仓的盈利或亏损量。买权多头和卖权空头具有正的 Rho。表 4-17 中买权多头持仓的 Rho 为 +0.28（行 4），该值估计了如果利率水平上升了一个百分点，持仓将获利 28 美元。表 4-17 卖权空头的例子中持仓 Rho 为 +0.20。然而因为卖权价格从 0.81 点下降到 0.80 点，包含 10 手卖权空头持仓的真实获利仅为 10 美元，两者差异主要是由于取整误差。

买权空头和卖权多头具有负的 Rho。表 4-18 显示了买权空头的 Rho 值为 -0.28，该值准确地估计了利率水平从 5% 上升到 6% 后买权空头的亏损量。表 4-18 中卖权多头的 Rho 为 -0.20，该值高估了利率水平上升时的损失。在表 4-18 做多卖权的例子的行 5，每手卖权的价格从 0.81 点下跌到 0.80 点，导致 10 手卖权多头价值减少，真实损失量 -0.10 点与估计的结果 -0.20 点存在差别主要是因为取整误差。

表 4-17　　　　　正 Rho 的持仓——买权多头和卖权空头

买权多头的例子	列 1	列 2		列 3
1 持仓	4 手 XYZ80 买权多头	每手 4.20	→	4.27
2 利率		5%	→	6%
3 期权 Rho		+0.28		
4 持仓 Rho	+4 × +0.07 =	+0.28		
5 持仓价值	+4 × 4.20 =	16.80 借记	→	17.08 借记

6 总结：+0.28 的持仓 Rho 估计了利率水平上升 1% 会导致持仓盈利 28 美元，真实的盈利为 28 美元（从 16.80 借记到 17.08 借记）。

假设：股票价格 80；存续期 60 天；波动率 30%；无股息。

卖权空头的例子	列 1	列 2		列 3
1 持仓	10 手 QRS40 卖权空头	每手 0.81	→	0.80
2 利率		5%	→	6%
3 期权 Rho		-0.02		
4 持仓 Rho	-10 × -0.02 =	+0.20		
5 持仓价值	-10 × 0.81 =	8.10 贷记	→	8.00 贷记

6 总结：+0.20 的持仓 Rho 估计了利率水平上升 1% 会导致持仓盈利 20 美元，真实的盈利由于四舍五入为 10 美元（从 8.10 贷记到 8.00 贷记）。

假设：股票价格 41；存续期 40 天；波动率 25%；无股息。

表 4 – 18　　　　　　　　　**负 Rho 的持仓——买权空头和卖权多头**

买权空头的例子	列 1	列 2		列 3
1 持仓	4 手 XYZ80 买权空头	每手 4. 20	→	4. 27
2 利率		5%	→	6%
3 期权 Rho		+ 0. 07		
4 持仓 Rho	– 4 × + 0. 07 =	– 0. 28		
5 持仓价值	– 4 × 4. 20 =	16. 80 贷记	→	17. 08 贷记

6 总结：– 0. 28 的持仓 Rho 估计了利率水平上升 1% 会导致持仓亏损 28 美元，真实的亏损为 28 美元（从 16. 80 贷记到 17. 08 贷记）。

假设：股票价格 80；存续期 60 天；波动率 30%；无股息。

卖权多头的例子	列 1	列 2		列 3
1 持仓	10 手 QRS40 卖权多头	每手 0. 81	→	0. 80
2 利率		5%	→	6%
3 期权 Rho		– 0. 02		
4 持仓 Rho	+ 10 × – 0. 02 =	– 0. 20		
5 持仓价值	+ 10 × 0. 81 =	8. 10 借记	→	8. 00 借记

6 总结：– 0. 20 的持仓 Rho 估计了利率水平上升 1% 会导致持仓亏损 20 美元，真实的亏损由于点四舍五入而变成 10 美元（从 8. 10 借记到 8. 00 借记）。

假设：股票价格 41；存续期 40 天；波动率 25%；无股息。

持仓希腊字母总结

表 4 – 19 列出了与期权多头和空头持仓分别对应的各个希腊字母的正负号。其中，买权多头具有正的 Delta、Gamma、Vega 和负的 Theta；买权空头具有负的 Delta、Gamma、Vega 和正的 Theta；卖权多头具有负的 Delta 和 Theta，正的 Gamma 和 Vega；卖权空头具有正的 Delta 和 Theta 以及负的 Gamma 和 Vega。

表 4 – 19 中没有任何两行是一样的，每种期权持仓对标的资产价格、波动率以及存续期的变动都具有各自不同的敏感性，并且这些敏感性还会因为期权的实值、平值或虚值程度的不同而变化。虽然一开始可能容易混淆，但一个交易员的优秀与否往往取决于他对持仓希腊字母的理解

专业期权交易

程度。希腊字母提供了持仓价值随市场环境变化而变化的量化估计。理解好这种估计是选择合适交易策略的关键。

表4-19   持仓希腊字母总结

持仓	Delta	Gamma	Vega	Theta
买权多头	+	+	+	−
买权空头	−	−	−	+
卖权多头	−	+	+	−
卖权空头	+	−	−	+

注：+表示其他输入变量不变的情况下，某个输入变量的增加会导致持仓盈利，减少会导致持仓亏损。

−表示其他输入变量不变的情况下，某个输入变量的增加会导致持仓亏损，减少会导致持仓盈利。

小结

希腊字母是期权交易员用于估计市场条件改变后损益情况的一种工具。Delta 是在给定标的资产价格一个点的变动下期权理论价值的变动量。Gamma 衡量了标的资产价格一个点变动导致 Delta 的变动量。Vega 估计了波动率一个百分点变动导致期权价值的变动量，Theta 则估计了一单位时间变动对期权价值的影响。使用计算机程序的交易员必须确保知道该程序对一单位时间的定义。

希腊字母本身会随着市场条件变化而发生变动，这种变动使得估计持仓价值如何随市场条件变化的工作更为复杂。实值期权 Delta 的绝对值在期初大于 +0.50 并随着到期日的临近逐渐地趋于 +1.00。平值期权 Delta 的绝对值随着到期日的临近始终保持在 +0.50 附近，而虚值期权 Delta 的绝对值由小于 +0.50 开始随着到期日的临近逐渐地减少至 0。

Gamma 在期权平值情况下最大，并会随着期权到期日的临近而增大。Vega 在期权平值情况下最大，并随着期权到期日的临近而减小。平值期权的 Theta 最小（绝对值最大）。随着到期日的临近，平值期权 Theta 的变动规律与实值或虚值期权 Theta 的变动规律不同。

当与持仓的期权数量相关时，正号（" + "）和负号（" - "）分别表示"多头"和"空头"；当与单一期权的希腊字母相关时，正号和负号分别表示"正相关"和"负相关"；当与持仓希腊字母相关时，正号和负号分别表示"盈利"和"亏损"。

买权多头和卖权空头具有正的 Delta。如果其他因素保持不变，当标的资产价格上涨时，这些持仓将获利，而标的价格下跌时它们将亏损。买权空头和卖权多头是具有负 Delta 的持仓，它们将从股票价格的下跌中获利。

正 Gamma 意味着持仓 Delta 的变动方向与标的资产价格变动方向相同。股票价格上涨时 Delta 增大，股票价格下跌时 Delta 减小。买权多头和卖权多头都具有正的 Gamma。负 Gamma 意味着持仓 Delta 的变动方向与标的资产价格变动方向相反。股票价格上涨时 Delta 减小，股票价格下跌时 Delta 增大。买权空头和卖权空头具有负的 Gamma。

正 Vega 意味着假设其他因素不变的情况下，如果波动率上升则持仓将会获利，如果波动率下降则持仓将会亏损。买权多头和卖权多头具有正的 Vega。负 Vega 意味着假设其他因素不变的情况下，如果波动率上升则持仓将会亏损，如果波动率下降则持仓将会盈利。买权空头和卖权空头具有负的 Vega。

买权多头和卖权多头具有负的 Theta，因为在其他因素保持不变的情况下它们会随着时间趋于到期而亏损。买权空头和卖权空头具有正的 Theta，因为在其他因素保持不变的情况下它们会随着时间趋于到期而获利。

总而言之，学会如何解读希腊字母具有重要的意义，因为它们可以帮助交易员更好地预测在市场条件发生改变的情况下投资策略的表现。

第五章 合成关系

买权、卖权以及标的股票的价格都是通过所谓的买权卖权平价（put - call parity）关系相互联系起来的。买权卖权平价的一个直接推论是，股票、买权与卖权这三者之一的持仓能够被其余两种资产的持仓组合所复制，其中，这类包含两部分不同资产的持仓（two - part position）被称为合成持仓（synthetic positions）；另一个推论则是如果买权卖权平价关系没有被满足，就会产生套利机会。

本章将首先介绍在不考虑利率和股息的情况下的六种基本合成持仓，然后讨论买权卖权平价关系式，进而再讨论利率与股息对期权价格产生的影响。下一章将讨论如何运用合成关系来构建套利策略。

合成关系

日常交易中，一共有六种"真实"持仓：股票的多头和空头、买权的多头和空头以及卖权的多头和空头。交易员可以利用合成持仓来复制以上任意一种持仓，而这样的合成持仓由这三种资产中的其余两种组成。例如，由买权持仓与卖权持仓组成的两腿持仓可以复制成股票持仓。类似地，买权持仓可以被股票和卖权的混合持仓复制，而卖权持仓则可以被股票和买权的混合持仓复制。合成持仓是一种由两部分不同资产组成的两腿持仓，它具有和真实持仓相同的理论风险、理论损益平衡点以及潜在获利空间。

理论上，交易员应该对真实持仓与合成持仓一视同仁。然而，在实际交易中，两者还是存在一些差异的，而且其差异足以影响交易员的偏好抉择。这些差异主要在于，合成持仓的建仓成本包括两次交易的买卖价差与交易费用，而真实持仓只需一次。此外，两者还有不同的保证金要求等其他差异。因此，通常只有专业交易员才会利用合成关系进行交易。对于合成关系的理解是学习套利策略的第一步。

有效价格（effective price）这个术语是指将期权权利金计算在内的股票价格。期权执行或者配对产生了以执行价格进行的股票交易，但执行价格并没有精确反映出建立合成持仓的交易员所支付的价格。例如，如果执行一份以 2.00 每股的价格购得的 100 买权（执行价格为 100 的买权，下同），那么最终购买标的股票所支付的有效价格就是 102 每股。这个术语将在本章经常使用。

在解释合成关系之前，首先提出四个简单假设。第一，假设一手期权对应一股股票，也就是说，每手期权的标的股票数量是一股而不是 100 股。第二，假设利率为零，从而到期期限内时间成本为零。第三，假设没有任何交易手续费和股息发放。第四，假设可用的资金等于股票价格，这是因为在现实中，购买股票和期权必须支付现金，卖空股票及卖出期权必须提供保证金。

在接下来的几个例子里，假设股票价格为 100，100 买权的价格为 3.00，100 卖权（执行价格为 100 的卖权，下同）价格也为 3.00。另外，再假设投资者持有 100 美元现金可以用来购买股票或者用作股票卖空或期权空头的保证金存款。

合成股票多头

一手合成股票多头持仓是一个由一手买权多头与一手卖权空头组成的两腿持仓，其中的买权与卖权具有相同的标的、相同的执行价格以及相同的到期日。如表 5-1 与图 5-1 所示，一手价格为 3.00 的 100 买权多头与一手价格为 3.00 的 100 卖权空头的组合持仓与价格为 100 美元的（标的）股票多头收益相同。表 5-1 显示的是（在期权到期日）当股票处于不同价格时，真实持仓、合成持仓及其各组成部分的对应的损益值。图 5-1 描绘的是组合持仓及其各组成部分持仓的损益图。

表 5 – 1 　　　　　合成股票多头：100 买权多头@3.00 加上

100 卖权空头@3.00 与股票多头@100 的对比

	列 1	列 2	列 3	列 4	列 5
	到期日的 股票价格	100 买权多头 @3.00	100 卖权空头 @3.00	合成持仓	股票多头 @100
行 1	90	– 3.00	– 7.00	– 10.00	– 10.00
行 2	95	– 3.00	– 2.00	– 5.00	– 5.00
行 3	100	– 3.00	+ 3.00	– 0 –	– 0 –
行 4	105	+ 2.00	+ 3.00	+ 5.00	+ 5.00
行 5	110	+ 7.00	+ 3.00	+ 10.00	+ 10.00

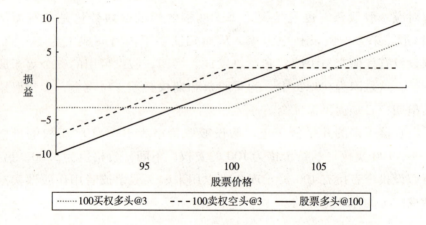

图 5 – 1　合成股票多头 = 买权多头加上卖权空头

　　如表 5 – 1 中行 4 所示，假设期权到期日的股票价格为 105 美元（见列 1），则以 3.00 购入的 100 买权获得 2.00 每股的利润（见列 2），以 3.00 售出的 100 卖权获得 3.00 每股的利润（见列 3），把这两项加在一起就得到 5.00 每股的总利润（见列 4），而这与以 100 美元购得的股票所产生的 5.00 每股的利润相同（见列 5）。如表 5 – 1 中任意一行所示，列 4 中由买权多头与卖权空头组合形成的合成持仓，与列 5 中以 100 美元购买的股票产生的损益结果完全相同，这就说明买权多头与卖权空头组合形成的两腿持仓等价于股票多头持仓。

合成股票多头——到期日运行机制

在考虑期权到期日关于执行或配对的运行机制时，可能产生三种结果：股票在到期日的收盘价高于执行价格、低于执行价格或者等于执行价格。

如果股票价格在到期日高于 100 美元的执行价格，那么 100 卖权空头处于虚值状态，因此毫无价值，而 100 买权多头处于实值状态因而被执行，这意味着买权买方行使期权权利以执行价格购买标的股票。同时，假设之前的 100 美元现金余额被用来购买该股票，从而建立股票多头持仓，那么其有效价格就是 100 美元每股。

有效股票价格（effective stock price）是指计入了总的或者净的期权权利金的股票价格。通常，有效股票价格由执行价格加上或减去净期权权利金计算得到。在表 5 - 1 的例子中，净期权权利金为零，因为买入买权花费 3 每股而卖出卖权收入 3 每股，于是执行价格 100 加上 0 即得到有效价格 100。尽管以上的计算得到的有效股票价格等于执行价格，但是如果买权与卖权价格不相同时，结果就会大不一样。因此，此处的结论为，当到期日的股票价格高于执行价格时，如表 5 - 1 与图 5 - 1 所示，合成股票多头持仓与以 100 美元每股的价格买入现货具有完全相同的利润。

如果股票价格在到期日降至 100 美元以下，那么 100 买权多头处于虚值状态，因此毫无价值，而 100 卖权空头处于实值状态因而参与配对，这意味着卖权卖方履行期权义务以执行价格购买标的股票。同前一种情况类似，此时假设使用 100 美元现金余额购买该股票，那么其有效价格也为 100 美元每股。

因此，当到期日的股票价格低于执行价格时，如表 5 - 1 与图 5 - 1 所示，合成股票多头持仓与以 100 美元每股的价格建仓的真实股票多头持仓具有完全相同的利润。

第三种可能是到期日的股票价格恰好等于执行价格。在这种情况下，100 买权与 100 卖权都变得毫无价值，因此没有新增股票持仓也没有损益发生。但是，100 美元现金余额可以被用来（从市场上直接）购买该股票，从而建立真实股票多头持仓。如果这两只期权在到期日均失去价值，同时以 100 美元购买该股票，其结果就是建立没有收益和损失的股票多头持仓——与在一开始以 100 美元购买真实股票具有相同的结果。

综上所述，由买权多头与卖权空头组成的两腿持仓与真实股票多头持仓的表现一模一样。因此，合成股票多头（synthetic long stock）这个名字名副其实。

合成股票空头

一手合成股票空头持仓由一手买权空头与一手卖权多头组成。如表 5-2 与图 5-2 所示，一手价格为 3.00 的 100 买权空头与一手价格为 3.00 的 100 卖权多头的组合持仓与价格为 100 美元的（标的）股票空头等价。表 5-2 显示的是（在期权到期日）当股票处于不同价格时，真实持仓、合成持仓及其各组成部分对应的损益值。图 5-2 描绘的是组合持仓及其各组成部分持仓的损益图。

表 5-2　合成股票多头：100 买权空头@3.00 加上 100 卖权多头@3.00
与股票空头@100 的对比

	列 1	列 2	列 3	列 4	列 5
	到期日的 股票价格	100 买权空头 @3.00	100 卖权多头 @3.00	合成持仓	股票空头 @100
行 1	90	+3.00	+7.00	+10.00	+10.00
行 2	95	+3.00	+2.00	+5.00	+5.00
行 3	100	+3.00	-3.00	-0-	-0-
行 4	105	-2.00	-3.00	-5.00	-5.00
行 5	110	-7.00	-3.00	-10.00	-10.00

如表 5-2 中行 2 所示，假设期权到期日的股票价格为 95 美元（见列 1），则以 3.00 售出的 100 买权获得 3.00 每股的利润（见列 2），以 3.00 购入的 100 卖权获得 2.00 每股的利润（见列 3），把这两项加在一

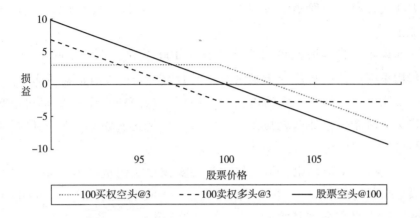

图 5 – 2　合成股票空头 = 买权空头加上卖权多头

起就得到 5.00 每股的总利润（见列 4），而这与以 100 美元卖空的股票所产生的 5.00 每股的利润相同（见列 5）。如表 5 – 2 中任意一行所示，列 4 中由买权空头与卖权多头组合形成的合成持仓与列 5 中以 100 美元卖空的股票产生的损益结果完全相同。

合成股票空头——到期日运行机制

在持仓相同的条件下，观察期权到期日的股价高于、低于或等于执行价格的不同情况，发现合成股票空头的损益与有效价格的变化结果，同以 3.00 的价格卖出的真实股票空头相同。

如果到期日的股票价格高于 100 美元，则 100 卖权多头处于虚值状态因而不具有任何价值。另一方面，100 买权空头处于实值状态因而参与配对，这意味着买权卖方履行期权义务以执行价格卖出标的股票，假设 100 美元现金余额被用作保证金来支持这样的股票空头持仓①。如果到期日的股票价格低于 100 美元，则 100 买权空头处于虚值状态因而不具有任何价值，而 100 卖权多头处于实值状态因而参与执行，这意味着卖权买方行使期权权利以执行价格卖出标的股票，于是建立了以有效价

---

① 如果买权卖方此时没有股票现货，则需以市场价格购买股票来卖给买权买方，因而这 100 美元就被用来补足市场价格高出执行价格的那部分差价。

格 100 美元卖空的股票空头持仓。与上面相同，留存的 100 美元被用作保证金。

如果到期日的股票价格恰好收盘于 100 美元，那么 100 买权与 100 卖权均不具有任何价值，于是没有新增股票持仓也没有损益发生。但是，如果在到期日以 100 美元的价格卖空股票，从而建立没有收益和利润的股票空头持仓——那么就与在一开始以 100 美元卖空真实股票具有相同的结果。

综上可以得出结论，由买权空头与卖权多头组成的两腿持仓与真实股票空头持仓的表现一模一样。因此，合成股票空头（synthetic long stock）这个名字名副其实。

合成买权多头

合成买权多头持仓由股票多头与卖权多头以"一股对一股"（share－for－share）的比例组成。如表 5－3 与图 5－3 所示，一股价格为 100 的股票多头与一手价格为 3.00 的 100 卖权多头的组合持仓与一手价格为 3.00 的 100 买权多头等价。表 5－3 显示的是（在期权到期日）当股票处于不同价格时，真实持仓、合成持仓及其各组成部分的对应的损益值。图 5－3 描绘的是组合持仓及其各组成部分持仓的损益图。

表 5－3　合成买权多头：股票多头@100 加上 100 卖权多头@3.00
与 100 买权多头@3.00 的对比

	列 1	列 2	列 3	列 4	列 5
	到期日的股票价格	股票多头@100	100 卖权多头@3.00	合成持仓	100 买权多头@3.00
行 1	90	－10.00	＋7.00	－3.00	－3.00
行 2	95	－5.00	＋2.00	－3.00	－3.00
行 3	100	－0－	－3.00	－3.00	－3.00
行 4	105	＋5.00	－3.00	＋2.00	＋2.00
行 5	110	＋10.00	－3.00	＋7.00	＋7.00

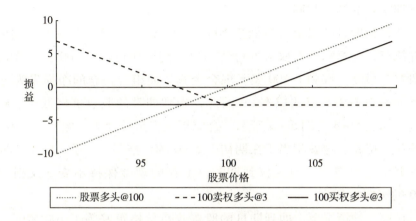

图5-3　合成买权多头 = 股票多头加上卖权多头

如表5-3中行4所示，假设期权到期日的股票价格为105美元（见列1），则以100美元的价格购入的股票获得5.00的利润（见列2），以3.00购入的100卖权遭受3.00的亏损（见列3），从股票所获利润中减去卖权的亏损就得到2.00每股的总利润（见列4），而这与以3.00每股购入的100买权产生的2.00每股的利润相同（见列5）。如表5-3中任意一行所示，列4中由股票多头与卖权多头组合形成的合成持仓与列5中以3.00买入的100买权的损益结果完全相同。

合成买权多头——到期日运行机制

在持仓相同的条件下，观察期权到期日的股价高于、低于或等于执行价格的不同情况，发现合成买权多头的损益与有效价格的变化结果，同以3.00的价格买入的真实买权多头相同。

如果到期日的股票收盘价格高于100美元，则100卖权多头处于虚值状态因而不具有任何价值，而股票多头持仓保持不变。由购买卖权所付出的3.00加上购买股票所付出的100美元计算得出，该股票多头持仓的有效价格是103美元。因此，当到期日的股票价格高于100美元时，表5-3与图5-3中所表示的合成买权多头持仓转变为一股有效价格为103美元的真实股票多头持仓——这与以3.00买入一手真实的100买权并到期执行的结果相同。

如果到期日的股票价格低于 100 美元，则 100 卖权多头处于实值状态并执行，这意味着卖权买方行使期权权利以执行价格 100 美元卖出标的股票。最终，仅剩下 100 美元现金余额，而组合持仓的净损失为 3.00 每股（来自购买卖权的成本）。因此，当到期日的股票价格低于 100 美元时，如表 5-3 与图 5-3 所示，合成买权多头转变为一笔亏损 3.00 美元的现金持仓。这就相当于在期初以 3.00 的价格买入一手 100 买权同时持有 100 美元现金；当买权到期时，留存的现金保持不变，仅损失了 3.00 的买权权利金。

在第三种情况下，即到期日的股票收盘价格正好等于 100 美元，则 100 卖权多头不具有任何价值，而股票多头持仓保持不变。但是，如果在卖权到期时将股票以 100 美元卖出，那么总的亏损为购买卖权的成本 3.00，最后只剩下 100 美元现金。这也相当于在期初以 3.00 的价格买入一手 100 买权同时持有 100 美元现金；当买权到期时，留存的现金保持不变，仅损失了买权权利金 3.00。

综上所述，由股票多头与卖权多头组成的两腿持仓与真实买权多头持仓的表现一模一样。因此，合成买权多头（synthetic long stock）这个名字名副其实。

合成买权空头

合成买权空头持仓由股票空头与卖权空头组成。如表 5-4 与图 5-4 所示，一股以 100 美元卖空的股票空头与一手价格为 3.00 的 100 卖权空头的组合持仓等同于一手价格为 3.00 的 100 买权空头。表 5-4 显示的是（在期权到期日）当股票处于不同价格时，真实持仓、合成持仓及其各组成部分的对应损益值。图 5-4 描绘的是组合持仓及其各组成部分持仓的损益图。

如表 5-4 中行 2 所示，假设期权到期日的股票价格为 95 美元（见列 1），则以 100 美元的价格卖空的股票获得 5.00 每股的利润（见列 2），以 3.00 卖出的 100 卖权遭受 2.00 美元每股的亏损（见列 3），从股票所获利润中减去卖权的亏损就得到 3.00 每股的总利润（见列 4），而这与以 3.00 每股卖出的 100 买权产生的 3.00 美元每股的利润相同（见列 5）。如表 5 - 4 中任意一行所示，列 4 中由股票空头与卖权空头组成的合成持仓与列 5 中以 3.00 卖出的 100 买权的损益结果完全相同。

表 5 - 4　　合成买权空头：股票空头@100 加上 100 卖权空头@3.00
与 100 买权空头@3.00 的对比

	列 1	列 2	列 3	列 4	列 5
	到期日的 股票价格	股票空头 @100	100 卖权空头 @3.00	合成持仓	100 买权空头 @3.00
行 1	90	+ 10.00	− 7.00	+ 3.00	+ 3.00
行 2	95	+ 5.00	− 2.00	+ 3.00	+ 3.00
行 3	100	− 0 −	+ 3.00	+ 3.00	+ 3.00
行 4	105	− 5.00	+ 3.00	− 2.00	− 2.00
行 5	110	− 10.00	+ 3.00	− 7.00	− 7.00

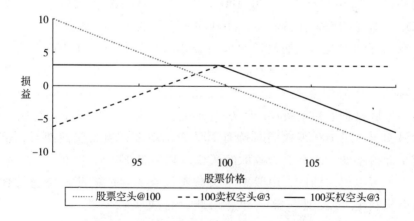

图 5 - 4　合成买权空头 = 股票空头加上卖权空头

合成买权空头——到期日运行机制

在持仓相同的条件下，观察期权到期日的股价高于、低于或等于执行价格的不同情况，发现合成买权空头的损益与有效价格的变化结果，同以 3.00 的价格卖出的真实买权空头相同。

如果到期日的股票收盘价格高于 100 美元，则 100 卖权空头处于虚值状态因而不具有任何价值，而股票空头持仓保持不变。由卖出卖权而收取的权利金 3.00 加上卖空股票获得的 100 美元计算得出，该股票空头持仓的有效卖出价格是 103 美元。因此，当到期日的股票价格高于执行价格 100 美元时，表 5-4 与图 5-4 中所表示的合成买权空头持仓转变为股票空头持仓——这与真实买权空头到期参与配对而成为股票空头持仓的结果相同。

如果到期日的股票价格低于 100 美元，则 100 卖权空头处于实值状态因而参与配对，这意味着卖权卖方履行期权义务以执行价格 100 美元买入标的股票。于是股票空头通过卖权的配对被平仓，最终仅剩下 100 美元现金余额，而组合持仓的净利润为 3.00 每股（来自卖出卖权收取的权利金）。因此，当到期日的股票价格低于 100 美元时，如表 5-4 与图 5-4 所示，合成买权空头转变为一笔现金与 3.00 的利润。这就相当于在期初以 3.00 的价格卖出一手 100 买权同时持有 100 美元现金；当买权到期时，留存的现金保持不变，净利润为收取的买权权利金 3.00。

在第三种情况下，期权到期日的股票收盘价正好等于 100 美元，则 100 卖权空头不具有任何价值而股票空头持仓保持不变。但是，如果在卖权到期时将股票空头平仓，那么总的利润为卖出卖权收取的权利金 3.00，最后只剩下初始留存的 100 美元现金。这也相当于在期初以 3.00 的价格卖出一手 100 买权同时持有 100 美元现金；当买权到期时，留存的现金保持不变，净利润为收取的买权权利金 3.00。

综上可以得出结论，由股票空头与卖权空头组成的两腿持仓与真实买权空头持仓的表现一模一样。因此，合成买权空头（synthetic long stock）这个名字名副其实。

合成卖权多头

合成卖权多头持仓由股票空头与买权多头以"一股对一股"

（share – for – share）的比例组成。如表 5 – 5 与图 5 – 5 所示，一股以 100 美元卖空的股票空头与一手价格为 3.00 的 100 买权多头的组合持仓与一手价格为 3.00 的 100 卖权多头等价。表 5 – 5 显示的是（在期权到期日）当股票处于不同价格时，真实持仓、合成持仓及其各组成部分的对应的损益值。图 5 – 5 描绘的是组合持仓及其各组成部分持仓的损益图。

表 5 – 5 　合成卖权多头：股票空头@100 加上 100 买权多头@3.00 与 100 卖权多头@3.00 的对比

	列 1	列 2	列 3	列 4	列 5
	到期日的股票价格	股票空头@100	100 买权多头@3.00	合成持仓	100 卖权多头@3.00
行 1	90	+ 10.00	– 3.00	+ 7.00	+ 7.00
行 2	95	+ 5.00	– 3.00	+ 2.00	+ 2.00
行 3	100	– 0 –	– 3.00	– 3.00	– 3.00
行 4	105	– 5.00	+ 2.00	– 3.00	– 3.00
行 5	110	– 10.00	+ 7.00	– 3.00	– 3.00

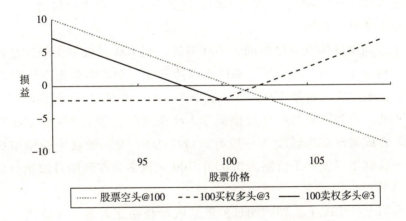

图例：........ 股票空头@100　- - - 100买权多头@3　—— 100卖权多头@3

图 5 – 5　合成卖权多头 = 股票空头加上买权多头

如表 5 – 5 中行 2 所示，假设期权到期日的股票价格为 95 美元（见列 1），则以 100 美元的价格卖空的股票获得 5.00 每股的利润（见列 2），以 3.00 买入的 100 买权遭受 3.00 每股的亏损（见列 3），从股票所获利润中减去买权的亏损就得到 2.00 每股的总利润（见列 4），而这与以

3.00 每股买入的 100 卖权产生的 2.00 每股的利润相同（见列 5）。如表 5-5 中任意一行所示，列 4 中由股票空头与买权多头组成的合成持仓与列 5 中以 3.00 买入的 100 卖权的损益结果完全相同。

合成卖权多头——到期日运行机制

在持仓相同的条件下，观察期权到期日的股价高于、低于或等于执行价格的不同情况，发现合成卖权多头的损益与有效价格的变化结果，同以 3.00 的价格买入的真实卖权多头相同。

如果到期日的股票收盘价格高于 100 美元，则 100 买权多头处于实值状态因而参与执行，这意味着买权多头行使期权权利（以执行价格 100 美元）买入标的股票从而把股票空头持仓平掉。购买该股票的有效价格为 103 美元，由购买买权支付的权利金 3.00 加上 100 的执行价格得到。因此，当到期日的股票价格高于 100 美元时，表 5-5 与图 5-5 中所表示的合成卖权多头持仓中的股票持仓被平最终遭受 3.00 每股的净亏损，这与以 3.00 买入的真实的 100 卖权多头到期变得毫无价值从而不再具有持仓的情形相同。

如果到期日的股票价格低于 100 美元，则 100 买权多头处于虚值状态而变得毫无价值。而股票空头持仓保持不变。有效股票卖空价格为 97 美元，由股票卖空价格 100 美元减去购买卖权支付的 3.00 权利金成本得到。因此，当到期日的股票价格低于 100 美元时，如表 5-5 与图 5-5 所示，合成卖权多头转变为一股有效价格为 97 美元的真实股票空头持仓——这就相当于一手价格为 3.00 的 100 卖权多头在到期日被执行而产生的结果。

在第三种情况下，即到期日的股票收盘价格正好等于 100 美元，则 100 买权多头变得毫无价值而股票空头持仓保持不变。但是，如果在买权到期时以 100 美元的价格将股票空头平仓，那么总的损失为 3.00，最后只剩下 100 美元现金余额。这也就相当于在期初以 3.00 的价格买入一手 100 卖权同时持有 100 美元现金；当卖权到期时，卖权失去价值，仅剩下现金保持不变。

综上可以得出结论，由股票空头与买权多头组成的两腿持仓与真实卖权多头持仓的表现一模一样。因此，合成卖权多头（synthetic long stock）这个名字名副其实。

合成卖权空头

合成持仓的最后一种类型，合成卖权空头持仓，由股票多头与买权空头以"一股对一股"（share-for-share）的比例组成。如表5-6与图5-6所示，一股价格为100美元的股票多头与一手价格为3.00的100买权空头的组合持仓等同于一手价格为3.00的100卖权空头持仓。表5-6显示的是（在期权到期日）当股票处于不同价格时，真实持仓、合成持仓及其各组成部分的对应的损益值。图5-6描绘的是组合持仓及其各组成部分持仓的损益图。

如表5-6中行4所示，假设期权到期日的股票价格为105美元（见列1），则以100美元的价格买入的股票获得5.00的利润（见列2），以3.00卖出的100买权遭受2.00的亏损（见列3），从股票所获利润中减去卖权的亏损就得到3.00每股的总利润（见列4），而这与以3.00每股卖出的100卖权产生的3.00每股的利润相同（见列5）。如表5-6中任意一行所示，列4中由股票多头与买权空头组合形成的合成持仓与列5中以3.00卖出的100卖权的损益结果完全相同。

表5-6　　合成卖权空头：股票多头@100加上100买权空头@3.00
与100卖权空头@3.00的对比

	列1	列2	列3	列4	列5
	到期日的股票价格	股票空头@100	100买权多头@3.00	合成持仓	100卖权多头@3.00
行1	90	-10.00	+3.00	-7.00	-7.00
行2	95	-5.00	+3.00	-2.00	-2.00
行3	100	-0-	+3.00	+3.00	+3.00
行4	105	+5.00	-2.00	+3.00	+3.00
行5	110	+10.00	-7.00	+3.00	+3.00

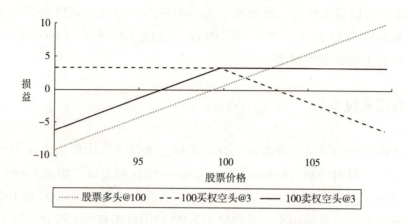

图 5-6　合成卖权空头 = 股票多头加上买权空头

合成卖权空头——到期日运行机制

在持仓相同的条件下，观察期权到期日的股价高于、低于或等于执行价格的不同情况，发现合成卖权空头的损益与有效价格的变化结果，同以 3.00 的价格卖出的真实卖权空头相同。

如果到期日的股票收盘价格高于 100 美元，则 100 买权空头处于实值状态因而参与配对。在买权空头的配对过程中，投资者之前所持有的标的股票多头被卖出。由卖出买权收取的权利金 3.00 加上 100 的执行价格得到，购买该股票的有效价格为 103 美元。因此，当到期日的股票价格高于 100 美元时，表 5-6 与图 5-6 中所表示的合成卖权空头持仓中的股票持仓被平最终获得 3.00 每股的净利润，这与以 3.00 卖出的真实的 100 卖权空头到期变得毫无价值而变为空仓相同。

如果到期日的股票价格低于 100 美元，100 买权空头处于虚值状态而变得毫无价值。而股票多头持仓保持不变。有效股票卖空价格为 97 美元，由股票买入价格 100 美元减去出售买权收取的 3.00 权利金得到。因此，当到期日的股票价格低于 100 美元时，如表 5-5 与图 5-5 所示，合成卖权多头转变为一股有效价格为 97 美元的真实股票多头持仓——这就相当于一手价格为 3.00 的 100 卖权空头在到期日参与配对而产生的结果。

在第三种情况下，即到期日的股票收盘价格正好等于 100 美元，则 100 买权空头变得毫无价值而股票多头持仓保持不变。但是，如果在买权到期时以 100 美元的价格将股票多头平仓，那么总的利润为 3.00，最后只剩下初始留存的 100 美元现金。这也就相当于在期初以 3.00 的价格卖出一手 100 卖权同时持有 100 美元现金；当卖权到期时，卖权失去价值，仅剩下现金余额保持不变。

综上所述，由股票多头与买权空头组成的两腿持仓与真实卖权空头持仓的表现一模一样。因此，合成卖权空头（synthetic short put）名副其实。

当股票价格≠执行价格时

表 5 - 1 到表 5 - 6 和图 5 - 1 到图 5 - 6，均假设股票价格与买权和卖权的执行价格同为 100。然而，在现实世界里，股票价格等于期权执行价格的情况是很少见的。如果股票价格与之前例子中假设的不同，那么买权与卖权的价格也会发生改变。但是等价的关系依然不变！表 5 - 7 与图 5 - 7 所示的是一股真实的股票多头持仓与一股合成股票多头持仓，其中假设股票价格为 103 美元，100 买权的价格为 4.50，而 100 卖权的价格为 1.50。在表 5 - 7 中的每一行，列 4 中的合成股票多头持仓的损益与列 5 中的真实股票多头持仓的损益相等。价格的不同无关紧要：一手价格为 4.50 的 100 买权多头与一手价格为 1.50 的 100 卖权空头组成的两腿持仓等于价格为 103 美元的股票多头。

表 5 - 7　当股票价格≠执行价格时的合成股票多头：100 买权多头@4.50
加上 100 卖权空头@1.50 与股票多头@103 的对比

	列 1	列 2	列 3	列 4	列 5
	到期日的 股票价格	100 买权多头 @4.5	100 卖权空头 @1.50	合成持仓	股票多头 @103
行 1	95	-4.50	-3.50	-8.00	-8.00
行 2	100	-4.50	+1.50	-3.00	-3.00
行 3	103	-1.50	+1.50	-0-	-0-
行 4	105	+0.50	+1.50	+2.00	+2.00
行 5	110	+5.50	+1.50	+7.00	+7.00

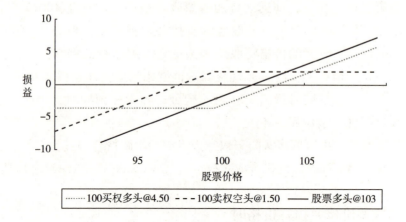

图 5-7　合成股票多头：股票价格 > 执行价格

表 5-8　当股票价格 ≠ 执行价格时的合成买权多头：股票多头@97 加上

100 卖权多头@5.50 与 100 买权多头@2.50 的对比

	列 1	列 2	列 3	列 4	列 5
	到期日的股票价格	股票多头@97	100 卖权多头@5.50	合成持仓	100 买权多头@2.50
行 1	90	−7.00	+4.50	−2.50	−2.50
行 2	95	−2.00	−0.50	−2.50	−2.50
行 3	97	− 0 −	−2.50	−2.50	−2.50
行 4	100	+3.00	−5.50	−2.50	−2.50
行 5	105	+8.00	−5.50	+2.50	+2.50

　　表 5-8 与图 5-8 显示的是一手 100 买权多头与它的等价合成持仓的对比，其中假设股票价格为 97 美元，100 买权的价格为 2.50，而 100 卖权的价格为 5.50。与其他所有的例子一样，列 4 中的合成买权多头持仓损益与列 5 中的真实买权多头的损益相同。所有六种合成关系均通过买权卖权平价等式，以相同的方式，与它们各自对应的真实持仓相关联，接下来将对此作进一步解释。

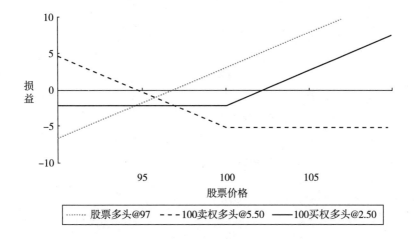

图 5 - 8　合成买权多头：股票价格 < 执行价格

买权卖权平价等式

如下所示的是表 5 - 9 中式 1 中的买权卖权平价关系式，这是合成持仓的理论基础：

$$+ 股票 = + 买权 - 卖权$$

其中 " + " 指 " 多头 "，" - " 指 " 空头 "。

以上的买权卖权平价等式可以被读做 " 股票多头等价于买权多头加上卖权空头。" 在表 5 - 9 中，假设买权和卖权具有相同的标的、相同的执行价格与相同的到期日；而且利率为零，也没有股息。

如表 5 - 9 中的式 2 到式 6 所示，其余五种合成关系均可由第一种推导出来。它们均遵从与式 1 的基本等式相同的代数运算规则。例如，式 2 中的等式就是通过在式 1 的两边同时加上 " + 卖权 " 得到的。其结果为 " + 股票 + 卖权 = + 买权 "，其文字表述为 " 股票多头加上卖权多头等价于买权多头。" 如表 5 - 9 的式 3 到式 6 所示，其余每一种合成关系均被表达成等式的形式。

专业期权交易

表 5 - 9　　　　　　　　　　　　　买权卖权平价等式及其等价变型

1	+ 股票 = + 买权 - 卖权	基本买权卖权平价等式
	（股票多头等价于买权多头加上卖权空头）	
2	+ 股票 + 卖权 = + 买权	在式 1 两边同时加上"卖权"
	（买权多头等价于股票多头加上卖权多头）	
3	+ 卖权 = + 买权 - 股票	在式 2 两边同时减去"股票"
	（卖权多头等价于买权多头加上股票空头）	
4	+ 卖权 - 买权 = - 股票	在式 3 两边同时减去"买权"
	（股票空头等价于卖权多头加上买权空头）	
5	- 买权 = - 股票 - 卖权	在式 4 两边同时减去"卖权"
	（买权空头等价于股票空头加上卖权空头）	
6	- 买权 + 股票 = - 卖权	在式 5 两边同时加上"股票"
	（卖权空头等价于股票多头加上买权空头）	

买权与卖权的时间价值等价性

表 5 - 1 到表 5 - 8 与图 5 - 1 到图 5 - 8 中的所有例子共同遵循的原理就是，买权与卖权的时间价值等价。正如在第一章讲述的，时间价值就是期权价格中超出其内在价值的部分，如果这部分存在的话。在表 5 - 1 到表 5 - 6 与图 5 - 1 到图 5 - 6 中，100 买权与 100 卖权的价格都是 3 并且只由时间价值构成，因为股票价格为 100 美元（从而内在价值为零）。因此，这些期权的时间价值都是相等的。

在表 5 - 7 与图 5 - 7 中，股票价格为 103 美元，100 买权的价格为 4.50，而 100 卖权的价格则为 1.50。100 买权的价格由 3.00 的内在价值和 1.50 的时间价值组成。100 卖权处于虚值状态，因此它仅具有时间价值 1.50。因此这些期权的时间价值也是相等的。

在表 5 - 8 与图 5 - 8 中，股票价格为 97 美元，100 买权的价格为 2.50，而 100 卖权的价格为 5.50。100 卖权处于实值状态，因此具有 3.00 的内在价值与 2.50 的时间价值。处于虚值状态的 100 买权的价格 2.50 全部为时间价值，这也与对应的 100 卖权相同。图 5 - 9 形象地展示了表 5 - 8 与图 5 - 8 中的 100 买权与 100 卖权的时间价值是如何相等的。

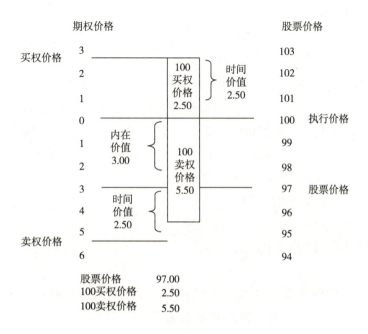

图 5 - 9 时间价值的等价性

有效股票价格概念的应用

有效股票价格这个概念在计算合成价格时非常有用。一方面，买权的价格作为有效股票价格组成中的正项，因为如果买权被执行或者配对，买入或者卖出股票的有效价格就等于执行价格加上买权价格（权利金）。另一方面，卖权的价格作为有效价格组成中的负项，因为如果卖权被执行或者配对，买入或者卖出股票的有效价格就等于执行价格减去卖权价格（权利金）。

假设利率与股息均为零，则合成股票价格恰好为有效股票价格。如表 5 - 1 和表 5 - 2 与图 5 - 1 和图 5 - 2 所示，股票价格为 100 美元，100 买权的价格为 3，100 卖权的价格也为 3。由于合成股票价格由执行价格加上或减去净期权权利金计算得到，则对于合成股票持仓而言，合成股票价格等于100，由 100（执行价格）加上 3.00（100 买权价格）再减去

3.00（100卖权价格）计算得到。

在表5-7与图5-7中，合成股票价格为103美元，这也是通过买权价格、卖权价格与执行价格三者推导出来的，具体计算过程是：100加上4.50（100买权价格）再减去1.50（100卖权价格）等于103美元（股票价格）。最后，表5-8与图5-8中股票价格97美元也等于执行价格（100）加上100买权价格（2.50）再减去卖权价格（5.50）。再强调一遍，执行价格加上买权价格再减去卖权价格等于股票价格。此处假设利率为零，没有股息也没有交易成本。接下来的部分将考虑这些因素（发生改变时）带来的不同。

利率与股息的作用

设想一位投资者持有可用资金100美元，想要投资表5-1与图5-1中的股票。为简便起见，称这只股票为XYZ，并假设一手期权只对应一股股票而且交易手续费为零。该投资者面临两种可选策略，要么以100美元买入一股XYZ，要么通过买入一手价格为3.00的"XYZ 100买权"同时再卖出一手价格为3.00的"XYZ 100卖权"来建立合成股票多头持仓，其（初期）成本为零。对于利率与股息的作用的理解可以帮助我们判断投资者到底会选择真实股票还是合成股票。这个例子也会揭示些许现实世界里的期权价格关系。

第一，假设利率大于零并且股票不支付股息。如果投资者使用100美元现金购买真实股票，那么其损益将仅仅取决于股票价格的变动情况。但是，如果投资者通过买入一手价格为3.00的100买权与卖出一手价格为3.00的100卖权来建立合成股票多头持仓（净成本为零），那么这100美元现金就能够被用来赚取利息。在到期日，如果XYZ股票高于或低于100美元，那么合成股票持仓将通过买权的执行或者卖权的配对转变为真实股票持仓。但是，无论股票价格是上涨、下跌还是保持不变，投资者在基于股价变动的持仓损益的基础上，还能够通过这100美元赚取额外的利息。因此，结论非常明显：如果利率大于零并且没有股息，那么投资者将选择合成股票多头而不是真实股票多头。

第二，假设股票支付股息并且利率为零。在这种情况下，持有现金没有任何好处。合成股票多头持仓的损益将仅仅取决于股票价格的变动情况。但是，真实股票多头持仓将在基于股价变动的持仓损益的基础上收获额外的股息。因此，结论也非常明显：如果股息大于零并且利率为零，那么投资者将选择真实股票多头而不是合成股票多头。

第三，假设利率大于零并且股票支付股息。在这种情况下，选择就不是那么绝对了。如果利息高于股息，那么合成股票多头将受到青睐。另一方面，如果股息更高的话，那么真实股票会成为首选。

在利率大于零的条件下，结合上述三个例子，可以得出结论：表5-1与图5-1所示的价格在现实世界中并不适用。如果投资者能够以与真实股票相同的价格买入合成股票，并且在期权有效期内赚取利息，那么理性投资者绝不会买入股票。理性投资者将会持续地买入买权和卖出卖权，使得买权价格上涨，卖权价格下跌，直到买入真实股票与买入合成股票等价。因此，相较于表5-1与图5-1中的对应价格，在现实世界里的100买权的价格会高一些，而100卖权的价格会低一些。

图5-10展示的是随书奉送的Op-Eval Pro软件的单一期权定价界面。在左边各列中，假设股票价格为100美元，执行价格为100美元，波动率为25%，利率为5%，没有股息并且还有30天到期。根据这些输入变量，界面顶端的行中输出两个值，分别是100买权的价格3.08与100卖权的价格2.70。不难发现，100买权比100卖权具有更高的时间价值，这个结果验证了上一段中提出的思想。这两个价格之间相差38美分，有人可能会对此提问，"这个（差异）显著吗？"或者"它有没有遵循某种规律？"对这两个问题的答案都是肯定的。

关于利率为5%的假设，是应用于短期投资中的年利率，比如90天短期国债的利率。

如果有人以5%的利率投资100美元，期限为30天，那么利息收入将会是41美分（$100 \times 0.05 \times 30/365 = 0.41$），这与100买权与100卖权相差的38美分时间价值非常接近。因此，需要牢记于心的规律是，对于

Op–Eval Pro：OP-EVAL–Single View　　　(单一期权界面)

					CALL (买权)	PUT (卖权)
☐ EQUITY (股票) ☐ AMERICAN (美式)						
STOCK PRICE	(股票价格)	100.00	VALUE (价值)		3.08	2.70
STRIKE PRICE	(执行价格)	100.00	DELTA		0.54	−0.47
VOLATILITY %	(波动率)	25.00	GAMMA		0.06	0.06
INTEREST RATE %	(利率)	5.00	VEGA		0.11	0.11
DIVIDEND	(股息)	0.00	7-THETA		−0.40	−0.32
DAYS TO EX–DIV	(除息剩余期限)	0.00	RHO		0.04	−0.03
DAYS TO EXPIRY	(存续期)	30.00	Decimal Places (小数位数)		2	

图 5 – 10　Op – Eval Pro 中的单一期权界面中的图例一

具有相同标的、相同执行价格以及相同到期日的买权和卖权，两者的时间价值差异——买权时间价值超过卖权时间价值的部分——约等于执行价格产生的利息。41 美分的计算所得利息与 38 美分的时间价值差异之间的差别为 3 美分，其中一部分来自于取整误差（rounding error），另一部分来自于某些在期权定价公式中的技术假设。

买权与卖权在时间价值上的差异十分重要，因为这可以证明交易合成股票比真实股票并不存在理论上的优势。理论上，投资者应该对于这两种交易选择一视同仁。然而，在现实世界里，诸如交易成本与买卖价差等因素导致大多数非专业的投资者宁愿交易真实股票而非合成股票。第六章将对套利策略中的利率与股息的作用进行探讨。

为了进一步证实买权时间价值比卖权时间价值高出的数量为执行价格产生的利息，图 5 – 11 通过 Op – Eval Pro 中的单一期权定价界面展示了第二个例子。在这个例子中，假设股票价格为 88 美元，执行价格为 85 美元，波动率为 30%，利率为 4%，没有股息并且还有 90 天到期。基于这些输入变量，界面中输出 85 买权的价格为 7.27，85 卖权的价格为 3.48。这两个价格也验证了交易合成股票不存在理论优势的理论。85 买权的时间价值（4.27）比 85 卖权的时间价值高出了 79 美分（4.27 –

3.48 = 0.79），而由执行价格产生的利息为 84 美分（85 × 0.04 × 90/365 = 0.84）。同样地，84 美分的计算所得利息与 79 美分的时间价值差异之间的差别一部分来自于取整误差（rounding error），另一部分来自于某些在期权定价公式中的技术假设。尽管如此，综上仍可以总结出一条期权定价的规律，那就是对于具有相同标的、执行价格与到期日的买权和卖权，买权时间价值超过卖权时间价值的部分为执行价格产生的利息。

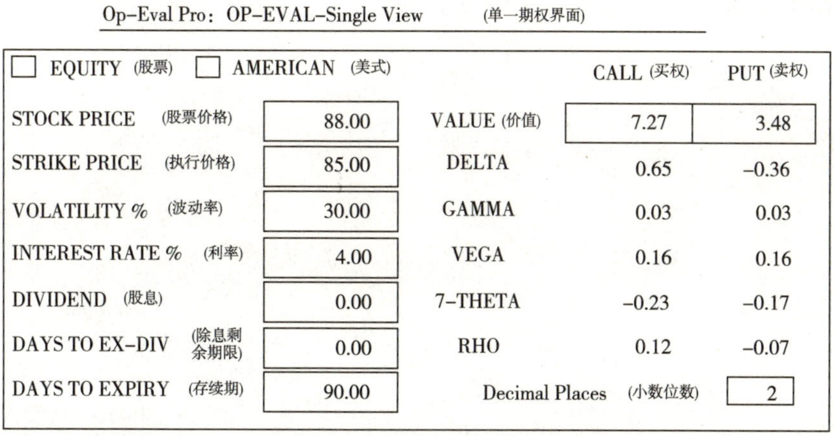

Op-Eval Pro：OP-EVAL-Single View　　（单一期权界面）

			CALL (买权)	PUT (卖权)
□ EQUITY (股票)　□ AMERICAN (美式)				
STOCK PRICE (股票价格)	88.00	VALUE (价值)	7.27	3.48
STRIKE PRICE (执行价格)	85.00	DELTA	0.65	−0.36
VOLATILITY % (波动率)	30.00	GAMMA	0.03	0.03
INTEREST RATE % (利率)	4.00	VEGA	0.16	0.16
DIVIDEND (股息)	0.00	7-THETA	−0.23	−0.17
DAYS TO EX-DIV (除息剩余期限)	0.00	RHO	0.12	−0.07
DAYS TO EXPIRY (存续期)	90.00	Decimal Places (小数位数)		2

图 5-11　Op - Eval Pro 中的单一期权界面中的图例二

小结

日常交易中，一共有六种"真实"持仓：股票的多头和空头、买权的多头和空头以及卖权的多头和空头。与这些真实持仓相对应的是六种"合成"持仓，其中每一种持仓均由以上三种资产中其余两种的持仓组成。基本的买权卖权平价等式是" + 买权 – 卖权 = + 股票"或者用文字表达为"买权多头加上卖权空头等于股票多头"，其中假设买权与卖权具有相同的标的、相同的执行价格与相同的到期日。其余五种合成关系与这个基本的等式遵循相同的逻辑。

无论股票价格到期日收盘时是高于、低于或者等于执行价格，合成

专业期权交易

持仓都将转变为与对应的真实持仓相同的某种持仓形式，并且具有相同的损益和相同的有效价格。

　　如果利率为零并且没有股息，那么合成关系中的买权与卖权的时间价值是一样的。然而在现实世界中，时间价值的大小关系取决于利率与股息的关系。理论上，投资者应该对于交易真实持仓与合成持仓一视同仁，但是诸如交易成本与买卖价差等因素会影响交易员在这两种持仓中的具体选择。

第六章　套利策略

套利是专业期权交易员的第四项必备技能。套利策略的知识有助于交易员基于相对价格来对期权进行定价，比较相关策略，和锁定几乎无风险的利润。套利策略可以是比较复杂的，包含更高和更多的交易成本。因此，这些策略基本是专业期权交易员所涉猎的领域，即使是资深的非专业交易员也需谨慎对待。本章将给出套利的定义，并介绍与期权相关的三种套利策略：转换组合、逆转组合和盒式价差组合。每个策略的介绍均包括三个部分：（1）策略概念的解释；（2）策略机制连同损益图表的介绍；（3）定价原因的分析。

套利的概念

套利是指在某个市场买入并在另一个市场卖出，以期获得接近无风险利润的交易过程。下面是套利的一个经典例子：纽约六月交割的黄金价格为 800 美元每盎司，伦敦七月交割的黄金价格为 820 美元每盎司，而运输费用（包括运输费、保险费和融资费用等）为 10 美元每盎司，并且运输时间短于 1 个月。

在上述情形中，一个套利者可以如下操作：第一，买入六月交割的纽约黄金；第二，卖出七月到期的伦敦黄金；第三，六月时在纽约交割黄金；第四，将黄金运至伦敦参与七月交割。当买入、卖出和运输协议均完成时，该套利者有信心实现 10 美元/盎司的利润。该套利者利用这次机会来"锁定了一个几乎无风险的利润"。

需要注意的是，该利润并非无风险的。它仅是"几乎无风险的"，因为一些预料之外的事件可能会发生并导致利润减少或消失。例如，如果融资协议为浮动利率贷款，则利率可能会上升。同样，出口或进口规则或关税可能发生变化并增加费用；也存在由于罢工或恶劣天气，导致港口关闭延误运输的可能。任何超出预期的事件发生都可能将机会变成灾难。尽管发生这些事件的风险可能比较低，但它们确实存在，也正是它们使得套利利润具有不确定性。套利者承担这些风险，可能获得利润或发生亏损。

这个例子表明纽约黄金价格和伦敦黄金价格之间存在套利价格关系（arbitrage pricing relationship）。同时，也显示了这个价格关系是以交割成本为基础的。与此相似的，套利价格关系存在于交割畅通的任意两个市场。

对期权交易员而言，期权和股票之间存在套利价格关系。利用合成关系，交易员能够在某一股票交易所买入一定量的股票，并在相应的期权市场上卖出同等数量的合成股票。类似的，交易员也可反向操作，在期权市场中买入一定量的合成股票，并在股票市场中卖出相应的股票。下节将介绍这种期权到股票（option – to – stock）和期权到期权（option – to – option）套利的过程，以及专业交易员是如何对这些策略进行定价并从可能存在的套利机会中获利的。

转换组合

转换组合（conversion）是最基本的期权套利策略，它涉及买入真实股票和卖出合成股票的过程。它是套利技术的基础工具，所有期权到股票的套利技巧都以该策略所包含的概念为基础。转换组合是一个三腿策略，由相同数量的股票多头、卖权多头和买权空头构成。买权和卖权具有相同的执行价格和到期日。正如下面的例子所示，为了让一个转换组合能够盈利，买权的时间价值必须高于卖权的时间价值，超出金额应能够覆盖交易成本、持有成本（the cost of carry）和目标盈利。

表 6 – 1 和图 6 – 1 显示，在扣除交易成本和持有成本之前，转换组合能够产生每股 75 美分的毛利。由三部分组成的持仓包括：以 103 美元

的价格买入一股股票，以 4.5 美元的价格买入一股 100 卖权，和以 8.25 美元的价格卖出一股 100 买权。正如表 6 – 1 列 5 和表 6 – 1 中实线部分所示，在期权到期时，不管股票价格是上涨还是下跌，套利者均能获得每股 75 美分的利润。

假设买入股票的资金是借入的，那么转换组合的净利润或净损失还依赖于持有成本。持有成本包括借款费用以及与融资和交易股票、期权持仓相关的交易成本。

表 6 – 1 转换组合：以 103 美元的价格买入股票，以 4.5 美元的价格
买入 100 卖权和以 8.25 美元的价格卖出 100 买权

行	列 1 到期时股票 价格	列 2 以 103 美元的 价格买入股票	列 3 以 4.5 美元的价 格买入 100 卖权	列 4 以 8.25 美元的价 格卖出 100 买权	列 5 组合损益
1	90	– 13.00	+ 5.50	+ 8.25	+ 0.75
2	95	– 8.00	+ 0.50	+ 8.25	+ 0.75
3	100	– 3.00	– 4.50	+ 8.25	+ 0.75
4	105	+ 2.00	– 4.50	+ 3.25	+ 0.75
5	110	+ 7.00	– 4.50	– 1.75	+ 0.75

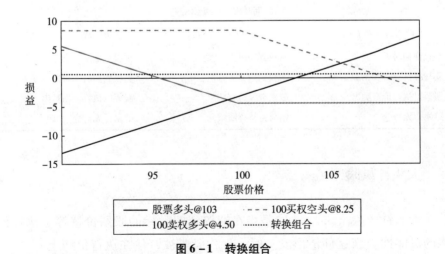

图 6 – 1 转换组合

转换组合——到期时的结果

一个合成持仓在到期时有三种可能结果。表6-2对转换组合持仓的三种可能性进行了总结。如结果1所示，若到期时股票价格低于执行价格，那么买入的卖权将为实值期权并被执行，而股票则按执行价格被卖出。如果到期时股票价格高于执行价格，如结果3所示，则卖出的买权将为实值期权并被配对，而股票则按执行价格被卖出。

如表6-2所示，如果在到期时股票价格高于或低于执行价格，则股票将以执行价格被卖出，转换持仓将被平仓。这将是理想的结果，因为此时利润得以实现，没有敞口持仓，从而不存在风险以致减少利润或产生损失。

然而，当股票价格等于执行价格时会产生一个问题。

表6-2 **到期时的转换组合**

卖出 1 股 XYZ 100 买权 @ 8.25	= 以 103.75 的价格卖出股票（合成）
买入 1 股 XYZ 100 卖权 @ 4.50	

买入 1 股 XYZ 股票 @ 103.00 = 以 103.00 的价格买入股票

到期时的组合持仓 = 无持仓（毛利 0.75）

到期时的三种可能结果

#1 XYZ < 执行价格	#2 XYZ = 执行价格	#3 XYZ > 执行价格
买权到期时无价值	买权到期时无价值	买权被配对（卖出股票）
卖权被执行（卖出股票）	卖权到期时无价值	卖权到期时无价值
股票以执行价格卖出	股票继续持有	股票以执行价格卖出
结果：无持仓	结果：持有股票	结果：无持仓

大头针风险

大头针风险（pin risk）是指在期权到期时标的股票价格等于执行价格的可能性。当这种情形发生时，就称股票被钉住在执行价格上。

如表6-2的结果2所示，如果到期时标的股票价格等于执行价格，那么在理论上，买权和卖权均无价值，只剩下股票多头持仓。执行卖权可以抵消股票多头持仓的风险。然而，这是基于没有买权空头被配对的假设。在现实中，一部分买权会被配对，但却无法预测其配对的数量。

如果所有的卖权被执行，并且部分买权被配对，那么交易员将剩余股票空头的持仓。这个空头持仓包含巨大的风险，因为到期时的执行和配对经常发生在周五下午，而剩余的股票空头持仓最早只能在下周一早上被平仓。这个顺序产生了一种所谓的周末风险（over – the – weekend risk）。类似的，如果不执行卖权且部分买权被配对，那么交易员将剩余一个股票多头持仓并留待下周一平仓。

在无法确定多少（如果有）买权会被配对的条件下，交易员不得不确定卖权的执行数量。尽管没有办法来抵消由大头针风险导致的周末风险，做市商已经开发出一套处理这种情形的常规办法。

做市商处理大头针风险的典型方法是执行其转换组合中一半的卖权，并希望其持有的买权空头持仓只有一半被配对。毫无疑问，多于或少于一半的买权被配对的情况均有可能发生，因此会有部分股票持仓留待下周一平仓。交易员唯一能做的就是希望相应的成本不要太高。可以确定的是，大头针风险导致许多做市商度过了不少难以入眠的周末。大头针风险也说明套利最好由专业交易员来操作。

转换组合的定价

把转换组合定价概念化的一种方式是将其与国库券进行比较。任何人都能以低于面值的折扣价格买入国库券，并在到期时获得面值金额。例如，一张 1 年期面值为 1 000 美元的国库券，其实际购买价格可能为 970 美元。一年之后，当国库券到期时，购买者将获得 1 000 美元，其中 30 美元为利息收入，970 美元为本金。在这个例子中的利率为 30 除以 970，约等于 3. 1% 。

从概念上看，转换组合的价值等于执行价格的贴现值（discounted present value，DPV）。这个贴现值就是投资额，与购买国库券所支付的金额一致。

专业期权交易

类似于国库券到期时获得面值金额的支付，执行价格就是转换组合在到期时获得的支付金额。贴现值与执行价格的差异就是投资所获得的利润，与购买国库券所支付的金额和国库券到期所获得的面值之间的差异一致。

例如，假设交易员以92.20美元的价格买入股票，2.30美元的价格买入40天到期的90卖权，并以4.80美元的价格卖出40天到期的90买权。这个转换组合的净投资金额为89.70美元（92.20 + 2.30 − 4.80 = 89.70），毛利为0.30美元（90.00 − 89.70）。这个初始投资额为89.70美元并在40天后获得0.30美元收入的投资能获得近似等于3%的年化利率（0.30/89.70 × 365/40）。

针对数学家的注释：前面的图表和整本书的计算中都采用单利而非复利计算。采用单利是为了表述上的简便。这个讨论是概念上的，针对的是非数学家的人群。由于典型的套利持仓持有期较短，单利与复利的差异并不明显。

在了解了一个转换组合的构成和盈利的计算方法之后，你或许很自然地就会询问，"针对一个转换组合而言，多少利润是足够的？"答案依赖于三个因素：费用（包括借贷费用）、目标盈利和竞争环境。

表6−3至表6−5提供了一个示例，并从三个方面来分析转换组合是如何定价的。表6−3说明了11项初始假设。执行价格（1）为55美元。股票价格（2）为57.50美元。55卖权的价格（3）为1.45美元，而55买权的价格（4）未知。借入利率（5）为5%，存续期（6）为60天，因此执行价格的贴现值（7）为54.55美元。此外，交易成本（8−10）包括1美分的股票交易成本（双边）、期权交易成本以及期权执行和配对费用。这些交易成本使得开仓（例如，买入股票，买入卖权和卖出买权）时和平仓（例如，卖权被执行或买权被配对）时的总交易成本为每股4美分。最后，本例中的目标盈利（11）为每股5美分。

根据10个已知的假设能够推导出未知的假设，即55买权的价格（4）。问题在于：55买权的价格为多少时能够实现目标盈利？

表6−4包含了转换组合定价的第二个部分，内容为通过两个步骤计算55买权的价格。第一步为计算每股净投资（the net investment per share）。对于转换组合而言，每股净投资是指在持有到期时能获得目标盈利的持仓所需的净成本。每股净投资等于执行价格的贴现值（表 6 - 3 中的行 7）减去全部费用及目标盈利之和（行 8 - 11）。从而每股净投资为 54.46 美元。计算以每股为基础，这是因为做市商事先无法知道期权的交易数量，因此也无法知道需交易的股票数量。同时，以每股为基础计算也有利于灵活交易（flexible trades）——交易员可以采用相同的定价系统来进行小额或大额交易。

表 6 - 3　　　　　　　转换组合定价——第一部分：假设说明

假设：	1 执行价格	55.00
	2 股票价格	57.70
	3 55 卖权的价格	1.45
	4 55 买权的价格	?
	5 借贷利率	5%
	6 存续期	60
	7 执行价格的贴现值 　=执行价格／[1 +（0.05 × 60／365）]	54.55
	8 股票费用	每股 0.01
	9 期权费用（买权和卖权）	每股 0.02　交易成本 = 0.04
	10 执行/配对费用	每股 0.01
	11 目标盈利	每股 0.05

问题：55 买权的价格为多少?

需要记住的是，转换组合在概念上的价值是执行价格的贴现值。之所以使用执行价格的贴现值，是由于在期权到期时不管买权被配对还是卖权被执行，交易员所能获得的都是执行价格。当一个转换组合建立时，不管股票价格是高于、低于或等于执行价格，净投资通常都小于执行价格。因为转换组合能获利的前提就是股票加上卖权价格减去买权价格必须等于执行价格的贴现值。

在表 6 – 4 中步骤 2 利用基础代数计算出 55 买权价格为 4.69 美元，此时转换组合持仓（股票加上卖权减去买权）等于净投资（54.46）。

表 6 – 4　　　转换组合定价——第二部分：计算 55 买权的价格

步骤 1	计算每股净投资（NI）
	NI = 执行价格的贴现值减去交易成本与目标盈利之和
	NI = $ 54.55 – （0.04 + 0.05） = $ 54.46
步骤 2	卖出 55 买权，使其价格满足三腿持仓（买入股票、买入卖权和卖出买权）的净成本等于步骤 1 中的每股净投资
	2 – 1 如果：+ 股票 + 55 卖权 – 55 买权 = + NI
	2 – 2 则：+ 55 买权 = + 股票 + 55 卖权 – NI
	2 – 3 最后：+ 55 买权 = 57.70 + 1.45 – 54.46 = 4.69

转换组合定价的第三也是最后的部分，是从现金流、净利润和时间价值等方面来进行分析，见表 6 – 5。收入（1）为到期时所获得的金额，在本例中其值等于每股 55.00 美元的执行价格。持仓的成本（2）为净投资。收入与成本的差则为毛利（3），本例中为每股 0.54 美元。借入费用（4）则根据净投资与借入利率的乘积计算得到，结果为 0.44 美元。毛利减去借入费用后则为考虑交易成本前的利润（5），为每股 0.10 美元。再减去每股 0.04 美元的交易成本（6）后则得到净利润（7），金额为每股 0.06 美元。由于四舍五入的原因，实际的净利润（0.06 美元）超过了目标盈利（0.05 美元）。

表 6 – 5 中行 8 至行 10 分析了 55 买权和卖权的时间价值之间的关系。在本例中，股票价格为 55.70 美元，55 买权和卖权的价格则分别为 4.69 美元和 1.45 美元。因此 55 买权的时间价值（8）为 1.99 美元，而卖权的时间价值（9）为 1.45 美元。两者之差（10）为 0.54 美元。参考表 6 – 4 的结果，0.54 美元同时也为执行价格和净投资之间的差（55.00 – 54.46）。

表 6 – 5 的底部为第三部分分析的结论。对于转换组合而言，买权和卖权的时间价值之差等于毛利，即执行价格和净投资之差。

表 6 – 5 转换组合定价——第三部分：现金流、净利润和时间价值分析

1	收入 = 到期时获得的金额	
	= 执行价格	= 55.00
2	– 成本 = 建立持仓的净支出	– 54.46
3	= 毛利	= 0.54
4	– 借贷费用 = 54.46 × (0.05 × 60/365)	– 0.44
5	= 未剔除交易成本前的利润	= 0.10
6	– 交易成本	– 0.04
7	= 净利润	= 0.06
时间价值分析		
8	55 买权的时间价值 = 价格 – 内在价值 = 4.69 – 2.70	= 1.99
9	55 卖权的时间价值 = 价格 – 内在价值 = 1.45 – 0.00	= 1.45
10	买权时间价值 – 卖权时间价值	= 0.54

结论：对于转换组合而言，买权和卖权时间价值之差（10）等于毛利（3）

在表 6 – 3 至表 6 – 5 的特定例子中，由于 55 买权的时间价值比 55 卖权的时间价值大 54 美分，使得转换组合持仓产生了每股 6 美分的利润。实际结果会由于借入利率和交易成本的差异而不同，因此做市商必须随时对其利率和成本进行更新。

竞争的角色

竞争可能迫使做市商接受一个盈利水平低于目标利润的转换组合。例如，在先前的例子中，股票卖价为 57.70 美元，50 卖权卖价为 1.45 美元，一个寻求每股 5 美分利润的做市商将以 4.69 美元的卖价卖出 50 买权。然而，如果有其他交易员愿意以 4.67 美元的价格卖出买权，那么该做市商要么接受一个更低的利润率，要么放弃该机会。当然，此时有可能其他执行价格的期权提供了一个更高收益率的转换组合机会，或者其他股票有更好的机会。确定哪个转换组合机会是"可接受的"是做市商交易艺术的一部分。

含股息的转换组合定价

股息由公司向其股东支付。并不是所有公开交易股票的公司都支付股息，但支付股息的公司一般是以某种可预测的规律进行股息支付。许多公司按季度支付股息，也有按半年或年度支付的公司，或者每季度支

专业期权交易

付较少股息并在年底根据收入情况再支付额外股息的公司。

股息会对转换组合的定价产生影响，因为股息是股票持有人的额外收入。表 6 − 6 至表 6 − 8 显示了包括股息时的转换组合三部分定价过程。

表 6 − 6 对股票价格、卖权价格、借入利率等也做出了与表 6 − 3 相一致的假设。唯一增加的条件是每股 22 美分的股息。表 6 − 6 至表 6 − 8 说明，22 美分股息的增加促使 55 买权的价格下降了 22 美分，从 4.69 美元下降至 4.47 美元。

表 6 − 6 的行 8 计算了执行价格和股息之和的贴现值，而不是表 6 − 3 中的执行价格贴现值，这是由于股票持有人的股息收入影响了转换组合持仓的价格。虽然收到执行价格（期权到期时）的时间和收到股息的时间（通常会晚一些）之间存在差异，但现在收到 55 美元并在一个月后收到 22 美分与现在就收到 55.22 美元几乎没有差别。在本例中，交易员通常会忽略股息导致的利息损失，因为其金额经常不足 1 美元。

表 6 − 7 说明了如何利用表 6 − 6 中行 8 的执行价格与股息之和的贴现值来计算 55 买权的价格，并在表 6 − 8 中对现金流、净利润和时间价值进行了分析。

表 6 − 6   含股息的转换组合定价——第一部分：假设说明

假设：		
1 执行价格		55.00
2 股票价格		57.70
3 55 卖权的价格		1.45
4 55 买权的价格		？
5 借贷利率		5%
6 股息（到期前获得）		0.22
7 存续期		60
8 执行价格和股息之和的贴现值		54.77
= （执行价格 + 股息）/ [1 + (0.05 × 60 / 365)]		
9 股票费用		每股 0.01
11 期权费用（买权和卖权）		每股 0.02 交易成本 = 0.04
11 执行/配对费用		每股 0.01
12 目标盈利		每股 0.05
问题：55 买权的价格为多少？		

表6-7　含股息的转换组合定价——第二部分：计算55买权的价格

步骤1	计算每股净投资（NI）
	NI = 执行价格与股息之和的贴现值减去交易成本与目标盈利之和
	NI = \$54.77 - (0.04 + 0.05) = \$54.68
步骤2	卖出55买权，使其价格满足三腿持仓（买入股票、买入卖权和卖出买权）的净成本等于步骤1中的每股净投资
	2-1 如果：+ 股票 + 55卖权 - 55买权 = + NI
	2-2 则：+ 55买权 = + 股票 + 55卖权 - NI
	2-3 最后：+ 55买权 = 57.70 + 1.45 - 54.68 = 4.47

表6-8的底部为含股息的转换组合定价的结论。对于含股息的转换组合而言，买权时间价值和卖权时间价值之间的差等于毛利。而净投资则需减去股息。

表6-8　含股息的转换组合定价——第三部分：现金流、净利润和时间价值分析

1	收入 = 到期时获得的金额	= 55.00
	= 执行价格	
2	- 成本 = 建立持仓的净投资（NI）	- 54.68
3	= 毛利	= 0.32
4	- 借贷费用 = 54.46 × (0.05 × 60/365)	- 0.45
5	= 未考虑交易成本前的利润	= - 0.13
6	- 交易成本	- 0.04
7	= 股息前损失	= - 0.17
8	+ 股息	+ 0.22
9	= 净利润	= + 0.05
时间价值分析		
10	55买权的时间价值 = 价格 - 内在价值 = 4.47 - 2.70	= 1.77
11	55卖权的时间价值 = 价格 - 内在价值 = 1.45 - 0.00	= 1.45
12	买权时间价值 - 卖权时间价值	= 0.32

结论：对于含股息的转换组合而言，买权和卖权时间价值之差（12）等于毛利（3）。而净利润则需减去股息。

除息日

当引入股息进行讨论时，时机就非常重要，因为股息支付的过程有几个重要的特定时点。除息日是新买入股票的交易者不会获得接下来的股息支付的第一天。在这一天，股票以除息的价格进行交易。在表 6 – 6 中，除息日是先于期权到期日的。

除息日非常重要，这是由于其与接下来被称为登记日（the record date）的日期之间存在关系。登记日是指要求获得股息支付的股票买入人必须在公司股东名录上的日期。股票交易通常以 T + 3 的方式进行处理，即"交易日加上三个工作日"。交易日（the transaction date）是指股票交易的日期。结算日（the settlement date）则为交易日之后三天的日期，此时现金和持有凭证才相互交换。为了获得股息，结算日必须等于或早于登记日。一笔发生在登记日前两天的交易将在登记日之后的一天才被结算，那一天则刚好是除息日。

例如，假设登记日为 5 月 7 日星期五。交易员必须在这一天持有股票以便获得股息。如果股票是在 5 月 4 日星期二（交易日）买的，则结算日为 5 月 7 日（T + 3）。在登记日股票新持有人将作为持有人获得股息。而若股票购买于 5 月 5 日星期三，则会在 5 月 10 日星期一进行结算，将无法获得股息。在本例中 5 月 5 日是除息日。

根据执行价格对转换组合进行定价

由于贴现值随执行价格的变化而变化，因此执行价格也对转换组合定价关系造成影响。同时，买权时间价值与卖权时间价值的差异也随之变化。表 6 – 9 采用了与表 6 – 3 至表 6 – 5 相同的假设。其中股票价格为 57.70 美元，存续期为 60 天，借入利率为 5%，没有股息。

表 6 - 9   根据执行价格变化而变化的转换组合定价

行	列 1 执行价格	列 2 执行价格 贴现值	列 3 执行价格减去 执行价格贴现值	列 4 费用和目标盈利	列 5 买权时间价值减 去卖权时间价值
1	45	44.63	0.37	0.09	0.46
2	50	49.59	0.41	0.09	0.50
3	55	54.55	0.45	0.09	0.54
4	60	59.51	0.49	0.09	0.58
5	65	64.47	0.53	0.09	0.62

假设：存续期为 60 天，利率为 5%，无股息，费用为 0.04，目标盈利为 0.05。

贴现值计算示例：$55 / [1 + (0.05 \times 60/365)] = \$ 54.55$

在表 6 - 9 的行 1，执行价格为 45 美元（列 1），执行价格贴现值为 44.63 美元（列 2），执行价格与执行价格贴现值的差为 0.37 美元（列 3），费用与目标盈利之和为每股 9 美分（列 4）。为了在此例中获得套利利润，45 买权的时间价值必须比 45 卖权的时间价值大 46 美分（列 5）。在行 2，执行价格为 50 美元，买权时间价值与卖权时间价值的差为 50 美分。

表 6 - 9 中每行执行价格较前一行递增 5 美元，而买权和卖权的时间价值差则递增 4 美分。由于执行价格的贴现值随执行价格增加而增加，做市商必须借入更多的钱来为转换组合持仓进行融资。因此借入成本也随之增加，买权和卖权时间价值的差也需相应增加才能覆盖这些增加的成本。

相对定价的概念

转换组合关系的关键点在于，在给定执行价格、成本和目标盈利的条件下，买权时间价值和卖权时间价值之间存在恒定的差值。相对定价是指当买权价格、卖权价格和股票价格三个价格中任意两个已知时，能够推算出第三个价格。在表 6 - 3 中，55 买权的时间价值需比相同执行价格卖权的时间价值大 69 美分。因此，如果股票价格和 55 卖权价格已知，则可以计算出 55 买权的价格。同样，若股票价格和 55 买权的价格已知，则可以计算出 55 卖权的价格。而若执行价格均为 55 美元的买权和卖权价格已知，则可以计算出股票的价格。

在期权交易通过公开喊价进行的日子里，做市商会一早就开始根据执行价格计算买权和卖权的相对价格。例如，若要交易表 6 - 9 中行 4 的执行价格为 60 美元的期权，做市商会注意到该买权的时间价值需比卖权的时间价值大 58 美分，这样才能在转换组合中赚取每股 5 美分的利润。因此，在日内交易时，如果 60 卖权的卖价为 3. 10 美元而股票卖价为 60. 47 美元，则做市商会为 60 买权挂出 4. 15 美元的卖价。如果有人愿意以 4. 15 美元的价格买入该期权（并且做市商卖给了他），则该做市商会简单地以 60. 47 美元的价格买入股票和以 3. 10 美元的价格买入卖权，以此来完成转换组合和锁定每股 5 美分的利润。

随着股票价格的变动和期权交易指令偏离最新价附近（enter the pit），做市商会持续地以 58 美分的差值来计算 60 买权和卖权的相对价格，并相应地进行买入和卖出报价。

在当前的电子化交易环境中，通常用计算机来处理期权定价——从而也为转换组合定价。然而，所使用的概念是相同的。今天的期权交易员在试图超越电脑或调整假设时必须理解这些概念。

逆转组合

顾名思义，逆转组合可以被简单地理解为将转换组合反转。它包含买入合成股票和卖出真实股票。逆转组合是一个由相同数量股票空头、卖权空头和买权多头构成的三腿策略。买权和卖权具有相同的执行价格和相同的到期日。逆转组合持仓建立之初是一个以无风险利率投资的净贷记额（net credit）。为使其有利可图，净贷记额所获得的利息收入应大于交易成本加上买权时间价值与卖权时间价值差额的和。

表 6 – 10 和图 6 – 2 显示了一个产生每股 75 美分毛利（扣除交易成本和利息之前）的逆转组合。该三腿持仓包含以 103 美元的价格卖空一股股票，以 5.25 美元的价格卖出一股 100 卖权，和以 6.50 美元的价格买入一股 100 买权。如表 6 – 10 中的列 5 和图 6 – 2 中的实线部分所示，在期权到期时不管股票价格如何，最终结果均为每股 75 美分的利润。

表 6 – 10　逆转组合：以 **103** 美元的价格卖空股票，以 **5.25** 美元的价格卖出 **100** 卖权和以 **6.50** 美元的价格买入 **100** 买权

行	列 1 到期时 股票价格	列 2 以 103 美元的价格 卖空股票	列 3 以 5.25 美元的价格卖出 100 卖权	列 4 以 6.50 美元的价格买入 100 买权	列 5 组合损益
1	90	+12.00	-4.75	-6.50	+0.75
2	95	+7.00	+0.25	-6.50	+0.75
3	100	+2.00	+5.25	-6.50	+0.75
4	105	-3.00	+5.25	-1.50	+0.75
5	110	-8.00	+5.25	+3.50	+0.75

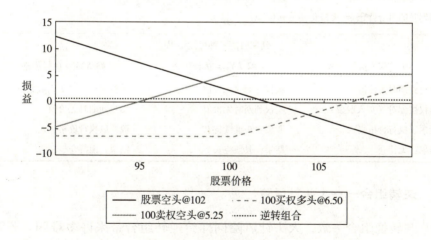

图例：
- —— 股票空头@102
- - - - 100买权多头@6.50
- ……… 100卖权空头@5.25
- ………… 逆转组合

图 6 – 2　逆转组合

这个例子假定从逆转组合中获得的净贷记额均被投资。因此，逆转组合的净利润或损失依赖于所获得的利息。

专业期权交易

逆转组合——到期时的结果

类似于合成持仓和转换组合，逆转组合在到期时有三种可能结果。表6-11对这三种可能性进行了总结。如结果1所示，若到期时股票价格低于执行价格，那么卖权空头将为实值期权并被配对，并以执行价格买入股票。如果到期时股票价格高于执行价格，如结果3所示，则买权多头将为实值期权并被执行，并以执行价格买入股票。

不管到期时股票价格是高于执行价格还是低于执行价格，股票均会以执行价格被买入，此时逆转持仓将被平仓。这将是理想的结果，因为此时利润将被实现，持仓将被平仓而无伴随的风险来减少利润或产生损失。

表 6 – 11   **到期时的逆转组合**

买入 1 股 XYZ 100 买权 @ 6.50 ⎫
卖出 1 股 XYZ 100 卖权 @ 5.25 ⎬ = 买入股票（合成）@ 101.25

卖空 1 股 XYZ 股票 @ 102.00 = 卖空股票 @ 102.00

到期时的组合持仓 = 无持仓（毛利 0.75）

到期时的三种可能结果		
#1 XYZ < 执行价格	#2 XYZ = 执行价格	#3 XYZ > 执行价格
买权到期时无价值	买权到期时无价值	买权被执行（买入股票）
卖权被配对（买入股票）	卖权到期时无价值	卖权到期时无价值
股票以执行价格买入	股票空头继续持有	股票以执行价格买入
结果：无持仓	结果：股票空头	结果：无持仓

逆转组合——大头针风险

与转换组合一致，大头针风险同样给逆转组合带来许多难题。若到期时股票价格等于执行价格，则交易员必须做出一个艰难的决定。在股票空头、卖权空头和买权多头的三腿持仓中，有多少（如果有）卖权会被配对是不确定性的。如果在所有买权均被执行但仅有部分卖权被配对的情形下，将建立出一个股票多头持仓。

类似的，如果买权没有被执行并且部分卖权没有被配对，那么这将保留一个股票空头持仓。在任意情形下，交易员需持有一个股票持仓度过周末并承担相应的风险。正如转换组合中那样，没有一个有效的办法来消除这个周末风险。一个常用的办法是执行一半的买权并期望也只有一半的卖权被配对，而不管保留了何种股票持仓，都在下周一的开盘进行平仓。

逆转组合定价

由于到期时股票价格将有很大的可能性高于或低于执行价格，交易员有理由预期买权将被执行或卖权将被配对。因此，逆转组合策略将会在到期时产生一个等于执行价格的现金支出。与转换组合类似于国库券不同，逆转组合可比作借入钱并在到期偿还的一个投资。当逆转组合持仓建立时，股票被卖空。卖空所获得的收入被以无风险利率进行投资。接下来，在期权到期时，包含所挣利息的货币市场基金被用来以执行价格回购股票。

例如，某交易员建立了一个逆转持仓，以34.55美元的价格卖空股票，以2.10美元的价格卖出执行价格为35美元存续期为55天的卖权，并以1.75美元的价格买入相同执行价格和存续期的买权。期初可用于投资的净贷记额为34.90美元（34.55 + 2.10 - 1.75 = 34.90）。在不考虑利息时，该持仓导致了0.10美元的损失（到期时需支付的35.00美元减去建立持仓时所获得34.90美元的净贷记额）。假设34.90美元以4%的利率投资55天，则利息收入近似为21美分（34.90 × 0.04 × 55/365）。因此，不考虑利息时的0.10美元的损失在考虑利息后变为0.11美元的收入（不考虑交易成本），或每股11美分。

逆转组合的盈利能力与三个因素相关：交易成本、借出利率和竞争环境。

表6 – 12至表6 – 14用三部分表明如何对逆转组合进行定价。表6 – 12提供了11项初始假设。执行价格（1）为55美元。股票价格（2）为

专业期权交易

57.70 美元。55 卖权价格（3）为 1.45 美元，而 55 的买权价格（4）未知。借出利率（5）为 4%，存续期（6）为 60 天，因此执行价格的贴现值（7）为 54.64 美元。此外，交易成本（8–10）包括每股 1 美分的股票交易成本、期权交易成本和期权执行或配对费用。这些交易成本使得开仓（例如，卖空股票，卖出卖权和买入买权）时和平仓（例如，买权被执行或卖权被配对）时的总交易成本为每股 4 美分。最后，本例中的目标盈利（11）为每股 5 美分。

根据 10 个已知的假设能够推导出 55 买权的价格（4）。问题在于：55 买权价格为多少时能够实现目标盈利？

表 6–13 包含了转换组合定价的第二个部分，通过两个步骤计算 55 买权的价格。第一步为计算需要投资的基金金额，或净贷记额，其值等于执行价格的贴现值、交易成本和目标盈利三者之和。从表 6–12 的行 7 可知，利用 4% 的借出利率，55 美元执行价格的贴现值为 54.64 美元。再加上 0.04 美元的交易成本和 0.05 美元的目标盈利之后，得到 54.73 美元的净贷记额。之所以使用执行价格的贴现值是由于到期时需支付执行价格。

表 6–12　　　　　　　逆转组合定价——第一部分：假设说明

假设：1 执行价格	55.00
2 股票价格	57.70
3 55 卖权的价格	1.45
4 55 买权的价格	?
5 借贷利率	4%
6 存续期	60
7 执行价格的贴现值 = 执行价格／[1 + （0.04 × 60／365）]	54.64
8 股票费用	每股 0.01 ⎫
9 期权费用（买权和卖权）	每股 0.02 ⎬ 交易成本 = 0.04
10 执行／配对费用	每股 0.01 ⎭
11 目标盈利	每股 0.05
问题：55 买权的价格为多少？	

在表 6 – 13 中步骤 2 利用基础代数计算出当 55 买权的价格为 4. 42
美元时，交易员能够获得目标盈利。

与转换组合一致，逆转组合中计算交易成本和目标盈利时是以每股
为基础计算的。这是由于交易员不能事先知道多少数量的期权会进入市
场以及需要交易多少数量的股票。每股估计的方法让交易员可以选择小
规模或大规模的交易，并仍然保持目标盈利不变。

表 6 – 13　　　　逆转组合定价——第二部分：计算 55 买权的价格

步骤 1	计算每股净贷记额（NC）
	NC = 执行价格的贴现值加上交易成本和目标盈利之和
	NC = $ 54. 55 + 0. 04 + 0. 05 = $ 54. 73
步骤 2	买入 55 买权，使其价格满足三腿持仓（买入股票、卖出卖权和买入买权）的金额等于步骤 1 中的每股净贷记额
	2 – 1 如果：– 股票 – 55 卖权 + 55 买权 = + NC
	2 – 2 则：+ 55 买权 = + 股票 + 55 卖权 – NC
	2 – 3 最后：+ 55 买权 = + 57. 70 + 1. 45 – 54. 73 = 4. 42

第三也是最后的部分，则从现金流、净利润和时间价值等方面来分
析逆转组合定价，见表 6 – 14。逆转组合持仓建立时交易员所获得的净
贷记额（1）为 54. 73，如表 6 – 13 中步骤 1 所示。期权到期时的支出金
额（2）等于 55 美元的执行价格。支出和收入之间的毛损（3）为
– 0. 27美元。根据净贷记额和借出利率可得利息收入（4）为 0. 36 美元。
不考虑交易成本时的利润（5）为利息收入和毛损的差，其值为 0. 09 美
元。再在其基础上减去每股 4 美分的交易成本，可得净利润（7）为每
股 5 美分。

表 6 – 14 中行 8 至行 10 则分析了 55 买权的时间价值和卖权的时间
价值之间的关系。在本例中，55 买权的时间价格（8）为 1. 72 美元，卖
权的时间价值（9）为 1. 45 美元，两者的差（10）为 0. 27 美元。

表 6 – 14 的底部为这个练习的结论。对于逆转组合而言，买权和卖
权的时间价值之差等于毛损的绝对值。

专业期权交易

表6－14　逆转组合定价——第三部分：现金流、净利润和时间价值分析

1	收入 = 建立持仓时所获得的净贷记额	54.73
2	－ 成本 = 到期时支付的金额 = 执行价格	－ 55.00
3	= 毛损	= － 0.27
4	+ 利息收入 = 54.73 × (0.04 × 60/365)	+ 0.36
5	= 未剔除交易成本前的利润	= 0.09
6	－ 交易成本	－ 0.04
7	= 净利润	= 0.05
时间价值分析		
8	55 买权的时间价值 = 价格 － 内在价值 = 4.42 － 2.70	= 1.72
9	55 卖权的时间价值 = 价格 － 内在价值 = 1.45 － 0.00	= 1.45
10	买权时间价值 － 卖权时间价值	= 0.27

结论：对于逆转组合而言，买权和卖权时间价值之差（10）等于毛损（3）的绝对值。

竞争和逆转组合

在逆转组合中，竞争可能迫使做市商接受低于目标盈利的利润。例如，在先前的示例中，股票的买入报价为 57.70 美元，55 卖权的买入报价为 1.45 美元，为达到每股 5 美分利润的目标，做市商应对 55 买权挂出 4.42 美元的买入报价。然而，如果有其他做市商对该买权挂出 4.44 美元的买入报价，则原做市商必须选择是接受更低的利润来完成交易还是放弃该机会。当然，此时可能在其他执行价格的期权上存在能够产生更高收益率的逆转组合机会，也可能在其他股票上存在更好的机会。决定某个机会是否是"可接受的"是做市商投资艺术的一部分。

含股息的逆转组合定价

当支付股息的股票被卖空时，股票的借入人必须将股息还给借出人，或其持有人。因此，股息增加了逆转组合的费用，而非像转换组合中那样减少费用。

表 6 – 15 至表 6 – 17 显示了包括股息时的逆转组合定价过程。与表 6 – 12一致，表 6 – 15 对股票价格、卖权价格、借入利率等也做出了相同

的假设。唯一的不同是增加了每股 22 美分股息的假设。表 6 – 13 的第 2 – 3 行显示，22 美分股息的增加促使买权价格下降 22 美分，从 4.42 美元下降至 4.20 美元。

　　表 6 – 15 的行 8 计算了执行价格和股息之和的贴现值，而不是表 6 – 12 中的执行价格贴现值，这是由于股息收入对于股票卖空者而言是额外的费用。虽然支付执行价格（期权到期时）的时间和支付股息的时间之间存在差异，但在现在支付 55 美元并在此后一个月内支付 22 美分与现在就支付 55.22 美元几乎为一回事。交易员通常会忽略股息的利息，因为其金额经常不足 1 美分。

　　表 6 – 16 说明了如何利用表 6 – 15 中行 8 的执行价格和股息之和的贴现值来计算 55 买权的价格，并在表 6 – 17 中对现金流、净利润和时间价值进行了分析。表 6 – 8 的底部为含股息的逆转组合定价的结论。对于含股息的逆转组合而言，买权时间价值和买权时间价值之间的差等于毛损。而净贷记额则需加上股息。

表 6 – 15　　　含股息的逆转组合定价——第一部分：假设说明

假设：1 执行价格	55.00
2 股票价格	57.70
3 55 卖权的价格	1.45
4 55 买权的价格	?
5 借出利率	4%
6 股息（除息日在到期日前）	0.22
7 存续期	60
8 执行价格和股息之和的贴现值	
＝（执行价格 ＋ 股息）/ [1 ＋（0.04 × 60 / 365）]	54.86
9 股票费用	每股 0.01
10 期权费用（买权和卖权）	每股 0.02　交易成本 = 0.04
11 执行/配对费用	每股 0.01
12 目标盈利	每股 0.05
问题：55 买权的价格为多少？	

表 6 – 16   含股息的逆转组合定价——第二部分：计算 55 买权的价格

步骤 1	计算每股净贷记额（NC）
	NC = 执行价格的贴现值加上交易成本和目标盈利之和
	NC = $ 54.86 + 0.04 + 0.05 = $ 54.95
步骤 2	买入 55 买权，使其价格满足三腿持仓（卖空股票、卖出卖权和买入买权）的现金收入等于步骤 1 中的每股净贷记额
	2 – 1 如果：– 股票 – 55 卖权 + 55 买权 = – NC
	2 – 2 则：+ 55 买权 = + 股票 + 55 卖权 – NC
	2 – 3 最后：+ 55 买权 = +57.70 + 1.45 – 54.95 = 4.20

表 6 – 17   含股息的逆转组合定价——第三部分：现金流、净利润和时间价值分析

1	收入 = 建立持仓时获得的净贷记额	54.95
2	– 成本 = 到期时支付的金额 = 执行价格	– 55.00
3	= 毛损	= – 0.05
4	+ 利息收入 = 54.95 × (0.04 × 60/365)	+ 0.36
5	= 未剔除交易成本前的利润	= 0.31
6	– 交易成本	– 0.04
7	= 股息前利润	= 0.27
8	– 股息	– 0.22
9	= 净利润	= 0.05
时间价值分析		
10	55 买权的时间价值 = 价格 – 内在价值 = 4.20 – 2.70	= 1.50
11	55 卖权的时间价值 = 价格 – 内在价值 = 1.45 – 0.00	= 1.45
12	买权时间价值 – 卖权时间价值	= 0.05

结论：对于含股息的逆转组合而言，买权时间价值（10）和卖权时间价值（11）之差（12）等于毛损（3）的绝对值。而净贷记额则需加上股息。

根据执行价格对逆转组合进行定价

表 6 – 18 证明了在逆转组合持仓中执行价格变化对定价的影响。当执行价格变化时，净贷记额同样会变化，这使得买权时间价值超出卖权时间价值的金额也随之变化。

在表 6－18 的行 1，执行价格为 45 美元（列 1），执行价格贴现值为 44.70 美元（列 2），执行价格与执行价格贴现值的差为 0.30 美元（列 3），费用和目标盈利之和为每股 9 美分（列 4）。为了在此例中获得套利利润，45 买权的时间价值必须比 45 卖权的时间价值大 39 美分（列 5）。在行 2 中执行价格为 50 美元时，则买权时间价值与卖权时间价值的差应为 42 美分。表中每行的执行价格较上一行递增 5 美元，而买权和卖权时间价值的差则递增 3 美分。当执行价格增加时，由于利息收入增加促使买权和卖权时间价值的差值也随之增加。对于更高的执行价格，交易员能获得更多的资金用于投资。

表 6－18　　　　　　　根据执行价格变化而变化的逆转组合定价

行	列 1 执行价格	列 2 执行价格贴现值	列 3 执行价格减去 执行价格贴现值	列 4 费用和目标盈利	列 5 买权时间价值减去 卖权时间价值
1	45	44.70	0.30	0.09	0.39
2	50	49.67	0.33	0.09	0.42
3	55	54.64	0.36	0.09	0.45
4	60	59.61	0.39	0.09	0.48
5	65	64.58	0.42	0.09	0.51

假设：存续期为 60 天，利率为 4%，无股息，费用为 0.04，目标盈利为 0.05。

贴现值计算示例：$55 / [1 + (0.04 \times 60/365)] = 54.64$ 美元

盒式价差组合

盒式价差组合是单纯由四个期权组成的套利策略，包含某个执行价格的买权多头和卖权空头，以及另一个执行价格的买权空头和卖权多头。该策略分为两种，盒式价差组合多头和盒式价差组合空头。盒式价差组合多头建立之初是一个净成本或净借记，而盒式价差组合空头建立之初则为净贷记。

专业期权交易

盒式价差组合多头

盒式价差组合多头由一份较低执行价格的买权多头和卖权空头以及一份较高执行价格的买权空头和卖权多头构成。盒式价差组合多头持仓建立时产生了一个净借记（net debit），并且当两个执行价格之差减去持仓成本后的余额超过持有成本时产生盈利。与转换组合一致，本策略假设交易员借入资金来支付建立盒式价差组合多头时产生的净成本。

表 6 – 19 和图 6 – 3 显示，在不考虑交易成本和持有成本的条件下，盒式价差组合多头在到期时产生了 75 美分的毛利。该四腿持仓包括：以 6.50 美元的价格买入一份 90 买权，以 2.00 美元的价格卖出一份 90 卖权，以 2.25 美元的价格卖出一份 100 买权和以 7.00 美元的价格买入一份 100 卖权。

表 6 – 19　　盒式价差组合多头：以 6.50 美元的价格买入 90 买权

以 2.00 美元的价格卖出 90 卖权，以 2.25 美元的价格卖出 100 买权

和以 7.00 美元的价格买入 100 卖权

	列 1	列 2	列 3	列 4	列 5	列 6
行	到期时股票价格	以 6.50 美元的价格买入 90 买权	以 2.00 美元的价格卖出 90 卖权	以 2.25 美元的价格卖出 100 买权	以 7.00 美元的价格买入 100 卖权	组合损益
1	80	– 6.50	– 8.00	+ 2.25	+ 13.00	+ 0.75
2	90	– 6.50	+ 2.00	+ 2.25	+ 3.00	+ 0.75
3	100	+ 3.50	+ 2.00	+ 2.25	– 7.00	+ 0.75
4	110	+ 13.50	+ 2.00	– 7.75	– 7.00	+ 0.75

该策略可通过两种方式来描述。第一种，该策略可被视为一个利用较低执行价格期权合成的股票多头持仓和一个利用较高执行价格期权合成的股票空头持仓的组合。第二种，它同样可被视为在相同执行价格处构建的一个牛市买权价差组合和一个熊市卖权价差组合的组合。

将买权和卖权按照相同的执行价格进行匹配，90 买权多头和相同执

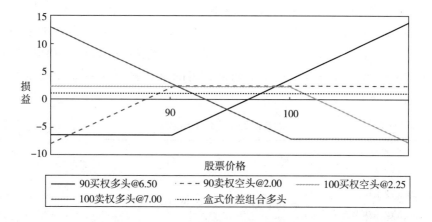

图 6 – 3　盒式价差组合多头

行价格的卖权空头构成了一个合成的股票多头持仓。而 100 买权空头和相同执行价格的卖权多头则构成了一个合成的股票空头持仓。而若将买权和买权、卖权和卖权进行匹配，则 90 买权和 100 买权构成了一个牛市买权价差组合。而 100 卖权和 90 卖权则构成了一个熊市卖权价差组合。

　　盒式价差组合的净利润或净损失等于两个执行价格之差减去建立持仓的成本，包括交易成本和借贷成本。

　　与转换组合可视为以贴现价买入国库券并在到期时获得全部面值相同，盒式价差组合多头在建立持仓时的成本小于两个执行价格的差，并在到期时收入这个差值。

盒式价差组合多头——到期时的结果

　　盒式价差组合多头在到期时有五种可能的结果。正如表 6 – 20 所总结的，到期时股票价格可能低于较低执行价格、等于较低执行价格、在两个执行价格之间、等于较高执行价格和高于较高执行价格等。

　　如果到期时股票价格低于较低执行价格，如表 6 – 20 中结果 1 所示，那么两个买权均处于虚值并到期无价值，而两个卖权则处于实值。100 卖权多头被执行，产生了一笔以 100 美元的价格卖出股票的交易；而 90 卖权空头被配对，产生了一笔以 90 美元的价格买入股票的交易。同时发生的买入和卖出股票交易产生了两笔交易成本但并不形成股票持仓。然而，交易员获得了一个等于两个执行价格之差的净金额，此例中为 10 美元。在这个金额基础上归还期初借入的资金和支付交易成本和融资费用之后为净利润（若有）。然而，如果获得的该金额小于贷款和费用之和，则产生了损失。

表 6－20　　　　　　　　　　到期时的盒式价差组合多头

买入 1 XYZ 90 买权 @ 6.50
卖出 1 XYZ 90 卖权 @ 2.00 ｝= 买入股票（合成）@ 94.50

卖出 1 XYZ 100 买权 @ 2.25
买入 1 XYZ 100 卖权 @ 7.00 ｝= 卖出股票（合成）@ 95.25

到期时的组合持仓 = 无持仓（毛利 0.75）

到期时的 5 种可能结果

#1 XYZ < 90（较低执行价格）

90 买权到期无价值

100 卖权到期无价值

90 卖权被配对（买入股票）

100 卖权被执行（卖出股票）

结果：无持仓

#3 90 < XYZ < 100（执行价格之间）

90 买权被执行价格（买入股票）

100 买权到期无价值

90 卖权到期无价值

100 卖权被执行（卖出股票）

结果：无持仓

#5 XYZ > 100（较高执行价格）

90 买权被执行（买入股票）

100 买权被配对（卖出股票）

90 卖权到期无价值

100 卖权到期无价值

结果：无持仓

#2 XYZ = 90（较低执行价格）

90 买权到期无价值

100 卖权到期无价值

90 卖权到期无价值

100 卖权被执行（卖出股票）

结果：股票空头

#4 XYZ = 100（较高执行价格）

90 买权被执行（买入股票）

100 买权到期无价值

90 卖权到期无价值

100 卖权到期无价值

结果：股票多头

如果到期时股票价格在两个执行价格之间，如结果 3 所示，则买权空头和卖权空头均为虚值并到期无价值。而买权多头和卖权多头则为实值并被执行。执行 90 买权产生了一笔以 90 美元价格买入股票的交易，执行 100 卖权则产生了一笔以 100 美元价格卖出股票的交易。如先前的结果一样，同时发生的买入和卖出股票交易产生了一笔数量等于两个执行价格之差的净金额，为 10 美元。

如果到期时股票价格高于较高执行价格，如结果 5 所示，则两个卖权均为虚值并到期无价值。然而，两个买权则为实值。执行 90 买权多头产生了一笔以 90 美元买入股票的交易，而被配对的 100 买权空头则产生了一笔以 100 美元卖出股票的交易。再一次，交易员将获得一笔数量等于执行价格之差的金额，为 10 美元。

因此，如果到期时股票价格低于较低执行价格，在两个执行价格之间或高于较高执行价格，盒式价差组合多头持仓均将被平仓。这使得交易员不会剩余股票持仓并承担伴随的可能减少利润或产生损失的风险。

盒式价差组合多头——双边大头针风险

当到期时股票价格刚好等于任意执行价格时，如结果 2 和 4 所示，则产生了大头针风险。虚值期权将到期无价值，理论上平值买权和平值卖权也将到期无价值。然而，另一个执行价格的实值期权将产生一个带有大头针风险的股票持仓。

如果到期时股票价格刚好等于 90 美元的较低执行价格，如表 6－20 中的结果 2 所示，执行 100 实值卖权将产生一个股票空头持仓。而如果到期时股票价格刚好等于 100 美元的较高执行价格，如结果 4 所示，则执行 90 实值买权将产生一个股票多头持仓。如带有大头针风险的转换组合和逆转组合一样，交易员无法预测多少数量的平值期权空头会被配对。这导致做市商常常执行一半的平值期权多头，期望只有一半的期权空头会被配对。毫无疑问，实际配对的期权空头数量可能高于或低于一半，此时交易员将需在下周一对股票持仓进行平仓。同转换组合和逆转组合一样，交易员唯一能做的就是希望相应的成本不要太高。

盒式价差组合多头定价

实际操作中，盒式价差组合到期时的结果很可能产生一笔数量等于两个执行价格之差的现金收入。盒式价差组合多头的价值等于执行价格之差的贴现值与费用和盈利目标之差。下一个例子讨论的盒式价差组合包含了 100 美元和 110 美元两个执行价格，而不是前面例子中的 90 美元和 100 美元执行价格。

表 6 – 21 至表 6 – 23 从三个部分展示了一个 100 – 110 盒式价差组合是如何被定价的。表 6 – 21 是相关假设的说明。100 买权的价格（1）为 9.10 美元。100 卖权的价格（2）为 2.30 美元。110 买权的价格（3）未知。110 卖权的价格（4）为 6.70 美元。借入利率（5）为 5%，期权存续期（6）为 60 天，这使得执行价格之差的贴现值（7）为 9.92 美元。同时期权的交易成本和执行或配对费用（8 和 9）分别为每股 1 美分。交易成本合计为 6 美分，其中 4 美分为开仓时四部分持仓所产生，剩余的 2 美分为到期平仓时实值期权的执行或配对所产生。最后，本例中的目标盈利（10）为每股 5 美分。

表 6 – 21　　100 – 110 盒式价差组合多头定价——第一部分：假设说明

假设：1 100 买权的价格	9.10
2 100 卖权的价格	2.30
3 110 买权的价格	?
4 110 卖权的价格	6.70
5 借贷利率	5%
6 存续期	60
7 执行价格之差的贴现值	
$= (110 - 100) / [1 + (0.05 \times 60 / 365)]$	9.92
8 期权费用（4 个期权，每股 0.01）	每股 0.04
9 执行/配对费用（2 个期权）	每股 0.02
10 目标盈利	每股 0.05

交易成本 = 0.06

问题：110 买权的价格为多少?

在 9 个假设已知的条件下，可以确定 110 买权的价格。问题是，当 110 买权的价格为多少时能够实现目标盈利？

表 6 - 22 为盒式价差组合多头定价的第二部分，利用两个步骤来计算 110 买权的价格。第一步要求计算每股净投资。在盒式价差组合多头的情形中，每股净投资为到期时能够实现目标盈利的持仓净成本。该每股净投资等于执行价格之差的贴现值（表 6 - 21 中的行 7）减去费用和目标盈利之和（行 8 - 10）。因此每股净投资为 9.81 美元。与转换组合和逆转组合一致，盒式价差组合也同样以每股为基础展开计算，因为这个方法能让交易的合约数量与获得的目标利润不相关。

在表 6 - 22 中步骤 2 利用基础代数计算出 110 买权的价格为 3.69 美元，此时盒式价差组合多头的成本等于净投资。

表 6 - 22 　　　　100 - 110 盒式价差组合多头定价——第二部分：计算 110 买权的价格

步骤 1	计算每股净投资（NI）
	NI = 执行价格之差的贴现值减去交易成本和目标盈利之和
	NI = 9.92 - (0.06 + 0.05) = 9.81
步骤 2	卖出 110 买权，使其价格满足四腿持仓（买入 100 买权、卖出 100 卖权、卖出 110 买权、买入 110 卖权）的净成本等于步骤 1 中的每股净投资
	2 - 1 如果：+ 100 买权 - 100 卖权 - 110 买权 + 110 卖权 = + NI
	2 - 2 则：+ 110 买权 = + 100 买权 - 100 卖权 + 110 卖权 - NI
	2 - 3 最后：+ 110 买权 = 9.10 - 2.30 + 6.70 - 9.81 = 3.69

第三也是最后的部分，则从现金流、净利润和价差价值等方面来分析盒式价差组合多头定价，见表 6 - 23。期权到期时交易员获得金额等于执行价格之差（每股 10 美元）的收入（1）。而持仓的成本（2）则为净投资，为 9.81 美元。而收入与成本的差则为毛利（3），本例中为每股 0.19 美元。借入费用（4）则根据净投资与借贷利率的乘积计算得到，结果为 0.08 美元。毛利减去借入费用后则为剔除交易成本前的利润（5），为每股 0.11 美元。最后再减去每股 0.06 美元的交易成本（6）后则得到净利润（7），金额为每股 0.05 美元。

表 6 - 23 中第 8 至 10 行则分析了两个价差价值的关系。在本例中，

买权价差价值（8）为 5.41 美元，卖权价差价值（9）为 4.40 美元。因此两个价差价值之和为 9.81 美元，这等于净投资。

表 6-23 的底部为三部分分析的结论。对于盒式价差组合多头而言，买权价差组合贷记额和卖权价差组合贷记额之和等于净投资。

表 6-23 　　　　　 100-110 盒式价差组合多头定价——第三部分：
现金流、净利润和价差价值分析

1	收入 = 到期时获得的金额 = 110 - 100	10.00
2	- 成本 = 持仓支付的每股净投资	- 9.81
3	= 毛利	= 0.19
4	- 借贷费用 = 9.81 × (0.05 × 60/365)	- 0.08
5	= 未剔除交易成本前的利润	= 0.11
6	- 交易成本	- 0.06
7	= 净利润	= 0.05
垂直价差价值分析		
8	100-110 买权价差的价值 = 9.10 - 3.69	= 5.41
9	100-110 卖权价差的价值 = 6.70 - 2.30	= 4.40
10	价差价值合计	= 9.81

结论：对于盒式价差组合多头而言，买权价差的贷记额与卖权价差的贷记额之和（10）等于每股净投资（2）。

盒式价差组合相对定价

与应用于转换组合和逆转组合一致，相对定价的概念也同样应用于盒式价差组合。基本上说，如果已知盒式价差组合的价值与三个组成部分的价格，则可以计算出第四个组成部分的价格。同样的，如果买权价差组合或卖权价差组合中任意一个已知，则另一个也可被计算出来。

例如，若 50-55 盒式价差组合多头的价值为 4.85 美元，并且 50-55 买权价差组合的卖价为 2.65 美元，则做市商可以为 50-55 卖权价差报出 2.20 美元的买价。如果有人愿意以 2.20 美元的价格卖出卖权价差并且做市商买到了，则该做市商可以轻易地通过以 2.65 美元的价格买入买权价差组合来完成一个净成本为 4.85 美元的盒式价差组合多头并锁定利润。

盒式价差组合空头

　　盒式价差组合空头由一份较低执行价格的买权多头和卖权空头以及一份较高执行价格的买权多头和卖权空头构成。盒式价差组合空头持仓建立时产生了一个净贷记额（net credit），并当获得的净贷记额与利息收入之和超过两个执行价格之差与交易成本之和时盈利。

　　表 6－24 和图 6－4 显示，在不考虑交易成本和利息收入的条件下，盒式价差组合空头在到期时产生了 50 美分的毛利。盒式价差组合空头的四腿持仓包括：以 6.50 美元的价格卖出一份 90 买权，以 2.00 美元的价格买入一份 90 卖权，以 1.50 美元的价格买入一份 100 买权和以 7.50 美元的价格卖出一份 100 卖权。

表 6－24　　盒式价差组合空头：以 6.50 美元的价格卖出 90 买权，

以 2.00 美元的价格买入 90 卖权，以 1.50 美元的价格买入 100 买权，

并以 7.50 美元的价格卖出 100 卖权

行	列1 到期时股票价格	列2 6.50美元 卖出90买权	列3 2.00美元 买入90卖权	列4 1.50美元 买入100买权	列5 7.50美元 卖出100卖权	列6 组合损益
1	80	+6.50	+8.00	-1.50	-12.50	+0.50
2	90	+6.50	-2.00	-1.50	-2.50	+0.50
3	100	-3.50	-2.00	-1.50	+7.50	+0.50
4	110	-13.50	-2.00	+8.50	+7.50	+0.50

　　该策略可通过两种方式来描述。第一种，该策略可视为一个利用较低执行价格期权合成的股票空头持仓和一个利用较高执行价格期权合成的股票多头持仓的组合。第二种，它同样可视为在相同执行价格处构建的一个熊市买权价差组合和一个牛市卖权价差组合的组合。

　　将买权和卖权按照相同的执行价格进行匹配，90 买权空头和相同执

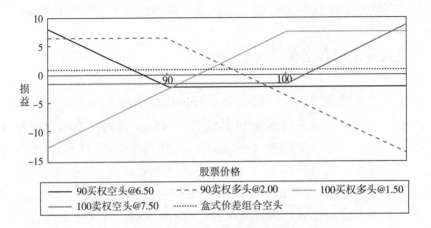

图 6-4　盒式价差组合空头

行价格的卖权多头构成了一个合成的股票空头持仓。而100买权多头和相同执行价格的卖权空头则构成了一个合成的股票多头持仓。而若将买权和买权、卖权和卖权进行匹配，则90买权空头和100买权多头构成了一个熊市买权价差组合。而100卖权空头和90卖权空头则构成了一个牛市卖权价差组合。

　　前文将逆转组合视为利用借入的资金进行投资，并在投资到期时归还借款。类似的，盒式价差组合空头在持仓建立时同样形成一个贷记额并要求到期平仓时获得收益。

盒式价差组合空头——到期时的结果

　　与盒式价差组合多头一样，盒式价差组合空头在到期时也有五种可能的结果。正如表6-25所总结的，到期时股票价格可能低于较低执行价格、在两个执行价格之间或高于较高执行价格，此时盒式价差组合空头持仓将被平仓。这是交易员所期望的结果，因为这样将不会留下持仓和因持仓而减少利润或产生损失的风险。

　　当到期时股票价格刚好等于任一执行价格时，如结果2和4所示，则产生了大头针风险。与前文讨论的套利一样，此时将无法预测卖出的多少平值期权将被配对。结果是做市商常常执行一半的平值期权多头来应对，希望刚好只有一半的期权空头被配对。

表 6-25　　　　　　　　　**到期时的盒式价差组合空头**

卖出 1 XYZ 90 买权 @ 6.50
买入 1 XYZ 90 卖权 @ 2.00 ｝= 卖出股票（合成）@ 94.50

买入 1 XYZ 100 买权 @ 1.50
卖出 1 XYZ 100 卖权 @ 7.50 ｝= 买入股票（合成）@ 94.00

到期时的组合持仓 = 无持仓（毛利 0.50）

到期时的 5 种可能结果

#1 XYZ ＜ 90（较低执行价格）

90 买权到期无价值

100 卖权到期无价值

90 卖权被执行（卖出股票）

100 卖权被配对（买入股票）

结果：无持仓

#3 90 ＜ XYZ ＜ 100（执行价格之间）

90 买权被配对（卖出股票）

100 买权到期无价值

90 卖权到期无价值

100 卖权被配对（买入股票）

结果：无持仓

#5 XYZ ＞ 100（较高执行价格）

90 买权被配对（卖出股票）

100 买权被执行（买入股票）

90 卖权到期无价值

100 卖权到期无价值

结果：无持仓

#2 XYZ ＝ 90（较低执行价格）

90 买权到期无价值

100 卖权到期无价值

90 卖权到期无价值

100 卖权被配对（买入股票）

结果：股票多头

#4 XYZ ＝ 100（较高执行价格）

90 买权被配对（卖出股票）

100 买权到期无价值

90 卖权到期无价值

100 卖权到期无价值

结果：股票空头

盒式价差组合空头定价

实际操作中，到期时盒式价差组合空头很可能产生一笔数量等于两

专业期权交易

个执行价格之差的现金支付。盒式价差组合空头的价值等于执行价格之差的贴现值与盈利目标之和。

表 6－26 至表 6－28 从三个部分展示了一个 100－110 盒式价差组合空头是如何被定价的。表 6－26 是相关假设的说明。100 买权的价格（1）为 9.10 美元。100 卖权的价格（2）为 2.30 美元。110 买权的价格（3）未知。110 卖权的价格（4）为 6.70 美元。借出利率（5）为 4%，期权存续期（6）为 60 天，这使得执行价格之差的贴现值（7）为 9.93 美元。同时期权的交易成本和执行或配对费用（8 和 9）分别为每股 1 美分。交易成本合计为 6 美分，其中 4 美分为开仓时四部分持仓所产生，剩余的 2 美分为到期平仓时实值期权的执行或配对所产生。最后，本例中的目标盈利（10）为每股 5 美分。

表 6－26　100－110 盒式价差组合空头定价——第一部分：假设说明

假设：		
1 100 买权的价格		9.10
2 100 卖权的价格		2.30
3 110 买权的价格		?
4 110 卖权的价格		6.70
5 借出利率		4%
6 存续期		60
7 执行价格之差的贴现值		
＝（110－100）／〔1＋（0.04×60/365）〕		9.93
8 期权费用（4 个期权，每股 0.01）	每股 0.04	交易成本＝0.06
9 执行/配对费用（2 个期权）	每股 0.02	
10 目标盈利	每股 0.05	
问题：110 买权的价格为多少？		

在 9 个假设已知的条件下，可以确定 110 买权的价格。问题是，当 110 买权的价格为多少时能够实现目标盈利？

表 6－27 为盒式价差组合多头定价的第二部分，利用两个步骤来计算 110 买权的价格。第一步要求计算每股净贷记额。与逆转组合类似，每股净贷记额（NC）是指建立持仓时所收到的，能够实现到期目标利润

的每股净资金。每股净贷记额等于执行价格之差的贴现值（表 6 – 26 中的行 7）与总交易成本和目标盈利之和（行 8 – 行 10）。因此每股净贷记额为 10.04 美元。与转换组合和逆转组合一致，盒式价差组合也同样以每股为基础展开计算，因为这个方法能让交易员在不考虑期权交易数量的条件下确定目标盈利。

表 6 – 27　100 – 110 盒式价差组合空头定价——第二部分：计算 110 买权的价格

步骤 1	计算每股净贷记额（NC）
	NC = 执行价格之差的贴现值与总交易成本和目标盈利之和
	NC = 9.93 +（0.06 + 0.05）= 10.04
步骤 2	买入 110 买权，使其价格满足四腿持仓（卖出 100 买权、买入 100 卖权、买入 110 买权、卖出 110 卖权）的净成本等于步骤 1 中的每股净贷记额
	2 – 1 如果：– 100 买权 + 100 卖权 + 110 买权 – 110 卖权 = – NC
	2 – 2 则：+ 110 买权 = + 100 买权 – 100 卖权 + 110 卖权 – NC
	2 – 3 最后：+ 110 买权 = 9.10 – 2.30 + 6.70 – 10.04 = 3.49

在表 6 – 27 中步骤 2 利用基础代数计算出 110 买权价格为 3.46，此时盒式价差组合空头的价格等于净资金需求 3.46。

第三也是最后的部分，则从现金流、净利润和价差价值等方面来分析盒式价差组合空头定价，见表 6 – 28。收入（1）为盒式价差组合空头持仓建立时获得的净贷记额，金额为 10.04 美元。而成本（2）则为金额为 10.00 美元的两个执行价格之差，因为这是到期时实值期权被执行或被配对时所支付的金额。

而收入与成本的差则为毛利（3），为每股 0.04 美元。根据所投资的资金（净贷记额）和借出利率，可得到利息收入（4）为 0.07 美元。所投资的资金为 10.04 美元的收入减去建立持仓时产生的 0.04 美元的交易成本之后的金额，为 10.0 美元。不考虑交易成本时的利润（5）为毛利与利息收入之和，为 0.11 美元。最后再减去每股 0.06 美元的交易成本（6）后则得到净利润（7），金额为每股 0.05 美元。

表 6 – 28 中行 8 至行 10 则分析了两个价差价值的关系。在本例中，买权价差价值（8）为 5.64 美元，卖权价差价值（9）为 4.40 美元。因

专业期权交易

此两个价差价值之和（10）为 10.04 美元，这等于收入（1），同时也是盒式价差组合空头建立时所收到的净贷记额。

表 6-28 的底部为三部分分析的结论。对于盒式价差组合空头而言，买权价差贷记额和卖权价差贷记额之和等于每股净贷记额。

表 6-28　　　100-110 盒式价差组合空头定价——第三部分：
现金流、净利润和价差价值分析

1	收入 = 建立持仓时获得的净贷记额 =	10.04
2	- 成本 = 到期时支出的净借记额	-10.00
3	= 毛利	= 0.04
4	+ 利息收入 = 10.00 × (0.04 × 60/365)	+0.07
5	= 剔除交易成本前的利润	= 0.11
6	- 交易成本	-0.06
7	= 净利润	= 0.05
垂直价差价值分析		
8	100-110 买权价差的价值 = 9.10 - 3.46	= 5.64
9	100-110 卖权价差的价值 = 6.70 - 2.30	= 4.40
10	价差价值合计	= 10.04

结论：对于盒式价差组合空头而言，买权价差的贷记额与卖权价差的贷记额之和（10）等于每股净贷记额（1）。

建立盒式价差组合空头的动机

无论是借入资金完成支付还是获得资金进行投资，利息总是套利策略的关键部分。频繁交易多个股票的期权做市商会发现，他们经常在一只股票上持有转换组合持仓，而在另一只股票上持有逆转组合持仓。因此，他们可能会向自己借入或借出。毕竟，借入者需向银行支付 5% 的利率来借入资金，而投资于银行基金产品只能获得 4% 的利息。若直接使用原用于投资的资金而不是向银行借钱将节约 1% 的利息。

考虑这样一个做市商，他在对转换组合和盒式价差组合多头定价时假设借入利率为 5%，而在对逆转组合和盒式价差组合空头定价时假设借出利率为4%。进一步假设该做市商已经针对股票1建立了需要借入100万美元的转换组合持仓。问题在于："这个持仓是否影响现在的逆转组合和盒式价差组合空头定价？"答案是会影响，因为从这些持仓中所获得的资金能够减少原需要借入的资金。从理论上来说，净贷记持仓的借出利率应降低为零，因为净借款持仓的借入利率为5%。但存在一个复杂的因素——该做市商的资本要求。

　　所有持仓都包含风险，因此每笔持仓都需要提供账户权益资金来支持覆盖这些风险。例如，用保证金方式买入或卖空股票，需要等同于股票价值的50%的资金作为账户权益存款。虽然期权套利持仓的风险显著小于买入或卖出股票持仓，它们同样需要一定的资金。因此，在对净贷记额套利定价时的借出利率应为多少部分取决于资金的可获得性。当交易持仓的规模扩展到可获得资金的极限时，将不能再建立额外持仓，这可让持仓保持一个比正常水平低的利率。在其他情况下，当持仓很小而资金很充足时，使用接近零的借出利率对盒式价差组合空头和逆转组合定价是可行的。这个决定将依赖做市商的个人环境。

小结

　　从概念上说，套利利用在两个不同市场上的较小价格差异来进行交易以实现目标利润。期权套利包含买入真实股票并卖出合成股票，或相反，买入合成股票并卖出真实股票。

　　所谓转换组合策略是通过在相同股份数量的基础上由买入股票、买入卖权和卖出买权来构建的。买权和卖权具有相同的执行价格和到期日。所有期权套利策略都以转换组合的概念为基础。当买权的时间价值超过卖权的时间价值的金额足够覆盖包括借贷费用的交易成本时，转换组合能够获利。

　　逆转组合，顾名思义，是将转换组合反转。它是在相同股份数量的基础上由卖出股票、卖出卖权和买入买权来构成，并在持仓建立时形成一个净贷记额。当利息收入超过交易成本和买权时间价值减去卖权时间价值的差之和时，逆转组合能够获利。

盒式价差组合是包含四腿期权持仓的套利策略。它们包括在某个执行价格买入合成股票持仓并在另一个执行价格卖出合成股票持仓。盒式价差组合多头建立时形成一个净费用，或净借记额，而盒式价差组合空头建立时则形成一个净贷记额。

虽然做市商能够利用一个期望中的目标盈利来对套利策略进行定价，但市场中的竞争通常会影响这个盈利目标的实现。做市商常常需在接受较低利润和不进行交易之间进行选择。决定是否接受一个较低利润是做市商交易艺术的一部分。

套利策略的知识和合成定价关系能够帮助所有交易员评估交易策略并做出交易决策。在了解到卖权—买权或期权—股票之间的关系后，交易员会相信当前市场环境中的价格是公平的。

第七章　波动率

期权行业有一种说法，即波动率是被用得最多但最难理解的一个术语。从最基础的层面来说，波动率表示普遍意义上的价格运动，而非特定方向上的价格变化。一般情况下交易者关注的是价格的上升或下降，因此波动率在概念上确实容易让人感到困惑。即便如此，期权交易者仍有必要准确地理解波动率，因为它会显著地影响期权价格、交易决策和风险分析。虽然交易者在进行期权交易时无须对期权定价公式掌握得非常透彻，但还是需要掌握简单的数学关系，这将有助于交易者发现好的交易机会。

本章包含六个部分，其中三个部分讨论波动率和股价的关系，另外三个部分讨论波动率和期权价格的关系。首先，我们将从数学家的角度定义股价的波动率，但仅限于概念而非技术层面。定义了波动率之后，我们将通过比较两只股票的价格行为，引入标准差的概念。接下来的部分，我们将展示交易员如何利用波动率来估计股价的波动范围，以及股价在该范围内各区域出现的概率。随后，我们还将通过几个例子定义并说明已实现波动率以及预期波动率的概念。第四部分将讨论波动率和期权价格的关系，尤其是隐含波动率。第五部分讨论如何评估期权价格，以及高估期权和低估期权两个术语的含义与用途。最后，本章还将介绍波动率倾斜的现象。

定义波动率

波动率是用于衡量股价变化幅度的指标，不考量股价变化方向。因此，从波动率的角度来看，股价上升导致的1%波动和下降导致的1%波动是一样的。对于波动率来说，重要的是变化的百分比，而非绝对变化量，股价水平，或是变化的方向等。

专业期权交易

对于常常以方向和好坏进行思考的交易者来说,波动率的这种非方向性可能难以理解。例如,对于持牛市观点的交易员来说,股价上涨是好的,而股价下跌是不好的。持熊市观点的交易员的想法则恰恰相反。不考虑价格变化的幅度,在"正确方向上"的运动被认为是好的。常年以这种思维进行交易会妨碍交易员充分理解波动率的非方向性内涵。

波动率的第二个让人困惑的方面是,单次价格变化并不重要。只有对多个交易日的一系列价格变化进行整体评估,才能决定股票的波动率。这就像一条平均水深为 6 英寸的"浅滩"中可能有一处或两处地方水深达到 9 英寸,一只"低波动率"的股票也可能会有某交易日出现"价格巨幅变动"。类似的,一只"高波动率"的股票可能有某些交易日的股价变化很小或不变。一天的股价变动只是一个数字,波动率描述的是一系列的数字。

历史波动率

数学家通过考察股价在几天、几周、几个月的一系列变动,从中抽象出了被称为"标准差"的变化特征。对于期权交易者而言,"历史波动率"在数学上指的是一个特定时间段内每日回报的标准差。标准差指的是在观察期间的日回报与日回报均值之间的平均差异水平。请不要被该定义吓到,因为接下来的讨论将主要是概念性的,而非数学上的。

股价的观察期通常是 30 天、90 天或其他特定时段。为了让波动率的比较有意义,需要事先说明具体的观察时段。一般会用到每天的收盘价,而每日开盘、每周收盘或其他观察指标也可能用于计算。

比较两个具体的股价变化相对容易,但比较两个股价的变化序列要困难得多。例如,图 7 - 1 中包含了两只股票在 31 个交易日中的每日收盘价。两只股票的开始股价和结束股价均为 100 美元,但两者的股价走势差异较大。股票 1 的价格在 100 美元附近的狭窄区域内变动,而股票 2 先是快速下降到 94 美元,然后上升到 110 美元,之后回落到 100 美元。

现在我们关心的问题是:"股票 1 还是股票 2 的波动性更强?"先想

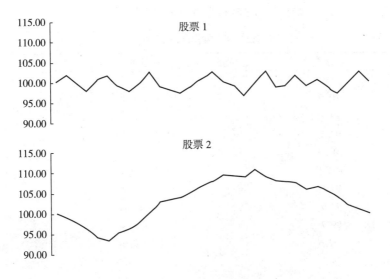

图 7 - 1　哪只股票的波动性更强?

想这个问题的答案,然后将你基于主观及视觉的评估结果与下文技术化的解答进行比较。

　　从表 7 - 1 中可以计算出股票 1 的历史波动率。左边的列"日"为每一个收盘价提供了简单的编号;在真实世界中,这个编号应该是一个日期。中间的列"收盘价"包含了图 7 - 1 中显示的 31 个收盘价。右边的列"日回报"包含了当日股价相对于前一日股价变化的百分比。

　　日回报的计算采取两个步骤。首先用当前收盘价减去前一日的收盘价,然后除以前一日的收盘价。例如,第一天的日回报 1.8% 的计算如下:第一天的收盘价 101.8 减去第 0 天的收盘价 100 得到 1.8,然后再除以第 0 天的收盘价 100,最后得到 1.8%。第 0 天没有对应的日回报,因为该日是第一个价格观察日,再向前的价格是未知的。

　　利用表 7 - 1 中右侧列中的日回报数据,可以计算出标准差。标准差是衡量一组数据偏离程度的指标。实践中,这些日数据的标准差被乘以一年中交易日数的平方根,从而转化为年化标准差。计算得到的 37.55% 显示在表格的底部。标准差的计算是电子数据表格的标准函数之一,擅长数学的用户可以便捷地开展研究。但如果你对数学不擅长,无

专业期权交易

须担心，Op – Eval Pro 可以进行波动率的计算。

表 7 – 1   股票 1：计算历史波动率

日	收盘价	日回报（第二天价格 – 第一天价格）/第一天价格
0	100	
1	101.8	1.80%
2	99.8	– 1.96%
3	98.1	– 1.70%
4	100.9	2.85%
5	102.1	1.19%
6	99.5	– 2.55%
7	97.9	– 1.61%
8	99.7	1.84%
9	102.6	2.91%
10	99.1	– 3.41%
11	98.4	– 0.71%
12	97.6	– 0.81%
13	99.1	1.54%
14	101.3	2.22%
15	102.7	1.38%
16	100.2	– 2.43%
17	99.3	– 0.90%
18	96.7	– 2.62%
19	99.7	3.10%
20	102.8	3.11%
21	98.3	– 4.38%
22	98.9	0.61%
23	101.5	2.63%
24	99.1	– 2.36%
25	100.6	1.51%
26	99.1	– 1.49%
27	96.9	– 2.22%
28	99.9	3.10%
29	102.8	2.90%
30	100	– 2.72%

注：日回报的年化标准差 = 37.55%。

第七章 波动率

尽管期权交易者无须掌握高等微积分，但还是需要掌握"波动率 37.55%"以及标准差的具体含义。通过比较图 7 - 1 中的股价走势，可以很好地解释这些概念。

历史波动率——比较 1

表 7 - 2 显示的是第一种比较方法，它列出了两只股票的每日收盘价和日回报。当你从上到下看完两个股票的"日回报"后，你首先会发现股票 1 的每个日回报的绝对值均高于股票 2。这种差异显示出股票 1 的波动率高于股票 2。表 7 - 2 的底部给出了第二个提示，股票 1 的年化标准差为 37.55%，而股票 2 为 22.11%。

结论很明显：股票 1 的波动性比股票 2 更强。也许有人会很惊奇地发现，股票 2 先连续下跌了 7 美元，然后连续回升至 18 美元，之后又下跌了 8 美元，而股票 1 始终在 5 个点的范围内交易。请记住，波动率是一项衡量每日股价变动的统计指标，而非股价变化程度的简单叠加。相比于股票 1，股票 2 具有更小的百分比变化。当讨论波动率时，"更小的百分比变化"是一项操作术语。

表 7 - 2   比较历史波动率：方法 1

天数	股票 1		股票 2	
	收盘价	日回报	收盘价	日回报
0	100.00		100.00	
1	101.8	1.80%	99.1	- 0.90%
2	99.8	- 1.96%	97.9	- 1.21%
3	98.1	- 1.70%	96.4	- 1.53%
4	100.9	2.85%	94.3	- 2.18%
5	102.1	1.19%	93.5	- 0.85%
6	99.5	- 2.55%	95.3	1.93%
7	97.9	- 1.61%	96.3	1.05%
8	99.7	1.84%	97.85	1.61%
9	102.6	2.91%	100.2	2.40%
10	99.1	- 3.41%	103	2.79%
11	98.4	- 0.71%	103.6	0.58%
12	97.6	- 0.81%	104.1	0.48%
13	99.1	1.54%	105.3	1.15%
14	101.3	2.22%	106.9	1.52%

续表

天数	股票1		股票2	
	收盘价	日回报	收盘价	日回报
15	102.7	1.38%	107.8	0.84%
16	100.2	− 2.43%	109.5	1.58%
17	99.3	− 0.90%	109.1	− 0.37%
18	96.7	− 2.62%	108.8	− 0.27%
19	99.7	3.10%	110.8	1.84%
20	102.8	3.11%	109.2	− 1.44%
21	98.3	− 4.38%	108.1	− 1.01%
22	98.9	0.61%	108	− 0.09%
23	101.5	2.63%	107.4	− 0.56%
24	99.1	− 2.36%	105.9	− 1.40%
25	100.6	1.51%	106.5	0.57%
26	99.1	− 1.49%	105.4	− 1.03%
27	96.9	− 2.22%	103.8	− 1.52%
28	99.9	3.10%	101.9	− 1.83%
29	102.8	2.90%	100.85	− 1.03%
30	100	− 2.72%	100	− 0.84%

注：日回报的年化标准差：股票 1 = 37.55%；股票 2 = 22.11%。

历史波动率——比较 2

当然，现实中很少出现某只股票每天的百分比变化都比另一只股票更大或更小的情况。表 7 − 3 显示了比较股票 1 和股票 2 波动率的另外一种方法——将百分比变化的绝对值从小到大进行排序。

表 7 − 3 比较了两只股票的 30 天价格变化的观察值。接下来讨论与概率相关的概念有助于理解进行期权交易时波动率的重要性。选取的第一个样本是两只股票日回报率最小的 20 个观察值，或者说是总体的2/3。对股票 1 来说，最小的 20 个观察值小于 2.63%，平均为 1.67%。相应的，股票 2 的最小 20 个观察值均小于 1.53% 且平均为 0.86%。上述样本的比较显示股票 1 的波动率高于股票 2。

第二个样本是两只股票日回报率最小的 29 个观察值，或者说总体的96%。股票 1 的统计指标再次高于股票 2。股票 1 的 29 个观察值的绝对值均小于 3.42%，而股票 2 的是 2.41%。股票 1 价格变化的均值是 2.08%，而股票 2 是 1.16%。从统计意义上说，股票 1 比股票 2 在观察期内的波动性更强。

表 7 – 3   比较历史波动率：方法 2

股票1			股票2		
22	0.61%		22	0.09%	
11	0.71%		18	0.27%	
12	0.81%		17	0.37%	
17	0.90%		12	0.48%	
5	1.19%		23	0.56%	
15	1.38%	68%低于2.63%，平均为1.67%	25	0.57%	68%低于1.53%，平均为0.86%
26	1.49%		11	0.58%	
25	1.51%		15	0.84%	
13	1.54%		30	0.84%	
7	1.61%		5	0.85%	
3	1.70%		1	0.90%	
1	1.80%		21	1.01%	
8	1.84%		29	1.03%	
2	1.96%		26	1.03%	
27	2.22%		7	1.05%	
14	2.22%		13	1.15%	
24	2.36%		2	1.21%	
16	2.43%		24	1.40%	
6	2.55%		20	1.44%	
18	2.62%		27	1.52%	
23	2.63%		14	1.53%	
30	2.72%		3	1.53%	
4	2.85%		16	1.58%	
29	2.90%	95%低于3.42%，平均为2.08%	8	1.61%	95%低于2.41%，平均为1.16%
9	2.91%		28	1.83%	
28	3.10%		19	1.84%	
19	3.10%		6	1.93%	
20	3.11%		4	2.18%	
10	3.41%		9	2.40%	
21	4.38%		10	2.79%	

日回报的再检视

图 7 - 2 是股票 1 和股票 2 的日回报按照时间顺序排列而成的柱状图。仅从视觉上的比较就很容易看出股票 1 的日回报更大一些。但是对于更大规模的数据而言，仅仅通过视觉观察是不切实际也是不准确的。因此，数学家们常常将日回报数据整理成图 7 - 3 的形式。

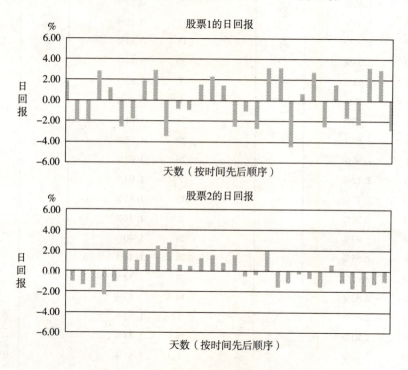

图 7 - 2　日回报以时间顺序排列的柱状图

图 7 - 3 中的两个柱状图分别显示股票 1 和股票 2 的日回报落在某一范围内的概率。例如，股票 2 的最高的柱表示约 20% 的观察值非常靠近 0 回报。两幅图中，概率最高的回报区间都接近于 0，但两者分布差异较大。股票 1 日回报数据分布的峰值低于股票 2，但分布的形式要更宽更扁平。更宽更扁平的分布形式意味着股票 1 的日回报偏离均值的概率更

大，这在预期之中，因为它的波动性更强。如果从各个柱子的顶端画一条线连在一起，这条线将是一条不完美的钟形曲线。对数学家来说，钟形曲线的形状描述了股票的波动率：曲线越宽，波动率越高；曲线越窄，波动率越低。

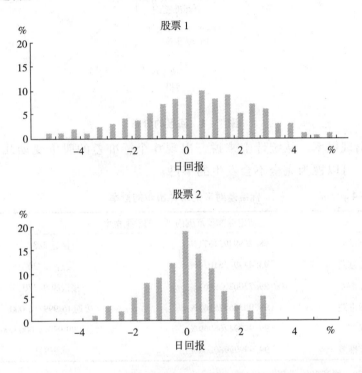

图 7-3　日回报的频率

　　图 7-4 是正态分布的标准图形。正态分布意味着分布的左半部分和右半部分的形状完全相同。当日回报为正态分布时，就可以推断出特定回报在未来出现的概率。因此，如果回报为正态分布，有 68% 的概率将会落在均值的 1 个标准差之内，95% 的概率落在 2 个标准差之内，99% 的概率落在 3 个标准差之内。

　　图 7-4 中底部中间的短粗线表示分布的均值，曲线内的文字解释了回报如何围绕均值分布在 1 个、2 个或 3 个标准差之内。

　　表 7-4 解释了图 7-4 中的概念，显示了落在最多 6 个标准差内的

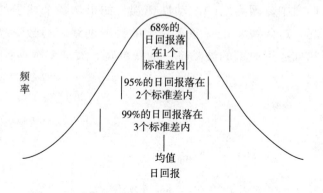

图7-4　回报的分布

事件的出现概率。从统计上来说，出现 6 个标准差的股价变动几乎是不可能的，可以视为完全不会发生的事件。

表7-4　　　　　　　　　　　标准差对应的事件出现的概率

在特定标准差范围内事件的发生概率		
1 个标准差	68. 26894921371%	接近 2/3
2 个标准差	95. 44997361036%	接近 19/20
3 个标准差	99. 73002039367%	接近 369/370
4 个标准差	99. 99366575163%	接近 15 999/16 000
5 个标准差	99. 99994266969%	接近 999 999/1 000 000
6 个标准差	99. 99999980268%	你懂的！

资料来源：维基百科（Wikipedia）。

历史波动率概述

历史波动率是衡量过去一段时间股价变动的指标。虽然多数情况股价变化可能很小，但较大的股价变化仍可能发生。股价变化的分布可以通过数学图形表示出来，是一条钟形或者说正态的曲线。曲线越窄且顶点越高意味着波动率越低，而曲线越宽且顶点越低意味着波动率越高。

已实现波动率

已实现波动率是衡量现在到未来某天之间股价波动的指标。如果某人能观察到现在到未来特定日的股价，并利用这些价格计算历史波动率，计算所得的结果就是已实现波动率。已实现波动率又称为未来波动率，因为它在现在是未知的。

"波动率为30%"的含义

期权的波动率以百分比形式的年化标准差表述。利用表 7－4 中的百分数可以得出，若一只股票的波动率为 30%，那么从现在开始 1 年后的股价有 68% 的概率落在今天股价之下 30% 和之上 30% 的范围内。同时，有 95% 的概率落在今日股价之下的 60% 和之上 60% 的范围内（两个标准差）。有 99% 的概率落在今日股价之下的 90% 和之上 90% 的范围内（三个标准差）。

波动率的无方向性

请务必牢记，波动率只是给出了可能变化的范围，但并不包含变化方向的信息。因此，波动率无法帮助交易者预测市场变化的方向。尽管如此，假如交易者已经有了方向的预测，波动率则有助于预估利润目标。

例如，一个强烈看多的交易者可能会预测 2 个标准差的股价上涨。对于现价为 100 美元，波动率为 30% 的股票来说，2 个标准差的股价变动隐含的意义是股价将在未来 1 年的某个时候达到 160 美元（100 加上 60，或者说 2 个标准差）。该预测中的"看多"和"2 个标准差的预期股价变化"都是该交易者基于自身经验和对市场解读而得到的主观假设，而非来自市场的客观结果。但上述 160 美元的价格目标，则是一个基于当前股价和波动率得到的客观计算结果。由于作出 1 年期的预测一般不可行，一个简单且有用的做法是将年化的预期价格变动区间转化到更短的期限上。

将年化波动率转化到不同时间段

股价变动区间的年化标准差可以通过表 7-5 中的公式转化成任何时间段上的标准差。公式为：年化波动率×时间的平方根。该公式可用于估计股价的变化区间以及落在该区间内的概率。

表 7-5　　　　　　　　　　**将年化波动率转化到不同时间段**

公式：

年化波动率×时间的平方根 = 该时段对应的标准差

年化波动率× $\sqrt{存续天数/一年中的天数}$ = 到期前特定天数的波动率，其中波动率为回报的标准差

假设波动率 35%

一年的标准差为：$0.35 \times \sqrt{365/365} = 0.350$

对于股价为 78.50 的股票，一年的标准差为 ±27.47（78.50×0.35）

四周的标准差为：$0.35 \times \sqrt{28/365} = 0.097$

对于股价为 78.50 的股票，四周的标准差为 ±7.61（78.50×0.097）

一周的标准差为：$0.35 \times \sqrt{7/365} = 0.048$

对于股价为 78.50 的股票，一周的标准差为 ±3.77（78.50×0.048）

一天的标准差为：$0.35 \times \sqrt{1/365} = 0.018$

对于股价为 78.50 的股票，　天的标准差为 ±1.41（78.50×0.018）

表 7-5 假设股价为 78.5 美元，波动率为 35%，并计算了 1 年、4 周、1 周、1 天所对应的 1 个标准差的股价变动区间。以 4 周为例：一个标准差对应 ±7.61，由此预期股价将在期末收于 70.89 至 86.11 之间，这种情况大约每三个月中就有两个月会出现（即 68% 的概率）。而股价落在上述区间之外，但仍然在 63.62 到 83.74（2 个标准差）之内的情况，每三个月就有一次会出现。而极少的情况下，每 20 个月中有 1 次出现收盘价落在当前价的 2 个标准差和 3 个标准差之间。

用 Op-Eval Pro 计算分布

为了更简便地获取标准差，Op-Eval Pro 可以在分布界面进行转化

计算。输入股价、波动率以及交易日数，Op – Eval 就会计算出给定的交易日数、2 倍交易日数、3 倍交易日数、4 倍交易日数所对应的 1 个标准差的股价变化区间。

图 7 – 5 为 Op – Eval Pro 对于 4 周的计算结果，该结果与表 7 – 5 一致。股价为 78. 5，波动率为 35%，时间为 28 天。Op – Eval Pro 计算出 1 个标准差的股价变化区间为 70. 89 到 86. 11。这些价格分别是当前股价 78. 5 之上和之下 7. 61 所对应的价格。图 7 – 5 和表 7 – 5 中 1 美分的差异是因为舍入误差。

分布界面显示的额外价格区间分别对应 2 倍时段、3 倍时段和 4 倍时段。这些时间段有助于交易者在更长的时间上进行估计。对于希望评估一个四周期权及其隐含的股价波动区间的交易者而言，通过分布界面显示的信息可以快速简单地将其与 8 周、12 周、16 周期权进行比较。

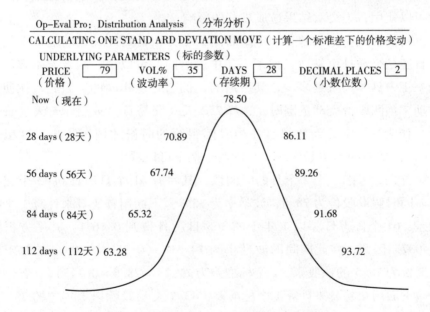

图 7 – 5 Op – Eval Pro 显示的分布界面

考虑某看多股票 XYZ 的交易者，当前股价为 78. 50。同时假设该交易者希望比较一个当前交易价格为 2. 5 的"四周 XYZ80 买权"和一个当前交易价格为 3. 85 的"八周 XYZ80 买权"。如果该交易者相信 XYZ 将在交易期间保持35%的波动率，图7-5显示出1个标准差的股价变化区间分别对应于4周为±7.61，对应于8周为±10.76。该交易者可以根据个人判断，来决定8周买权所提供额外的时间和更大的股价波动区间是否值得付出额外的1.35成本。无论如何，该隐含的股价变化区间已经提供了额外和有用的信息。

日历日与交易日

表7-5的公式中的"日历日"经常引起争议。相关的问题在于"究竟应该在公式中使用日历日或是交易日？"支持交易日的观点认为波动率即股价的变化，只在交易日才发生。而相反观点认为，日历日可以更好地反映到期前的准确时间。这个问题的答案是：多数情况下，两者均可以使用，不会对结果造成显著的影响。

转换公式中用到的是一年中时间的平方根，因此关键问题是究竟日历日还是交易日更好地近似了一年中的时间。可以说，两者差不多。无论一年中具体天数是多少，其所占的比例始终是相同的。因此，在使用波动率预测股价变动范围时，选择252天（交易日）或是365天（日历日）作为一年中的天数只有在当时间很短的时候才值得一提。这里的"很短"的时间是多长？从下面的两个例子可以看出。

首先，考虑一个2个月的时间段，其间有61个日历日和43个交易日。同时假设股价为78.5，波动率为35%。下面用日历日来计算1个标准差：61个日历日除以1年中的365日历日得到0.1671，其平方根为0.4087。因此，在此期间的波动率为14.3%（0.35×0.4087）。对于当前股价为78.5的该股票，1个标准差为11.23（78.5×0.143）。

下面用交易日来计算1个标准差：43个交易日除以1年中的252个交易日得到0.1706，其平方根为0.4130。因此，在此期间的波动率为14.5%（0.35×0.4130）。对于当前股价为78.5的该股票，1个标准差为11.38（78.5×0.145）。

日历日和交易日的结果差异为15美分。对于78.5的股价和2个月来说，该差异并不显著。

其次，考虑一个 3 天的时间段，并再次假设股价为 78.5，波动率为 35%。利用日历日，3 个日历日除以 1 年中的 365 个日历日得到 0.0082，其平方根为 0.0906。因此，在此期间的波动率为 3.2%（0.35 × 0.0906）。对于当前股价为 78.5 的该股票，1 个标准差为 2.51（78.5 × 0.032）。

利用交易日，3 个交易日除以 1 年中的 252 个交易日得到 0.0119，其平方根为 0.1091。因此，在此期间的波动率为 3.8%（0.35 × 0.1091）。对于当前股价为 78.5 的该股票，1 个标准差为 2.98（78.5 × 0.038）。

日历日和交易日的结果差异为 47 美分（2.51 与 2.98）。接近 17% 的差异，比较显著。

对于交易者来说，使用日历日和交易日的结果出现多大的差异才值得关注呢？对于一个 2 个月的时间段，在 78.5 的股价下，多数交易者都不会在意这 15 美分的差异。而对于一个 3 天的时间段，47 美分的差异是否显著，主要取决于交易员使用 3 天策略的频率。此外，问题的答案还部分取决于是否能取得必要的信息。多数交易者可以容易获得到期前的日历日数，因为经纪商通常会提供。而交易日数的获得和计算则困难得多。因此许多交易者选择日历日来将年化波动率转化到较短时间段，因为这样做更容易，且差异不大。

现在我们将把焦点从股价的波动率转移到期权价格反映的波动率。请牢记第二章提到的，波动率是影响期权价格的 6 个因素之一。

隐含波动率

隐含波动率是使得市场上交易的期权价格成为合理价格的波动率。换句话说，它是使期权的市场价格和其理论价格相等的波动率。下面的例子很好地解释了该概念。

假设 Gary 使用 Op - Eval Pro 来估计一个 "XYZ 三月 70 买权" 的理

论价格。图 7-6 显示了 Op-Eval Pro 中的单一期权计算器界面，以及 Gary 的输入：当前股价 68，执行价格 70，无股息，利率 4%，以及存续期 75 天。Gary 选择的波动率是 26%，因为这是最近 30 天每日收盘价计算出的历史波动率（从 www.cboe.com 和 www.ivolatility.com 可以得到相关数据）。根据 Gary 输入的参数，Op-Eval Pro 计算出"XYZ 三月 70 买权"的理论价值为 2.57。

这时 Gary 查看了该期权合约当前市场的价格，发现"XYZ 三月 70 买权"的交易价格竟然为 3.4！这是为什么？难道 Gary 算错了？或者是市场的假设与 Gary 的假设不一样？比方说，市场假设了不同的股价？不，股价是已知的，为 68 美元。是由于不同的执行价格或存续期？不，这些都是合约条款的一部分，是已知的。是由于不同的利率或股息率？利率和股息率的差异确实可能对期权价值造成几分钱的影响，但不会有 82 美分这么多。因此，这个答案也不对。

EQUITY (股票) EUROPEAN (欧式)		CALL (买权)	PUT (卖权)
STOCK PRICE (股票价格)	68.00	VALUE (价值) 2.57	3.99
STRIKE PRICE (执行价格)	70.00	DELTA 0.45	-0.55
VOLATILITY % (波动率)	26.00	GAMMA 0.05	0.05
INTEREST RATE % (利率)	4.00	VEGA 0.12	0.12
DIV YIELD % (股息)	0.00	7-THETA -0.17	-0.12
DAYS TO EX-DIV (除息剩余期限)	0.00	RHO 0.06	-0.08
DAYS TO EXPIRY (存续期)	75.00	Decimal Places (小数位数)	2

图 7-6 Gary 对"三月 70 买权"的估值

因此，什么是造成 Gary 计算出 2.58 和市价 3.40 之间差异的原因呢？唯一剩下的因素就是波动率。一定是市场认可的波动率和 Gary 采取的波动率不同。图 7-7 显示在单一期权计算器界面的"买权"单元格中输入 3.40 时的情况。当按下"Enter"键后，Op-Eval Pro 再次计算出波动率为 32.84%。这是使得该"三月 70 买权"的市场价格成为合理价格的波动率,也就是该买权的隐含波动率。本章和未来章节中的后续案例将会显示隐含波动率在期权价格比较、策略效果评估、买卖价格确定、期权相对价值判断等诸多方面的用途。

EQUITY (股票) EUROPEAN (欧式)				CALL (买权)	PUT (卖权)
STOCK PRICE (股票价格)		68.00	VALUE (价值)	3.40	4.83
STRIKE PRICE (执行价格)		70.00	DELTA	0.47	-0.53
VOLATILITY % (波动率)		32.84	GAMMA	0.04	0.04
INTEREST RATE % (利率)		4.00	VEGA	0.12	0.12
DIV YIELD % (股息)		0.00	7-THETA	-0.21	-0.16
DAYS TO EX-DIV (除息剩余期限)		0.00	RHO	0.06	-0.08
DAYS TO EXPIRY (存续期)		75.00	Decimal Places (小数位数)		2

图 7-7 "三月 70 买权"的隐含波动率

供求的角色

供求的力量决定了期权的价格,就像它在自由市场中决定所有的价格一样。但不同的市场有不同的价格评判标准,例如,在股市中,市盈率被广泛用于判断一只股票的价值。

如果 A 公司的股票为每股 80 美元且市盈率为 10,B 公司的股票为每股 35 美元且市盈率为 15,我们会说 A 公司的股票比 B 公司的股票更便宜。上文中的术语"便宜"意味着该股票的市盈率更低,而非每股的绝对价格更低。市盈率使得比较不同市场规模、流通股数、股票价格的公司成为可能。账面价值、市销率和净资产负债率也是股票分析师常用的其他"共同因素"。

市盈率是股价的函数,是由市场决定的。由于每股的盈利由审计师负责审计并对市场公开,市盈率由股价单独决定,而股价又由市场供求

专业期权交易

决定，因此供求决定了市盈率。换句话说，市盈率是市场决定因素。

在期权市场里，隐含波动率是期权价格的市场决定因素，它使得期权之间的比较成为可能。期权定价公式中的五个输入因素是已知的：股价、执行价格、存续期、利率、股息率。而现在和到期日间的波动率是未知的。但当期权价格给定时，交易者可以使用定价公式反过来计算出一个使得市场价格和理论价值相同的波动率。这个波动率就是期权的隐含波动率。换句话说，使该期权的市场价格与计算出的理论价值一致的波动率就是隐含波动率。在 Gary 的"XYZ 70 买权"中，32.84% 的波动率可以让公式计算出的理论价值等于期权市场价格。

如同市盈率作为股市的一个价格评判标准，让股价的比较成为可能一样，隐含波动率也可用于比较期权的价格。如果 A 公司股票的期权以38% 的隐含波动率进行交易，而 B 公司股票的期权以 25% 的隐含波动率进行交易，就可以说市场认为 A 公司的股票比 B 公司股票波动性更强。当然，没有任何人能保证从现在到期权到期日之间的股价走势——已实现波动率——确实会如此，但可以确信的是，在今天，这样的估值反映了市场的观点。

隐含波动率变化

隐含波动率除了让不同股票的比较成为可能，还能比较单只股票在不同时期的不同波动状况。例如，我们通常说 Gary 的"XYZ 三月 70 买权"以 32.84% 的隐含波动率进行交易。该买权在之前一段时间可能以更高或更低的隐含波动率进行交易。如果其他因素相同，一个以较低隐含波动率进行交易的期权有利于买入，而一个以较高隐含波动率进行交易的期权有利于卖出。但是其他因素都相同的情况很难发生！因此，隐含波动率的高低无法单独决定你是否买卖一只期权。即便如此，隐含波动率仍是交易者在主观决策过程中需要用到的重要信息之一。

历史波动率和隐含波动率的共同变化

股价在不同阶段的历史波动率时高时低。导致这种变化的原因可能是与该公司相关的特定事件，如新产品开发、发布盈利信息、管理层变动，或是常规市场事件。尽管如此，期权交易者还是需要关注股票当前的波动率以便作出合理的预测。如果股价在过去 2 年中从未出现过单月内涨跌 10 美元的情况，那么本月内也不太可能出现类似涨跌幅。而如果股价变化 10 美元的情况经常出现，那么预期本月会出现这种股价变化是很合理的。

隐含波动率也会因为公司相关事件和常规市场事件出现涨跌走势。如同交易者需要注意股价波动率一样，他们还需要追踪隐含波动率走势。

图 7 - 8 显示了一只众所周知的大市值股票的历史波动率和隐含波动率在 12 个月中的变化。图形相关信息由 I - Volatility 提供，所有在交易所挂牌交易股票的类似信息都可以在 www. ivolatility. com 和 www. cboe. com 上找到。

图 7 - 8 中上半部分是股价在 2007 年 4 月至 2008 年 3 月间的走势曲线，下半部分是历史波动率和隐含波动率的走势曲线。传统观点认为股价下跌时波动率上升。但图 7 - 8 证明传统观点并不总是对的。

从 2007 年 4 月初到 7 月末，图 7 - 8 中期权的隐含波动率从不到 20% 上升到接近 25%，同时股价也从 95 左右上升到 115 之上。当股价在 8 月初从 117 跌至 110 之下时，隐含波动率大幅上升，而当股价在 10 月到 11 月间从 115 跌至 100 附近时，隐含波动率再创新高。因此，交易者应该仔细分析隐含波动率的变化而非单纯依靠传统观点。

回顾和保险的相似性

关于隐含波动率变化的一个解释是基于第三章中期权和保险的相似性。从相似性来说，波动率类似于保险中的风险因子。风险水平是决定保险金高低的一个部分。

例如，如果保险公司的理赔记录显示 100 间房屋中有 1 间会发生火灾，那么在理论上，火灾保险金应该是房屋价值的 1% 加上利润。而如果保险公司预期未来房屋发生火灾的比例会增加，它就会提高保险金。类似的，如果该公司意识到火灾将会造成较小的损失，可能是由于烟火

资料来源：ivolatility. com。

图 7 - 8　股价和波动率变化

报警器或建筑技术改进，那么保险金将被降低。

　　尽管如此，保险公司生存在一个竞争环境之中，保险金的设定需要满足竞争的需要。在某些市场环境中，保险金的水平将会比保险公司计算的理论水平更高。这样的环境中，市场预期的风险要高于保险公司计算出的历史风险水平。而在其他一些环境中，保险金的水平低于保险公司计算的理论水平。这样的环境中，市场预期的风险低于历史水平。

　　历史波动率就像保险公司实际理赔经验的记录。预期波动率则像是特定保险公司对未来理赔的预期。

第七章　波动率

虽然当市场风险预期高于历史理赔水平时总让人产生卖保险的冲动，但请务必牢记市场通常是非常有效的。价格常常在多数人没有理解原因的时候就上涨了，这是因为市场意识到很多个体没有意识到的东西。关于市场的意识最典型的例子是油价从 2006 年上涨到 2008 年的超过每桶140 美元。早期，当油价达到每桶 40～50 美元的历史高点时，一些石油分析员会说"油价高于 40 美元是暂时现象"，随后是"油价高于 50 美元是没有基本面支撑的"，之后是"油价高于 70 美元是不可持续的"。回头再看，市场已经清楚地预见了供求关系的改变，而很多个体却没有。

对期权来说，隐含波动率水平是市场对于未来波动率的一致预期。经常出现的是，市场已经感知到股价波动率的上升或下跌，而很多活跃于市场中的个体却没有看到。专业交易者绝不要忘记这一事实，他们需要经常问问下面的问题：市场正在——通过隐含波动率——表达关于未来波动率的什么观点？有什么是市场看到而我没看到的？如果市场看到的被证实是正确的，而我所想的被证实是错误的，我该如何保护自己。

隐含波动率的日内改变

隐含波动率不但在数周和数月间变化，表 7－6 显示出隐含波动率会在日内发生变化。列 1 显示的是日内的时间，列 2 是股价。股价在最低点 76.25 和最高点 77.95 间波动。列 3－4 是 80 买权的买卖报价，列 5－6 是买卖报价对应的隐含波动率。

例如，在上午 9:30 市场开盘时，股价是 76.25，80 买权的买价是2.6 元，卖价是 2.8 元。买卖报价的隐含波动率分别是 31% 和 32.6%。但就此而言，该信息价值不大。但考虑 12:30 的情形，这时股价上升到77.95，买卖报价对应的隐含波动率分别上升到 33.8% 和 35.4%。随后考虑下午 4 点的情形，这时股价下降到 77.40，买卖报价的隐含波动率分别下降到 31.1% 和 32.7%。

一个只关注每天开盘和收盘时隐含波动率水平的交易者所看到的变化很小。只有全天观察市场的交易者可以看到隐含波动率接近 3% 的涨跌。当然，表7-6显示的只是一种隐含波动率的走势，而它就像股票一样，可能有很多种变动方式。

表7-6 日内隐含波动率

列1	列2	列3	列4	列5	列6
时间	股价	80 买权的 买入价格	80 买权的 卖出价格	买价对应的 隐含波动率	卖价对应的 隐含波动率
09：30	76.25	2.6	2.8	31.00%	32.60%
10：00	76.5	2.7	2.9	31.00%	32.60%
10：30	76.4	2.65	2.85	31.00%	32.60%
11：00	76.5	2.7	2.9	31.00%	32.60%
11：30	76.7	2.9	3.1	31.90%	33.50%
12：00	77.25	3.2	3.4	32.40%	34.00%
12：30	77.95	3.7	3.9	33.80%	35.40%
01：00	77.6	3.4	3.6	32.80%	34.30%
01：30	77.4	3.2	3.4	31.90%	33.50%
02：00	77.75	3.4	3.6	32.20%	33.80%
03：00	77.6	3.3	3.5	32.00%	33.60%
03：30	77.55	3.2	3.4	31.40%	33.00%
04：00	77.4	3.1	3.31	31.10%	32.70%

假设：存续天数为63天；利率为4%；股息率为0。

就像预测股价一样，预测隐含波动率的变化是一种艺术，而非科学。期权交易者需要考虑隐含波动率可能出现的变化，以及这些变化对他们的持仓所造成的影响。这些将在第十章中进行进一步的讨论。

预期波动率

预期波动率是一个使用时不太严谨的术语，描述了交易者对已实现波动率或隐含波动率的预测。例如，经过一段时间股价的低历史波动率，某交易者可能会预测从现在到存续期末将出现波动率的上升。该预测将驱使交易员开展做多波动率的 Delta 中性交易，就像第八章解释的那样。这种情况下，预期波动率就是对股价在未来的已实现波动率的预测。

另外一种情况是，如果交易者通过分析市场近况，发现期权价格反映出的隐含波动率较低（或较高），因此预测其将上升（或下降）。该预测将驱使交易员买入买权（或卖权）而不是卖出卖权（或买权）。就像第三章讨论的那样，期权交易者需要进行包括目标股价、时间以及隐含波动率水平在内的三步预测。这种情况下，预期波动率就是交易者对未来隐含波动率水平的预测。预测波动率（Forecast Volatility）是预期波动率（Expected Volatility）的另外一种称谓。

波动率的众多称谓

期权行业的用语很多时候并不严谨，有时甚至相互矛盾。不同的交易员以不同方式使用相同的词汇。以下是与波动率相关的一些术语的简单介绍。过往波动率（Past Volatility）和历史波动率是一回事。期权波动率（Option Volatility），或者说某期权的波动率（an option's volatility），指的是隐含波动率。未来波动率（Future Volatility）是已实现波动率的另外一个名称。预期波动率（Expected Volatility）是对已实现波动率或隐含波动率的预期，预测波动率（Forecast Volatility 或 Predicted Volatility）是预期波动率的其他名称。

与过去股价行为相关的是历史波动率。当交易者在期权定价计算器中输入波动率数字时，那就是预期波动率。而在今天和未来某天之间的股价波动形成了已实现波动率。

波动率的使用

交易者可以使用波动率及相关的股价分布范围的概念制订交易计划并选择执行价格。波动率本身并不能预测具体哪天股价将出现小的或是大的变动，但对于愿意将主观判断付诸实践的交易者来说，可以通过它来研究股票价格的变动行为，并培养市场感觉，判断股价变动大小及持续时间长短。由此，该交易者可以基于他们对股票和市场影响事件的经验来判断股价的变化，进而选择合适的策略。当然，这种主观判断也存在风险，如果预测是错误的，就会造成损失。

上述做法的一个变形将有助于加深交易者对波动率的认识。交易者的策略是，卖出执行价格在当前股价至少 1 个标准差之外的期权。例如，假设股价为 78.50，波动率为 35%，如表 7-5 和图 7-5。股价的 1 个标准差对应于 7.61，执行价格 70 低于 78.50 的幅度超过 1 个标准差。依据波动率的相关法则，卖出该执行价格为 70 的卖权，有 68% 的概率该期权将在到期时一钱不值，届时卖出者可以从中获利。

请务必记住，统计意义上的获利概率并不保证一定能够获利。即使在数年内，每三个月中就有两个月这种期权在到期时一钱不值，但在交易者卖出它的特定月份里，它可能不会以虚值到期。同时，即便某一个月里该期权在到期时处于虚值而一钱不值，股价变化可能导致它在到期前某个时点处于实值状态。这类股价行为可以让交易者不得不平仓止损，即便最终期权到期时一钱不值。对于有经验的期权交易者来说，这类让人备受折磨的事件不时就会发生。

"高估" 和 "低估"

对波动率的讨论不免涉及到期权价格和理论价值的关系。许多交易者努力去买入低于理论价值的期权，也被称为低估期权。类似地，他们尽力去卖出高估期权。

俗话所说的"低买高卖"，也就是买入低估期权并卖出高估期权，可能只是虚无缥缈的事。完全理解高估和低估的含义必然要涉及到一个问题，即如何达到"低买高卖"的目标。

正如第三章讨论的那样，期权的价值取决于六个因素，其中一个是在当前时点至到期日间的波动率，也就是已实现波动率。但已实现波动率是未知的。因此，真实的理论价值是未知的。常说的理论价值只是对价值的预期，这是通过将波动率等其他六个因素作为输入变量，代入具体的定价模型中计算得出的。而这其中所使用的波动率是一个预期波动率。

现在考虑期权为何会高估。高估的期权的市场价格高于理论价值。两个价格之间的差距在于波动率假设。期权市场价格相关的波动率是隐含波动率，而期权理论价值相关的波动率是期望波动率。因此，市场价格和理论价值之间的差异来源于隐含波动率和预期波动率的差异。对于高估期权来说，隐含波动率高于预期波动率。

低估期权的内在逻辑也是如此。低估期权的市场价格低于其理论价值。对低估期权来说，隐含波动率低于预期波动率。

隐含波动率的计算是客观的，它使用的是已知变量，包括股价、执行价格、存续期、利率、股息率，以及期权的市场价格。而理论价值是主观的，因为它使用的是预期波动率，一个未知变量。由此，高估或低估也是主观的。交易者 A 和交易者 B 会对一只期权的隐含波动率达成一致，但如果他们对波动率的预期不同，那么他们对期权是否高估或低估不会一致。

其他关注点

与其关注期权是否高估或低估，交易者还不如把时间放在提高三个因素预测的精度上——股价、时间和隐含波动率水平，这样会更有成效。

波动率倾斜

波动率倾斜是一种市场状况，指的是具有相同标的和相同存续期但不同执行价格的期权，其交易价格反映的隐含波动率并不相同。这在股指期权和期货期权中很常见，而个股期权中比较少见。

表 7 - 7 包含了 13 档执行价格对应的买权和卖权的价格，以及隐含波动率。标的证券是 XSP 指数以及 mini - XSP 指数，都是基于标普 500

专业期权交易

股票指数。数据收集如下，XSP 指数是 132.00，股息率是 1.9%，利率是 3.5%，剩余存续期是 25 天。如表所示，对于执行价格为 132 的平值买权，其隐含波动率是 20.83%，当执行价格上升或下降时，期权的隐含波动率均呈上升态势。例如，执行价格 130 的买权和卖权的隐含波动率为 21.75%。

表 7 - 7　　　　　　　　　　　　　波动率倾斜

买权价	执行价格	卖权价	隐含波动率（%）
12.60	120	0.27	26.25
10.75	122	0.44	25.24
9.00	124	0.67	24.49
7.30	126	0.95	23.52
5.75	128	1.40	22.89
4.30	130	1.95	21.75
3.05	132 A - T - M	2.70	20.83
2.25	134	3.90	21.77
1.45	136	5.05	20.80
0.95	138	6.55	20.90
0.66	140	8.25	21.70
0.44	142	10.05	22.40
0.05	144	11.95	24.10

假设：XSP 指数为 132.00；存续期为 25 天；股息率为 1.2%。

注：所示的期权价格为买卖中间价。

图 7 - 9 描绘了表 7 - 7 中的信息。注意到高于 132 的曲线和低于 132 的曲线并不对称，且均非直线。还需注意的是，上述信息只是来自于某天的某个时点。虽然表 7 - 7 和图 7 - 9 描述了指数期权市场的波动率倾斜状况，但在动态的市场中，隐含波动率的整体水平和倾斜度可能随时都会发生变化。期权交易者需要留意潜在的市场状况并做好相应准备。

为什么倾斜会存在

波动率倾斜的存在并没有理论上的原因。但一种实践上的解释是，

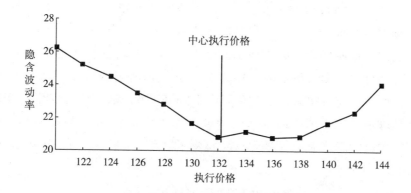

图 7-9　波动率倾斜的图形演示

因为期权价格由买卖决定，不同的买卖力量以不同方式影响了不同执行价格上的期权。期权和保险相似，而执行价格和免赔额相似。因此，就像在保险行业一样，不同执行价格期权提供的不同保障程度，保障程度供给与需求的变化导致了波动率倾斜。

例如，由于市场对便宜的保险——即绝对价格较低的保险——的需求更强烈，低价保险的卖家可以要求更高的保险金。对于期权，满足类似需求会使得隐含波动率更高，但绝对价格并非如此。

倾斜会影响交易结果

交易者在进行预测时需要考虑波动率倾斜的存在。例如，如果某执行价格为 O 的虚值期权以高于执行价格 A 的平值期权的隐含波动率进行交易，那么当标的价格从执行价格 A 变动到执行价格 O 时，执行价格 O 的买权和卖权（这时还不是平值）的隐含波动率将趋于下降，而执行价格 A 的买权和卖权的隐含波动率（这时已经是虚值）将趋于上升。

现在考虑 Barb，一位有经验的 XSP 期权交易者，在预测时面临的问题。假设 XSP 当前水平为 132，期权价格和市况如表 7-7 所示，Barb 需要首先进行三因素预测，包括 XSP 的价格水平、时间和她考虑买入时的隐含波动率。

因为看空市场且预测 XSP 将会在 10 天内从 132 下跌到 126 或更低，

专业期权交易

Barb 考虑买入执行价格 126 且于 25 天到期的 XSP 卖权。Barb 还相信隐含波动率将会保持不变。但她的波动率预测面临一个问题。

当波动率倾斜存在时，所谓的"隐含波动率将保持不变"意味着什么？在估计 126 卖权价值时，Barb 需要使用何种隐含波动率水平？如果 XSP 正如 Barb 预测的那样在 10 天内下降到 126，该 126 卖权将会变动 6 个点从虚值变成平值。而如果隐含波动率不变，且倾斜状况不变，那么该 126 卖权的隐含波动率将从 23.52% 下降到 20.83%。表 7－8 显示了该变化的影响。

表 7－8   **Barb 对于波动率倾斜影响的分析**

	列 1	列 2	列 3
	初始输入	指数和天数变化，波动率不变	指数、天数、波动率变化
输入			
指数水平	132	→ 126.00	
执行价格	126	→	
股息率	1.9%	→	
波动率	23.52%	→ 23.52%	→ 20.83%
利率	4%	→	
存续天数	25	→ 15	15
输出			
126 卖权价格	0.95	→ 2.30	→ 2.00
预期利润	－	+ 1.35	+ 1.05

列 1 是开始时的市场状况：指数水平为 132，存续期为 25 天，隐含波动率为 23.52%，执行价格 126 的卖权价格为 0.95。列 2 估计的 126 卖权的价格为 2.30，假设指数水平为 126，存续期为 15 天，126 卖权的隐含波动率保持不变，即仍为 23.52%。列 3 估计的 126 卖权的价格为 2.00，假设条件和列 2 相同，但隐含波动率下降到 20.83%。这种差异意味着，如果 Barb 以 0.95 买入该卖权，那么她每份期权的收益将是 1.05 而非 1.35。这种差异是否足以让 Barb 放弃该交易，这只是她需要做的一个主观决策。而且，即使 Barb 对她的指数和时间的预测有信心，波动率的倾斜也可能对她的决策造成影响。

从本例中得到的结论是，如果其他因素保持不变，隐含波动率倾斜的存在也是虚值期权买家的一个不利因素。当然，其他因素很少保持不变。隐含波动率的水平可能改变，波动率倾斜曲线的斜率也可能改变。这些市场条件的一些或全部的改变可能导致特定的期权投资策略产生有利或不利的结果。所以，期权交易者必须要考虑隐含波动率的整体水平以及波动率倾斜。

小结

波动率是不考虑变化方向，用来衡量价格变化的指标。数学家、期权交易者和市场看待波动率的角度各不相同。在数学上，波动率是日回报的年化标准差。一个具体的波动率，如35%，所对应的年化标准差，可以通过乘以时间的平方根而转化到其他时间段之上。

波动率有多种称谓。历史波动率是衡量过去特定时间段上股价波动的指标。预期波动率是交易者对未来波动率状况的预测，被用来计算理论价值。已实现波动率是对从现在时点到未来某时点之间的实际股价波动的衡量指标，是未知的。隐含波动率则是使得期权市场价格与理论价值一致的波动率。

隐含波动率是期权定价中的常用因素。就像市盈率使得具有不同的总收入、总发行股数的公司股价具备了可比性，隐含波动率可以用来方便的比较不同标的股票对应的期权，以及比较不同时段上的同一个期权。

期权的理论价值只是一个统计概念。交易者应当关注相对价值，而非绝对价值。术语"高估"和"低估"描绘了隐含波动率和预期波动率的关系。两个交易者如果在市场预测和交易风格上存在不同，他们可能对相同期权的相对价值有不同看法。

波动率倾斜是拥有相同标的、相同存续期和不同执行价格的期权以不同隐含波动率进行交易的一种市场现象。由于期权的价格就像自由市场的其他价格一样，由供给和需求的力量所决定，因此波动率倾斜的存在也是由不同的供求关系所导致的。

第八章　Delta 中性交易：理论和实践

Delta 中性交易（Delta – neutral trading）是一种非方向性交易技术，其利润、损失或盈亏平衡来自标的股票的价格波动和期权价格的时间价值衰减之间的关系。用期权的语言来说，这个关系就是隐含波动率与已实现波动率的差异。正如本章将介绍的，专业做市商和专业投机者对使用这种交易技术具有非常不同的目的。

本章开始的部分将介绍 Delta 中性持仓的定义和一些例子。随后将用两个较详细的例子来对 Delta 中性交易理论进行解释，一个是买入期权的例子，另一个是卖出期权的例子。在解释了该理论之后，另外两个例子将显示真实 Delta 中性交易与理论有哪些不同以及原因。接下来本章将介绍进行 Delta 中性交易的专业做市商和专业投机者的不同目的。最后，本章将讨论做市商和投机者的盈利潜力和所承担的风险，以及他们各自必须做出的决定。

Delta 中性的定义

Delta 中性持仓是一个组合净 Delta 为零或近似为零的多腿持仓。该持仓可以为买权、卖权与股票的多头和空头的任意组合。表 8 – 1 至表 8 –4说明了基本的两腿 Delta 中性持仓。表 8 – 5 则为一个三腿持仓的例子。

表 8 – 1 至表 8 – 4 均包含两个部分。上半部分为由单一期权和股票的交易来建立的 Delta 中性持仓。下半部分为一个三行四列的子表，用于计算持仓的 Delta。列 1 为上半部分中持仓的各个组成部分的缩略描述。列 2 为列 1 中各组成部分的股份数量。对于股票持仓，列 2 中的股份数

量与列 1 中的数量匹配。然而，对于期权持仓，列 2 中的股份数量等于 100 乘以列 1 中的期权合约数量。列 2 中的股份数量并不含有加号或减号等方向符号，这是由于列 3 中 Delta 值前面的方向符号代表了持仓是多头还是空头。如第四章所解释的，股票多头、买权多头和卖权空头的 Delta 为正，而股票空头、买权空头和卖权多头的 Delta 为负。列 4 中的数字则代表了用（股票份数）表示的各个组成部分的市场暴露，或 Delta。该数字为列 2 和列 3 中数字的乘积。

由买权多头和股票空头构成的 Delta 中性持仓

表 8 - 1 展示了一个由买权多头和股票空头组成的两腿持仓，其净 Delta 为零。正如该表上半部分所示，该持仓是由以 2.75 美元的价格买入的 20 手执行价格为 90 美元的 XYZ 股票买权（90 买权）和以 89.05 美元的价格卖空的 900 股 XYZ 股票所构成。

表 8 - 1　　　　　由买权多头和股票空头建立的 Delta 中性持仓

建立持仓：

期权交易：买入 20 手 XYZ 90 买权 @ 2.75

股票交易：卖空 900 股 XYZ 股票 @ 89.05

持仓 Delta 计算：

	列 1	列 2		列 3		列 4
	持仓	所代表的股份数量	×	每股 Delta		股份的市场暴露
行 1	20 手 90 买权多头	2 000	×	+0.45	=	+900
行 2	900 股股票空头	900	×	-1.00	=	-900
行 3				持仓净 Delta：		0

假设：股票价格为 89.05 美元，存续期为 43 天，利率为 5%，无股息，波动率为 28%。

表 8 - 1 下半部分中行 1 列 1 中仅包含期权持仓的简略描述，"买入 20 手 90 买权"，这是因为 Delta 的计算并不需要期权价格或标的股票的名字。列 2 中的 "2 000" 说明列 1 中的期权持仓代表了 2 000 股标的股票。记住，加号或减号等方向符号并不与列 2 中的股份数量相联系，因

专业期权交易

为列 3 中 Delta 前面的方向符号已经区分了多头或空头。在列 3 中，"+0.45"的 Delta 有两个含义。第一，"+"意味着列 2 中持仓代表了正的市场暴露，即多头持仓。第二，"0.45"是列 1 中买权的每股 Delta。如第三章和第四章所示，Delta 是期权每股的市场暴露。列 4 中的"+900"则为列 2 中的股份数量和列 3 中 Delta 的乘积（2 000 × +0.45 = +900）。"+900"意味着列 1 中所描述的期权持仓将与 900 股标的股票多头有一样的表现。

表 8-1 的下半部分的第二行则描述了 Delta 中性持仓的股票部分。列 1 中的"900 股空头"描述了不含价格或名字的持仓。列 2 包含了股份数量，"900"，但并没有显示它们是多头还是空头。对于股票持仓而言，列 2 中的股份数量与列 1 中的股份数量相匹配，这是由于股票并没有像期权那样的乘数。行 2 列 3 中的 Delta，"-1.00"同样有两个含义。第一，"-"意味着该持仓的市场暴露为负，即股票空头。第二，"1.00"为每股的 Delta。通常股票的每股 Delta 为 1，股票多头为 +1，股票空头为 -1。行 2 列 4 中的"-900"数字，则是列 2 中的"900"和列 3 中的"-1.00"的乘积，代表着市场暴露为 900 股空头。

表 8-1 中行 3 列 4 为持仓的净 Delta，为"0"，是列 4 中各部分 Delta 之和。Delta 为零的持仓意味着，事实上该持仓为 Delta 中性。

更多股票和期权的 Delta 中性组合

表 8-2 至表 8-4 证明，Delta 中性持仓同样可由买权空头和股票多头（表 8-2），卖权多头和股票多头（表 8-3），以及卖权空头和股票空头（表 8-4）来建立。对这些表的解释与表 8-1 的解释很相似。因此没有必要深入分析这些表。

表 8-2   由买权空头和股票多头来建立的 Delta 中性持仓

建立持仓：

期权交易：卖出 40 手 QRS 35 买权 @ 4.25

股票交易：买入 3 000 股 QRS 股票 @ 38.00

持仓 Delta 计算：

续表

列1	列2		列3		列4
持仓	所代表的股份数量	×	每股 Delta		股份的市场暴露
行1　40 手 35 买权空头	4 000	×	− 0.75	=	− 3 000
行2　3 000 股股票多头	3 000	×	+ 1.00	=	+ 3 000
行3			持仓净 Delta：		0

　　假设：股票价格为 38.00 美元，存续期为 70 天，利率为 5%，无股息，波动率为 35%。

表 8 – 3　　由卖权多头和股票多头来建立的 Delta 中性持仓

建立持仓：

期权交易：买入 40 手 MNO 17.50 卖权 @ 1.10

股票交易：买入 1 600 股 MNO 股票 @ 17.80

持仓 Delta 计算：

列1	列2		列3		列4
持仓	所代表的股份数量	×	每股 Delta		股份的市场暴露
行1　40 手 17.50 卖权多头	4 000	×	− 0.40	=	− 1 600
行2　1 600 股股票空头	1 600	×	+ 1.00	=	+ 1 600
行3			持仓净 Delta：		0

　　假设：股票价格为 17.80 美元，存续期为 55 天，利率为 5%，无股息，波动率为 31%。

表 8 – 4　　由卖权空头和股票空头来建立的 Delta 中性持仓

建立持仓：

期权交易：卖出 50 手 FGH 45 卖权 @ 1.20

股票交易：卖出 1 500 股 FGH 股票 @ 47.50

持仓 Delta 计算：

列1	列2		列3		列4
持仓	所代表的股份数量	×	每股 Delta		股份的市场暴露
行1　50 手 45 卖权空头	5 000	×	+ 0.30	=	+ 1 500
行2　1 500 股股票空头	1 500	×	− 1.00	=	− 1 500
行3			持仓净 Delta：		0

　　假设：股票价格为 47.50 美元，存续期为 28 天，利率为 5%，无股息，波动率为 45%。

专业期权交易

单位对应关系的一致性

当建立 Delta 中性持仓时，交易员必须时刻保持股票与期权的数量单位具有一致的对应关系。不一致的单位对应关系将导致多腿持仓的 Delta 出现计算错误。股票和股票期权之间的对应关系一般为一手期权对应 100 股股票。然而，诸如拆分、合并和特殊分配等异常事件可能会改变这种关系。期货合约与标的为期货合约的期权之间的对应关系一般为一手期权对应一手期货合约，但有时这个比率同样会改变。因此，对期权与其标的资产之间的乘数进行密切跟踪是 Delta 中性交易员的重要工作。

多腿 Delta 中性持仓

表 8 – 5 与表 8 – 1 至表 8 – 4 之间有少许的区别，因为它描述了一个三腿持仓。该三个组成部分为卖出 40 手 MNO 22.50 卖权，买入 40 手 MNO 25.00 卖权和买入 1 000 股 MNO 股票。计算净 Delta 的过程与简单 Delta 中性交易一致，只是它的组成部分超过两个而已。这传达了一个简单信息：Delta 中性持仓可有许多形式和规模。交易员需要知道的是如何从中获利，而这是本章后面将讨论的。

表 8 – 5　　　　　　　　　一个三腿 Delta 中性持仓

建立持仓：

期权交易 1：卖出 40 手 MNO 22.50 卖权 @ 0.20

期权交易 2：买入 40 手 MNO 25.00 卖权 @ 0.90

股票交易：买入 1 000 股 MNO 股票 @ 25.75

持仓 Delta 计算：

	列 1	列 2		列 3		列 4
	持仓	所代表的股份数量	×	每股 Delta		股份的市场暴露
行 1	40 手 22.50 卖权空头	4 000	×	+ 0.12	=	+ 480
行 2	40 手 25.00 卖权多头	4 000	×	− 0.37	=	− 1 480
行 3	1 000 股股票多头	1 000	×	+ 1.00	=	+ 1 000
行 4				持仓净 Delta：		0

假设：股票价格为 25.75 美元，存续期为 55 天，利率为 4%，无股息，波动率为 32%。

Delta 中性交易理论

Delta 中性交易包括三个步骤。第一，交易员建立一个 Delta 中性持仓。第二，当标的股票的价格变化使得全部持仓的净 Delta 偏离零时，交易员将根据事先确定的规则进行股票持仓调整交易。第三，交易员平掉全部持仓，期望能够获得一个净利润。

调整股票交易是指买入或卖出特定数量的股票以使得全部持仓的净 Delta 等于零或接近零。事先确定的规则决定了调仓的时机，它可以是基于时间周期的，也可以基于股价的变动。例如，基于时间的调整股票交易可能在每日的中午或每日收盘前的短时间内进行交易。而基于股票价格变动的调整股票交易，则要求当股票价格上涨或下跌 2.00 美元或一个标准差时进行股票交易，如第七章所示。调整股票交易同样可基于净持仓 Delta 的变化。

Delta 中性交易理论可用两个例子来很好地说明，一个包含买入买权，而另一个为卖出买权。在两个例子中，名为 Tom 的交易员将练习 Delta 中性交易，这可用五个步骤来解释。第一，Tom 将建立一个 Delta 中性持仓。假设已知 Tom 买入或卖出的期权的隐含波动率。第二，Tom 将在每个交易日的收盘时进行调整股票交易。本例中每日股票收盘价已事前确定，但表中期权的 Delta 和理论价值均利用本书所提供的 Op-Eval Pro 软件并以这些股票价格为基础进行实际计算。第三，在交易的第五日，Tom 将平掉这些持仓。第四，Tom 将计算其利润或损失。第五，结论将解释为什么这个例子很重要，其说明了什么概念，以及现实中的哪些因素可能与本例不同。专业做市商和专业投机者可能使用这个策略的原因将在本章的后面进行讨论。

Delta 中性交易——做多波动率的例子

第一个例子使用了表 8-6A 中的理论价值，表 8-6B 中的交易和表

8 – 6C 中的盈亏计算。表 8 – 6A 包含了 90 买权在五天内（列）不同股票价格（行）下的理论价值和 Delta。最左边的列为股票价格，而其他的列为期权理论价值和 Delta。例如，当第一列中股票价格为 91.00 时，其右边为"5.71/0.58"。"5.71"为期权的理论价值，而"0.58"为期权的Delta。表 8 – 6A 中出现的 6 个圆圈是为了识别的方便。这些圆圈显示了交易的时间。如前文所示，创建日间价格变动是为了举例说明。当然在现实世界中，价格变化是由市场来决定的。

表 8 – 6A　Delta 中性交易——做多波动率：90 买权理论价值和 Delta

（波动率为 30%，利率为 3%，无股息，存续期为 75 – 71 天）

股票价格	星期一 75 天 理论价值/Delta	星期二 74 天 理论价值/Delta	星期三 73 天 理论价值/Delta	星期四 72 天 理论价值/Delta	星期五 71 天 理论价值/Delta
92.20	6.42/0.61	6.39/0.61	6.35/0.61	6.31/0.61	6.28/0.61
92.00	(6.30/0.60)	6.26/0.60	6.23/0.60	6.19/0.60	6.15/0.60
91.80	6.18/0.60	6.14/0.60	6.11/0.60	6.07/0.60	6.03/0.60
91.60	6.06/0.59	6.02/0.59	5.99/0.59	5.95/0.59	5.91/0.59
91.40	5.94/0.59	5.90/0.59	(5.87/0.59)	5.83/0.59	5.79/0.59
91.20	5.82/0.59	5.79/0.59	5.75/0.59	5.71/0.59	5.68/0.59
91.00	5.71/0.58	5.67/0.58	5.63/0.58	5.60/0.58	5.56/0.58
90.80	(5.60/0.58)	5.55/0.58	5.52/0.58	5.48/0.58	(5.45/0.58)
90.60	5.48/0.57	5.44/0.57	5.40/0.57	5.37/0.57	5.33/0.57
90.40	5.37/0.56	5.33/0.56	5.29/0.56	5.26/0.56	5.22/0.56
90.20	5.26/0.56	(5.22/0.56)	5.18/0.56	5.15/0.56	5.11/0.56
90.00	5.15/0.54	5.11/0.54	5.07/0.54	5.04/0.54	5.00/0.54
89.80	5.04/0.54	5.00/0.54	4.96/0.54	4.93/0.54	4.89/0.54
89.60	4.93/0.52	4.89/0.52	4.85/0.52	(4.82/0.52)	4.78/0.52

　　表 8 – 6B 为第一个例子中 Tom 所有的交易细节。列 1 显示了本周的天数。Tom 在星期一进行了两笔交易，并在随后的星期二至星期五的每一天内均进行一笔交易。列 2 显示了当交易完成时的股票价格。在给定列 1 中日期和列 2 中的股票价格条件下，列 3 为该 90 买权的 Delta。注意，表 8 – 6B 中列 3 的 Delta 等于表 8 – 6A 相应列（日期）和行（股票

价格）所对应的 Delta。例如，在星期一股票价格为 90.80 美元时，两个表中 90 买权的 Delta 均为 +0.58。列 4 包含了每笔交易相关的必要信息。列 5 简要解释了交易的动机，而列 6 则显示了当交易完成时的股票持仓情况。

表 8 – 6B　　　　　　　Delta 中性交易——做多波动率：所有交易

列 1	列 2	列 3	列 4		列 5	列 6
日期	股票价格	期权 Delta	交易		解释	股票持仓
星期一	90.80	+0.58	买入 100 手 90 买权@5.60	交易开仓		−5 800
			卖出 5 800 股股票 @ 90.80	Delta 中性		
星期一	92.00	+0.60	卖出 200 股股票 @ 92.00	调整交易以使得 Delta 中性		−6 000
星期二	90.20	+0.56	买入 400 股股票 @ 90.20	调整交易以使得 Delta 中性		−5 600
星期三	91.40	+0.59	卖出 300 股股票 @ 91.40	调整交易以使得 Delta 中性		−5 900
星期四	89.60	+0.52	买入 700 股股票 @ 89.60	调整交易以使得 Delta 中性		−5 200
星期五	90.80	+0.58	卖出 100 手 90 买权 @ 5.45	交易平仓		0
			买入 5 200 股股票 @ 90.80			

做多波动率——概述

如第四章中所定义的那样，做多波动率意味着持仓的 Vega 为正。买权多头和卖权多头均具有正的 Vega。在下面的练习中，持仓为做多波动率，因为其中包含买权多头，即持有买权。

在详细讨论所有交易之前，此处先进行一个概述。Tom 的第一笔交易发生在星期一，此时他建立了一个 Delta 中性持仓。接下来他每天在收盘时进行调整股票交易。最后，他在星期五将所有持仓平仓。这些即为表 8 – 6B 中的六笔交易，接下来将分笔进行介绍。为简便起见，此处不考虑交易费用。

做多波动率步骤 1——开仓

表 8 –6B 中 Tom 的第一笔交易建立了一个 Delta 中性持仓。他在星期一的某个时间通过两部分交易的方式建立了持仓。当股票价格为 90.80 美

专业期权交易

元时，Tom 以 5.60 美元的价格买入了 100 手 90 买权，同时卖空 5 800 股股票。如表 8 – 6A 中所示，波动率假设为 30%。Tom 将在稍后利用该信息。Tom 利用表 8 – 1 至表 8 – 5 中展示的过程来计算需要卖空的股票数量。他首先得到期权的等价股票持仓（share – equivalent position）并交易该数量的股票，以使得全部持仓的净 Delta 为零。在此例中，90 买权的 Delta 为 +0.58，Tom 买入了 100 手买权，因此其期权持仓等价于 5 800 股股票多头（100 手期权 ×100 股/每手 ×0.58 = 5 800）。因此他以 90.80 美元的价格卖空 5 800 股股票，以建立一个 Delta 中性持仓。

做多波动率步骤 2——调整交易

Tom 在星期一还进行了第二笔交易，但这笔交易的时间为该交易日市场收盘前。在 Tom 开仓至该交易日收盘的时间段内，股票价格上涨至 92.00 美元。由于股票价格的变动，使得期权的 Delta 也发生了变化。Delta 的变化可根据 Gamma 的概念来解释，如在第四章中所介绍的。

表 8 – 6A 显示，当股票价格为 92.00 美元，且存续期为 75 天（星期一）时，90 买权的 Delta 为 +0.60。100 手 Delta 为 +0.60 的 90 买权多头等价于 6 000 股股票多头。因此 Tom 在第一笔交易中建立的两腿持仓此时将不再 Delta 中性。为了重新建立 Delta 中性，Tom 必须额外卖空 200 股股票。这笔交易显示在表 8 – 6B 中的第二行，"卖空 200 股股票 @92.00"。列 5 中对该笔交易的解释为"调整交易以使得 Delta 中性"。而在列 6 中，Tom 新的股票持仓为"– 6 000"，表示现在他有 6 000 股的股票空头持仓。

Tom 在星期二进行了第三笔交易。90 买权并没有在该日交易，且股票收盘价为 90.20 美元，在该日下跌了 1.80 美元。与第二笔交易一样，股票价格的变化同样导致了 90 买权 Delta 的变化。这次 Delta 下降至 +0.56，Tom 先前的 Delta 中性持仓再一次不是 Delta 中性了。结果导致他必须进行调整股票交易以促使 Delta 回归为零。此时，由于 Delta 为 +0.56，买权多头持仓等价于 5 600 股股票多头。由于 Tom 的股票持仓在第二笔交易完成后变为 6 000 股股票空头，因此他必须买入补空（cov-

er）400 股。买入 400 股股票使得 Tom 的股票持仓变为 5 600 股空头，或
"−5 600"，如列 6 中所示。最终持仓变为 100 手 90 买权多头和 5 600 股
股票空头，当股票价格为 90.20 美元时，为 Delta 中性。列 5 中的解释同
样是"调整交易以使得 Delta 中性"。

发生于星期三和星期四的第四笔和第五笔交易同样为调整交易。对
于第四笔交易而言，股票价格上涨至 91.40 美元，使得 90 买权的 Delta
变为 +0.59。因此 Tom 必须卖空 300 股以增加其股票持仓至 5 900 股股
票空头。当股票价格下跌至 89.60 美元时，90 买权的 Delta 变为 +0.52，
此时与期权 Delta 等价的股票数量为 5 200 股。Tom 必须买入 700 股股票
以实现全部持仓 Delta 中性。在第五笔交易之后，Tom 的股票持仓为
5 200 股空头。

做多波动率步骤 3——剩余持仓平仓

表 8−6B 中 Tom 的最后一笔交易，即第六笔交易，发生于星期五的
某个时间，此时股票价格为 90.80 美元。Tom 进行了一次两部分交易来
对其全部剩余持仓进行平仓。在第五笔交易之后，Tom 持有的持仓包括
100 手买权多头和 5 200 股股票空头。因此，在他的平仓交易中，Tom 以
5.45 美元的价格卖出全部 100 手买权，并以 90.80 美元的价格买入 5 200
股股票。

Tom 的最后一笔交易中有两个需要注意的方面。第一，90 买权的隐
含波动率为 30%，该水平与星期一初始持仓开仓时相同。第二，在决定
股票的交易数量时并没有利用期权的 Delta，因为这笔交易是对全部持仓
进行平仓。

Tom 的六笔交易构成了一个完整的 Delta 中性交易。第一，他开仓建
立了一个 Delta 中性持仓。第二，他每日进行调整股票交易。第三，他平
仓了剩余的全部持仓。一个自然而然的问题是："Tom 最终是获利还是亏
损？"盈亏分析将在下面进行介绍。

做多波动率步骤 4——损益计算

表 8−6C 包括损益计算的两个部分。第一部分解释了期权交易，第

专业期权交易

二部分则解释了股票交易。列 1 为交易发生的日期，列 2 为交易动作——买入、卖出或卖空——以及股票或期权的交易数量。列 3 和列 4 则为相应的买入价格和卖出价格。列 5 为每股利润或损失。列 6 则为全部利润或损失金额。

在表 8−6C 的第一部分，Tom 计算了其来自期权交易的亏损。在列 1 中，他只列出了星期一和星期五，因为他只在这两天中买入和卖出期权。类似的，在列 2 中，他标明"买入和卖出"。在列 3 和列 4 中，Tom 写下其买入价格和卖出价格分别为 5.60 美元和 5.45 美元。需注意的是这均为每股价格。列 5 中显示每股损失为 0.15 美元，或 15 美分。Tom 通过在列 4 中 5.45 美元的卖出价格上减去列 3 中 5.60 美元的买入价格（卖出价格 − 买入价格 = 利润或损失）得到每股 0.15 美元的损失。列 6 中 Tom 的全部损失金额为 −1 500 美元，这可通过三个数字的乘积来得到：列 5 中的每股损失、列 2 中的期权数量和 100 的期权乘数（−0.15 美元每股 × 100 手期权 × 100 股/手 = −1 500 美元）。

表 8−6C   Delta 中性交易——做多波动率：损益计算

列 1	列 2	列 3	列 4	列 5	列 6
	动作和数量	买入价格	卖出价格	每股损益	全部损益
第一部分：期权交易					
星期一和星期五	买入/卖出 100	5.60	6.45	(0.15)	(1 500 美元)
第二部分：股票交易					
行 1 星期一	卖空 5 800	—	90.80	—	—
行 2 星期一	卖空 200	—	92.00	—	—
行 3 星期二	买入 400	90.20	92.00 (200)	+1.80	+360 美元
行 4		—	90.80 (200)	+0.60	+120 美元
行 5 星期三	卖空 300	—	91.40	—	—
行 6 星期四	买入 700	89.60	91.40 (300)	+1.80	+540 美元
行 7		—	90.80 (400)	+1.20	+480 美元
行 8 星期五	买入 5 200	90.80	90.80	0.00	0
行 9			来自股票交易的利润		+1 500 美元
行 10			股票和期权损益合计		0

在表 8−6C 中的第二部分中，Tom 计算了来自股票交易的损益和来自全部交易的净利润额。列 1 显示了 Tom 的第一笔股票交易，这也是其初始 Delta 中性持仓的一部分。如列 1 所示，他于星期一卖空 5 800 股股

票（如列 2 所示）来完成了这笔交易。Tom 将 90.80 美元的卖空价格填入列 4。列 3 中没有任何价格，这是由于这笔交易并不涉及买入。Tom 同样让行 1 中的列 5 和列 6 保持空白，因为开仓交易并不涉及利润或损失。

从第二行开始，Tom 开始了其调整股票交易。第一笔调整股票交易发生于星期一收盘前，他以 92.00 美元的价格卖空了 200 股股票。与行 1 中开仓交易的部分为空白一样，Tom 同样让行 2 中列 3、5 和 6 保持空白，因为此时并不涉及买入交易，因此也没有损益。

Tom 将其第一次股票平仓交易列入行 3 和行 4，因此也进行了其第一次损益计算。在本例中，损益计算是以后进先出法（LIFO）为基础的。Tom 在行 3 列 1 中注明他在星期二完成了该笔以每股 90.20 美元的价格买入 400 股股票（列 2 和列 3）的交易。行 3 和行 4 中的列 4 则包括了卖空股票的价格和数量（列 1 和列 2）。由于 Tom 在行 3 中买入了 400 股股票，因此他必须将其与先前卖空的股票进行匹配，以便计算损益。行 2 中只有 200 股股票被卖空，因此 Tom 必须从行 1 中选择第二个 200 股来补充 400 股的总数量。他在列 4 中反映了这种匹配关系。行 3 显示，以 92.00 美元的价格卖空的 200 股股票与第一个以 90.20 美元的价格买入的 200 股股票相匹配。这个 200 股股票的买入和卖出行为产生了每股 1.80 美元的利润和 360 美元的总利润，如行 3 列 5 和列 6 中所示。Tom 在行 4 中计算了第二个 200 股的损益情况。行 4 列 4 显示，价格为 90.80 美元，数量为 200 股。而列 5 则显示了每股利润为 0.60 美元。Tom 在列 6 中总结得到，该 200 股获得了 120 美元的总利润。

Tom 在行 5 显示了其于星期三完成的以 91.40 美元的价格卖空 300 股股票的调整交易。由于这是另一笔卖空开仓交易，他维持列 3、5 和 6 为空白，因为此时他没有买入价格、每股利润或总利润的信息。

行 6 和行 7 则显示了 Tom 在星期四进行的调整交易的损益计算。在这笔交易中，他以每股 89.60 美元的价格（列 3）买入了 700 股股票（行 6 列 2）。为了计算他的利润或损失，Tom 必须将这笔买入交易与两个不同的卖空交易相匹配。在行 6 中，Tom 利用后进先出的方法将其于

专业期权交易

星期三卖空的 300 股股票交易与这笔买入交易进行匹配，并相应得到每股 1.80 美元的利润和 540 美元的总利润。Tom 继续将其于星期一以 90.80 美元的价格卖空的初始交易中的 400 股股票与这笔买入交易相匹配，并相应得到每股 1.20 美元的利润和 480 美元的总利润。

行 8 为 Tom 最后的股票交易。星期五买入的 5 200 股股票是其对全部持仓进行平仓的两部分交易中的一部分。他将这些股票与所有来自星期一的剩余空头持仓相匹配。因此这些买入价格为 90.80 美元的股票（行 8 列 3）与星期一的卖出价格相匹配，没有产生利润或损失，因此行 8 列 6 中显示为"0"。

行 9 列 6 为 Tom 进行股票交易的利润总和，其值为 1 500 美元。

在行 10 完成之后，Tom 完成了表 8 - 6C 的第二部分。行 10 为来源于期权交易和股票交易的损益合计。由于期权亏损的 1 500 美元刚好抵消了来源于股票交易的 1 500 美元利润，因此 Tom 在行 10 列 6 中记录了"0"。

做多波动率步骤 5——交易要点重述

Tom 通过买入买权（隐含波动率为 30%）和卖空标的股票来建立了一个 Delta 中性持仓。他在所有持仓平仓前每日进行调整股票交易，并通过卖出买权（隐含波动率为 30%）和买入股票来对剩余持仓平仓。他的损益计算显示，所持有的期权产生了时间价值衰减的损失，而源于股票交易的利润刚好抵消了这个损失。

看上去 Tom 经历了许多困难却只实现了盈亏平衡，但这个练习说明了 Delta 中性交易的概念。在理论上，当买入期权并使其 Delta 中性，若隐含波动率维持不变，则调整股票交易将抵消期权的时间价值损失。因此，该理论说明隐含波动率等于已实现波动率，以及 Delta 中性交易盈亏平衡。

现实中有哪些差异呢？第一，隐含波动率会并且经常会变化。第二，已实现波动率会并且经常会不等于隐含波动率。新信息持续地冲击市场，同时投资者的心理也在不断转变。这些因素导致由期权价格的相对水平所决定的隐含波动率与由股票价格的真实波动所决定的已实现波动率发生无法预知的变化。

以下的练习将说明以做空波动率为目的的 Delta 中性交易理论。

Delta 中性交易——做空波动率的例子

这个由我们虚构的交易员 Tom 所进行的 Delta 中性交易例子使用了表 8－7A 中的理论价值、表 8－7B 中的交易和表 8－7C 中的损益计算。表 8－7A 包含了 35 买权在五天内（列）不同股票价格（行）下的理论价值和 Delta。与做多波动率练习一样，为了更容易识别交易发生的时间，表 8－7A 中标出了 6 个圆圈。同样类似于先前的例子，出于练习的目的，我们设定了日间的股票价格波动。

表 8－7A　　Delta 中性交易——做空波动率：35 买权的理论价值和 Delta

（波动率为 40%，利率为 5%，无股息，存续期为 43－37 天）

股票价格	星期四 43 天 理论价值/Delta	星期五 42 天 理论价值/Delta	星期一 39 天 理论价值/Delta	星期二 38 天 理论价值/Delta	星期三 37 天 理论价值/Delta
35.40	2.24/ +0.59	2.21/ +0.59	2.13/ +0.58	2.11/ +0.58	2.08/ +0.58
35.30	(2.18/ +0.58)	2.15/ +0.57	2.08/ +0.57	2.05/ +0.57	2.03/ +0.57
35.20	2.12/ +0.58	2.10/ +0.57	2.02/ +0.56	2.00/ +0.56	1.97/ +0.55
35.10	2.07/ +0.56	2.04/ +0.55	(1.97/ +0.54)	1.94/ +0.54	1.91/ +0.54
35.00	2.01/ +0.55	1.99/ +0.54	1.91/ +0.54	1.89/ +0.53	1.86/ +0.53
34.90	1.96/ +0.54	1.93/ +0.54	1.86/ +0.53	1.83/ +0.53	1.81/ +0.53
34.80	(1.90/ +0.53)	1.88/ +0.53	1.80/ +0.53	1.78/ +0.53	1.75/ +0.52
34.70	1.85/ +0.52	1.83/ +0.52	1.75/ +0.52	1.73/ +0.52	1.70/ +0.51
34.60	1.80/ +0.51	1.78/ +0.51	1.70/ +0.51	1.68/ +0.51	1.65/ +0.51
34.50	1.75/ +0.50	1.73/ +0.50	1.65/ +0.50	1.63/ +0.50	1.60/ +0.50
34.40	1.70/ +0.49	1.68/ +0.49	1.60/ +0.49	1.58/ +0.49	1.55/ +0.49
34.30	1.65/ +0.48	1.63/ +0.48	1.55/ +0.48	1.53/ +0.48	(1.50/ +0.48)
34.20	1.60/ +0.47	1.58/ +0.47	1.51/ +0.47	(1.48/ +0.47)	1.46/ +0.47
34.10	1.56/ +0.47	(1.53/ +0.47)	1.46/ +0/46	1.43/ +0.46	1.41/ +0.46
34.00	1.51/ +0.46	1.48/ +0.46	1.41/ +0.45	1.39/ +0.45	1.36/ +0.45

专业期权交易

做空波动率——概述

做多波动率和做空波动率之间的差异，就如买入和卖出期权之间的差异一样。做空波动率意味着所持持仓的 Vega 为负，如第四章中所定义的那样。表 8 – 7B 中 Tom 第一笔交易所建立的持仓就是做空波动率，因为买权被卖出了。

表 8 – 7B 包括了这个例子中 Tom 所有的交易细节。在星期四，Tom 的第一笔交易包括卖出 100 手 35 买权并使其 Delta 中性。这就意味着，他卖出了买权并买入了股票。在接下来的例子中，出于简化的目的，交易费用将被忽略。在第一笔交易之后，Tom 在每日的收盘时进行调整股票交易。最后，他于星期三对所有持仓进行平仓。表 8 – 7B 对 Tom 的六笔交易进行了介绍。

表 8 – 7B　　　　　**Delta 中性交易——做空波动率：所有交易**

列1	列2	列3	列4	列5	列6
日期	股票价格	期权 Delta	交易	解释	股票持仓
星期四	34. 80	+ 0. 53	卖出 100 手 35 买权@ 1. 90　交易开仓 买入 5 300 股股票 @ 34. 80　Delta 中性		+ 5300
星期四	35. 30	+ 0. 58	买入 500 股股票 @ 35. 30	调整交易以使得 Delta 中性	+ 5 800
星期五	34. 10	+ 0. 47	卖出 1 100 股股票 @ 34. 10	调整交易以使得 Delta 中性	+ 4 700
星期一	35. 10	+ 0. 54	买入 700 股股票 @ 35. 10	调整交易以使得 Delta 中性	+ 5 400
星期二	34. 20	+ 0. 47	卖出 700 股股票 @ 34. 20	调整交易以使得 Delta 中性	+ 4 700
星期三	34. 30	+ 0. 48	买入 100 手 35 买权 @ 1. 50 卖出 4 700 股股票 @ 34. 30　交易平仓		0

做空波动率步骤 1——开仓

在表 8 – 7B 中，Tom 在星期四的某个时间，股票价格为 34. 80 美元时，建立了其 Delta 中性持仓。他以 1. 90 美元的价格卖出了 100 手 35 买权，同时以 34. 80 美元的价格买入了 5 300 股股票。如表 8 – 7A 所示，波动率假设为 40% 。Tom 通过将期权的 Delta （ + 0. 53），乘以期权数量

（100 手），再乘以同样为 100 的乘数，得到需要买入的股票数量为 5 300 股（ +0. 53 × 100 × 100 = +5 300）。

做空波动率步骤 2——调整交易

Tom 在星期四还进行了第二笔交易，但这笔交易的时间为该交易日市场收盘前。在这个例子中，从开仓至交易日收盘的时间段内，股票价格上涨至 35. 30 美元。股票价格的变化导致期权的 Delta 上升至 +0. 58，如表 8 –7A 所示。结果是它们的两腿持仓不再 Delta 中性。为了重新建立 Delta 中性，他必须额外买入 500 股股票。这笔交易被描述在表 8 –7B 中的行 2，"买入 500 股股票@ 35. 30"。列 5 中对该笔交易的解释为"调整交易以使得 Delta 中性"。而在列 6 中，他的新股票持仓为" +5 800"，这显示他的持仓为 5 800 股股票多头。

表 8 –7B 中 Tom 的第三笔交易发生在星期五。35 买权并没有在该日交易，且股票收盘价为 34. 10 美元。与第二笔交易一样，Delta 发生了变化，这次是变为 +0. 47。结果导致他必须进行调整股票交易以促使 Delta 回归为零。此时，由于 Delta 为 +0. 47，买权空头持仓等价于 4 700 股股票空头。由于 Tom 的股票持仓在第二笔交易完成后变为 5 800 股股票多头，因此他必须卖出 1 100 股股票。卖出 1 100 股股票使得 Tom 的股票持仓变为 4 700 股多头，或" +4 700"，如列 6 中所示。

Tom 在星期一和星期二也分别进行了调整交易。在星期一，股票价格上升至 35. 10 美元，35 买权的 Delta 则上升至 +0. 54。因此，Tom 必须买入 700 股股票来使股票持仓增加至 5 400 股多头，或" +5 400"。在星期二，股票价格下跌至 34. 20 美元，而 35 买权的 Delta 也下降至 +0. 47，使得与期权 Delta 等价的股票持仓数量为 4 700 股多头。为了让持仓回归 Delta 中性，Tom 必须卖出其前一天买入的 700 股股票。因此，在第五笔交易之后，Tom 的股票持仓为 4 700 股多头。

做空波动率步骤 3——剩余持仓平仓

表 8 –7B 中的最后一笔交易为 Tom 对其剩余持仓进行平仓的两部分

专业期权交易

交易。在第 5 笔交易之后，Tom 的持仓由 100 手买权空头和 4 700 股股票多头组成。因此，在其平仓交易中，他将以 1.50 美元的价格买入全部 100 手买权，并以 34.30 美元的价格卖出 4 700 股股票。

与先前分析的做多波动率例子一样，这里同样需要注意的是，35 买权的隐含波动率在开仓和平仓时一样，均为 40%。而星期三股票平仓时的股票价格为 34.30 美元，与上个星期四开仓时 34.80 美元的股票价格并不相同。Tom 的损益计算将在下面介绍。

做空波动率步骤 4——损益计算

在表 8 – 7C 的第一部分，Tom 计算了其期权交易的过程。列 1 中仅列出了星期四和星期三，因为 Tom 只在这两天中交易了期权。类似的，列 2 中注明了他所执行的买入和卖出交易。列 3 和列 4 则显示了 1.50 美元的买入价和 1.90 美元的卖出价。列 5 显示每股利润为 0.40 美元，或 40 美分。列 6 中 Tom 的全部利润额为 +4 000 美元，其值为列 5 中每股利润、列 2 中期权数量和 100 的期权乘数三者的乘积（+0.40 美元每股 ×100 手期权 × 100 股/每手 = 4 000 美元）。

表 8 –7C　　　Delta 中性交易——做空波动率：损益计算

列 1	列 2	列 3	列 4	列 5	列 6
	动作和数量	买入价格	卖出价格	每股损益	全部损益
第一部分：期权交易					
星期四和星期三	买入/卖出 100	1.50	1.90	+0.40	+4 000 美元
第二部分：股票交易					
行 1 星期四	买入 5 300	34.80	–	–	–
行 2 星期四	买入 500	35.30	–	–	–
行 3 星期五	卖出 1 100	35.30（500）	34.10	(1.20)	(600 美元)
行 4		34.80（600）	–	(0.70)	(420 美元)
行 5 星期一	买入 700	35.10	–	–	–
行 6 星期二	卖出 700	35.10	34.20（700）	(0.90)	(630 美元)
行 7 星期三	卖出 4 700	34.80	34.30	(0.50)	(2 350 美元)
行 8				来自股票交易的亏损	(4 000 美元)
行 9				股票和期权损益合计	0

　　在表 8 - 7C 中的第二部分有 9 行，描述了每笔股票交易和他们所有股票交易中的净损失额。列 1 显示了他的第一笔股票交易，这也是他初始 Delta 中性持仓的一部分。如列 1、2 和 3 所示，他于星期四以 34.80 美元的价格买入了 5 300 股股票。列 4 为空白，因为这笔交易并不涉及卖出。列 5 和列 6 同样为空白，这是因为开仓交易并不产生利润或损失。

　　行 2 包含了 Tom 在星期四收盘前进行的调整股票交易，他以每股 35.30 美元的价格额外买入 500 股股票。与开仓交易的部分列为空白一样，行 2 的列 4、5 和 6 同样保持空白，因为此时并不涉及卖出交易同时也没有损益。

　　行 3 和行 4 反映了 Tom 的第一次股票平仓交易和他的第一次损益计算。与第一个例子一样，损益计算是以后进先出为基础的。行 3 列 1 中注明 Tom 在星期五完成了该笔交易，他以每股 34.10 美元的价格（列 4）卖出 1 100 股股票（列 2）。行 3 和行 4 的列 4 包含了来自于行 1 和行 2 中的买入股票的价格和数量。为了计算损益，必须将行 3 中 Tom 卖出的 1 100股股票与先前买入的股票进行匹配。在后进先出的原则下，Tom 在调整股票交易中买入的 500 股股票（行 2）必须首先被匹配，接下来的额外 600 股股票来自于初始买入（行 1）。行 3 列 3 中显示以 35.30 美元的价格买入的 500 股股票与以 34.10 美元的价格卖出的首个 500 股进行匹配。这个 500 股买入和卖出导致了每股 1.20 美元的损失和 600 美元的总损失，如行 3 的列 5 和列 6 所示。而额外的 600 股损益计算则显示在行 4。行 4 列 3 中显示，以 34.80 美元的价格买入的 600 股股票导致了每股 0.70 美元的损失，见列 5。列 6 则显示 Tom 在这 600 股股票上产生了 420 美元的总损失。

　　表 8 - 7C 的行 5 反映了 Tom 在星期一进行的另一笔调整交易。他以 35.10 美元的价格买入 700 股股票。由于这是另一笔开仓交易，因此列 4、5 和 6 均为空白，因此此时没有卖出价格、每股利润或总利润的信息。

　　行 6 显示了 Tom 在星期二进行的调整交易的损益计算，此时他以每股 34.20 美元的价格卖出 700 股股票。这个损益计算较为简单，因为此时卖出的 700 股股票数量刚好等于前一日买入的股票数量，根据后进先出原则能够很容易地将两者匹配起来。行 6 显示，Tom 在星期一以每股 35.10 美元的价格买入并在星期二以每股 34.20 美元的价格卖出的 700 股股票产生了每股 0.90 美元的损失（列 5）和 630 美元的总损失（列 6）。

行 7 为 Tom 在表 8 – 7C 中的最后股票交易。Tom 通过在星期三卖出 4 700 股股票来实现股票的平仓。这笔卖出交易与剩余的星期四买入的股票相匹配。星期四的买入价格为 34.80 美元（行 1 列 3），而星期三的卖出价格为 34.30 美元，这导致了每股 50 美分的损失（行 7 列 5）和 2 350 美元的总损失（列 6）。

行 8 列 6 为 Tom 进行股票交易的亏损总和，其值为 1 500 美元。

行 9 将期权交易的利润和股票交易的亏损进行了合并，使表 8 – 7C 第 2 部分得以完整。由于第 1 部分中 Tom 的期权利润刚好抵消了第 2 部分中股票交易的亏损，因此行 9 列 6 中的净损益为 "0"。

做空波动率步骤 5——交易要点重述

Tom 通过卖出买权和买入股票来建立了一个 Delta 中性持仓。他在所有持仓平仓之前每日进行调整股票交易。他的损益计算显示，期权空头由于时间价值衰减而获得收益，而股票交易的损失则刚好抵消了这部分收益。

正如第一个做多波动率 Delta 中性练习中所显示的那样，第二个练习中的隐含波动率在所涉及的期间内维持 40% 的值不变。在这个例子中变化的是股票价格，在星期四 Tom 进行第一笔交易时为 34.80 美元，而在其平仓时为 34.30 美元。尽管股票价格在发生变化，交易结果同样是盈亏平衡的。

与做多波动率的例子一样，做空波动率的例子看上去是做了很多工作却仅仅实现了盈亏平衡，但实际上这只是为了说明 Delta 中性交易的概念。在理论上，当隐含波动率保持不变时卖出期权并维持 Delta 中性，来源于调整股票交易的损失将抵消来源于期权时间价值损失的利润——即使股票价格在随时间而变化。用期权的语言来说，如果隐含波动率等于已实现波动率，那么 Delta 中性交易将盈亏平衡。接下去的两个例子将介绍现实世界中的 Delta 中性交易以及讨论交易员如何利用 Delta 中性交易来获取利润。

模拟"真实"Delta 中性交易 1

这个练习采用了表 8 – 8A 中的理论价值、表 8 – 8B 中的交易和表 8 – 8C 中的损益计算等。这里同样假定了一个名为 Susan 的交易员。

表 8 – 8A 是表 8 – 6A 和表 8 – 7A 的简略版本。它只包括表 8 – 8B 的交易和表 8 – 8C 的损益计算中所需的股票价格、期权理论价值和 Delta 等。

与先前 Tom 的两个 Delta 中性交易练习一致，表 8 – 8B 列出了 Susan 交易的细节内容。Susan 在星期二股票价格为 86.50 美元时建立了一个 Delta 中性持仓。她以 2.66 美元的价格买入 100 手 85 卖权。由于 85 卖权的 Delta 为 – 0.40，因此她买入了 4 000 股股票。这是一个做多波动率的持仓，因为期权是被买入的。如表 8 – 8A 所示，波动率假设为 35%。

Susan 的第二笔交易发生于星期二，该交易日收盘前。此时股票价格为 87.40 美元，85 卖权的 Delta 变为 – 0.36。因此，Susan 卖出 400 股股票来重新建立 Delta 中性。这笔交易被描述在行 2 列 4，并在列 5 中解释为"调整交易以使得 Delta 中性"。列 6 中 Susan 的新股票持仓为"+3 600"，即 3 600 股多头。

表 8 – 8A　　Delta 中性交易——模拟"真实"例子 1：85 卖权理论价值和 Delta

（波动率为 35%，利率为 4%，无股息，存续期为 31 – 28 天）

股票价格	星期二 31 天 理论价值/Delta	星期三 30 天 理论价值/Delta	星期四 29 天 理论价值/Delta	星期五 28 天 理论价值/Delta
87.40	2.32/ – 0.36		2.21/ – 0.36	
86.50	2.66/ – 0.40			
84.65				3.32/ – 0.49
83.10		4.23/ – 0.56		

表 8－8B   Delta 中性交易——模拟"真实"例子 1：所有交易

列 1	列 2	列 3	列 4	列 5	列 6
日期	股票价格	期权 Delta	交易	解释	股票持仓
星期二	86.50	－0.40	买入 100 手 85 卖权＠ 2.66 买入 4 000 股股票＠ 86.50	交易开仓	＋4 000
星期二	87.40	－0.36	卖出 400 股股票＠ 87.40	调整交易以使得 Delta 中性	＋3 600
星期三	83.10	－0.56	买入 2 000 股股票＠ 83.10	调整交易以使得 Delta 中性	＋5 600
星期四	87.40	－0.36	卖出 2 000 股股票＠ 87.40	调整交易以使得 Delta 中性	＋3 600
星期五	84.65	－0.49	卖出 100 手 85 卖权＠ 3.32 卖出 3 600 股股票＠ 84.65	交易平仓	0

Susan 在星期三股票价格下跌至 83.10 美元时进行了另一笔调整交易。此次股票价格的变化使 85 卖权的 Delta 变化为 －0.56。因此，Susan 买入 2 000 股股票以将其股票持仓增加为 5 600 股多头（列 6）。她于星期四进行了另一笔交易，以 87.40 美元的价格卖出 2 000 股股票。

表 8－8B 中 Susan 的最后一笔交易为星期五的平仓交易。她以 3.32 美元的价格卖出全部 100 手 85 卖权，并以 84.65 美元的价格卖出剩余的 3 600 股股票。

表 8－8C 通过两部分来计算了 Susan 的损益。在第一部分，来自于 Susan 期权交易的收益为 ＋6 600 美元。第二部分她的股票交易收益为 1 940美元，两部分利润合计为 8 540 美元。

表 8－8C   Delta 中性交易——模拟"真实"例子 1：损益计算

列 1	列 2	列 3	列 4	列 5	列 6
	动作和数量	买入价格	卖出价格	每股损益	全部损益
第一部分：期权交易					
星期二和星期五	买入/卖出 100	2.66	3.32	＋0.66	＋6 600 美元
第二部分：股票交易					
行 1 星期二	买入 4 000	86.50	—	—	—
行 2 星期二	卖出 400	86.50	87.40	＋0.90	＋360 美元
行 3 星期三	买入 2 000	83.10	—	—	—
行 4 星期四	卖出 2 000	83.10	87.40	＋4.30	＋8 600 美元
行 5 星期五	卖出 3 600	86.50	84.65	(1.95)	(7 020 美元)
行 6				来自股票交易的收益	＋1 940 美元
行 7				股票和期权损益合计	＋8 540 美元

第八章　Delta 中性交易：理论和实践

模拟"真实"交易1 交易要点重述

Susan 通过买入卖权和买入股票建立了一个 Delta 中性持仓。在持仓平仓之前她每天进行调整股票交易。损益计算显示期权交易和股票交易均获得了收益。这是在理想情形下。然而，如果 Susan 是在进行 Delta 中性交易，她该如何获得收益呢？下面要观察的三个现象和 Op－Eval Pro 中的分布界面将解释发生了什么。

第一，可以看到的是隐含波动率保持不变。根据表8－8A，隐含波动率在四天中均为35%。第二个现象是在四天中存在一个净股票价格的下跌，从87.40 美元下跌至84.56 美元。第三，股票价格行为看上去波动剧烈。星期二收盘至星期三收盘间存在一个金额为4.30 美元的股价下跌，同时接下来星期三收盘至星期四收盘间有一个同等金额的上涨。这两个变化之后在星期五 Susan 平仓前又发生了金额为2.85 美元的下跌。

为获得此例中四天期限内已实现波动率的估计值，Op－Eval Pro 中的分布界面将非常有用。将"PRICE（价格）"设定为87.40 和"DAYS（天数）"设定为1后，我们能够通过试错法得到"Volatility%（波动率%）"。目的是为获得一日标准差为4.30 的百分比波动率值。要获得这个百分比波动率值，可以通过逐渐提高波动率，直到在"1天（1 days）"之内的价格变动范围变为83.10 至91.70，即87.40 加减4.30 的范围为止。在这个例子里，最终得出的波动率百分比结果为94。这个数字意味着模拟"真实"交易1 中股票的价格行为包含了94% 的波动率。

表8－8C 中 Susan 的8 540 美元的利润合计来源于94% 的已实现波动率，超过了35% 的隐含波动率。换句话说，股票价格的真实波动（已实现波动率）比根据85 卖权价格估计的波动（隐含波动率）要大得多。注意，如果已实现波动率等于隐含波动率，那么 Delta 中性交易将盈亏平衡，因此来自于股票交易的收益（或损失）抵消了来自于期权时间价值衰减的损失（或收益）。然而，如果已实现波动率比隐含波动率大，那

么股票价格的波动带来的盈利将比仅抵消期权的时间价值衰减要大。如果在这种环境中持有做多波动率的 Delta 中性持仓，那么这将从相对大的股票价格波动中获利。

Susan 在卖权上的收益产生于股票价格的下跌。从星期二至星期五，股票价格从 87. 40 美元下跌至 84. 65 美元，产生了 2. 85 美元的净下跌。毫无疑问的是，此时 85 卖权存在一些时间价值衰减的损失，但 Delta 部分的影响远比 Theta 部分大。

事实上，模拟"真实"交易 1 代表了做多波动率交易的理想情形。Delta 中性交易员在进行做多波动率交易时，希望已实现波动率比隐含波动率高——越高越好。他们同样希望短期内股票价格发生大幅变化。在此例中，四天内股票价格发生了三次大的变化。这些巨大变化的原因是股票价格的波动率为 94%，远远大于 85 卖权 35% 的隐含波动率。不幸的是，正如下一个例子所示，并不是所有 Delta 中性交易都是以这种方式运行的。

模拟"真实"Delta 中性交易 2

这个练习与前面三个均不同，因为它采用了变化的隐含波动率。表 8 –9A 是表 8 –6A 和表 8 –7A 的另一种简化形式。它只包括解释假定交易员 Susan 交易获得所需的股票价格、期权价值和 Delta。关于隐含波动率的假设显示在每列的顶端。例如，在星期四，隐含波动率假设为 28%（"隐含波动率 28%"）。在星期五，该假设为 30%，并在星期一、星期二和星期三分别为 32%、34% 和 24%。

与先前的 Delta 中性交易练习一样，表 8 –9B 包括了 Susan 交易的所有细节。她的首笔交易发生在星期四。在股票价格为 61 美元时，她以 1. 86 美元的价格买入 50 手 60 卖权，并同时买入 2 000 股股票来建立 Delta 中性持仓。因为此时 60 卖权的 Delta 为 – 0. 40。

表 8 - 9A　Delta 中性交易——模拟"真实"例子 2：60 卖权理论价值和 Delta

（波动率变化，利率为 4%，无股息，存续期为 49 - 45 天）

股票价格	星期四 49 天 隐含波动率28% 理论价值/Delta	星期五 48 天 隐含波动率30% 理论价值/Delta	星期一 45 天 隐含波动率32% 理论价值/Delta	星期二 44 天 隐含波动率34% 理论价值/Delta	星期三 43 天 隐含波动率24% 理论价值/Delta
61.00	1.86/ - 0.40			2.24/ - 0.42	
60.50			2.31/ - 0.44		
60.00		2.44/ - 0.46			
59.80	2.56/ - 0.48				
59.50					2.23/ - 0.50

表 8 - 9B　Delta 中性交易——模拟"真实"例子 2：所有交易

列 1	列 2	列 3	列 4	列 5	列 6
日期	股票价格	期权 Delta	交易	解释	股票持仓
星期四	61.00	- 0.40	买入 50 手 60 卖权@ 1.86 买入 2 000 股股票 @ 61.00	交易开仓	+2 000
星期四	59.80	- 0.48	买入 400 股股票 @ 59.80	调整交易以使得 Delta 中性	+2 400
星期五	60.00	- 0.46	卖出 100 股股票 @ 60.00	调整交易以使得 Delta 中性	+2 300
星期一	60.50	- 0.44	卖出 100 股股票 @ 60.50	调整交易以使得 Delta 中性	+200
星期二	61.00	- 0.42	卖出 100 股股票 @ 61.00	调整交易以使得 Delta 中性	+2 100
星期三	59.50	- 0.50	卖出 50 手 60 卖权 @ 2.23 卖出 2 100 股股票 @ 59.50	持仓平仓	0

　　Susan 在星期四市场收盘前股票价格下跌至 59.80 美元时进行了第二笔交易。她买入 400 股股票，因为此时 60 卖权的 Delta 为 - 0.48。在星期五股票价格上涨至 60 美元时，Susan 卖出 100 股股票。在表 8 - 9A 中，星期五的列的顶端（"48 天"）注明隐含波动率已经上升至 30%。波动率假设的变化对 Delta 有细微的影响，但 2% 的变化影响很小从而无须注意。

　　在星期一，Susan 以 60.50 美元的价格卖出 100 股股票。此时隐含波动率再一次上升，这次为 32%。发生于星期二的 Susan 的第五笔交易为再一次卖出 100 股股票，这次的股票价格为 61.00 美元。隐含波动率再次上升 2%，变为 34%。

　　Susan 在星期三股票价格为 59.50 美元且隐含波动率快速下降至 24% 时对持仓进行平仓。这次隐含波动率的下降可能源于一份收入报告的公布，或其他预期的消息，或单纯是投资者心理的突然变化。不管怎样，Susan 以 2.23 美元的价格卖出了全部 50 手 60 卖权，并以 59.50 美元的价格卖出了剩余的 2 100 股股票。

　　表 8 - 9C 的第一部分计算了 Susan 来自于期权交易的利润为 1 850 美元，第二部分则计算了来自于股票交易的亏损为 2 820 美元，损失合计为 970 美元。

表 8 - 9C　　Delta 中性交易——模拟"真实"例子 2：结果 1——损益计算

列 1	列 2	列 3	列 4	列 5	列 6
	动作和数量	买入价格	卖出价格	每股损益	全部损益
第一部分：期权交易					
星期四和星期三	买入/卖出 50	1.86	2.23	+0.37	+1 850 美元
第二部分：股票交易					
行 1 星期四	买入 2 000	61.00	—	—	—
行 2 星期四	买入 400	59.80	—	—	—
行 3 星期五	卖出 100	59.80	60.00	+0.20	+20 美元
行 4 星期一	卖出 100	59.80	60.50	+0.70	+70 美元
行 5 星期二	卖出 100	59.80	61.00	+1.20	+120 美元
行 6 星期三	卖出 100	59.80	59.50	(0.30)	(30 美元)
行 7	卖出 2 000	61.00	59.50	(1.50)	(3 000 美元)
行 8			来自股票交易的利润		(2 820 美元)
行 9			股票和期权损益合计		(970 美元)

模拟"真实"交易 2 交易要点重述

Susan 通过买入卖权和买入股票建立了一个 Delta 中性持仓。在持仓平仓前，她每天进行调整股票交易。然而，净结果为亏损。这是怎么发生的呢？

首先，可以看到的是隐含波动率在星期四至星期三的期间内急剧的从 34% 下降至 26%。其次，股票价格行为看上去非常平静，因为三天的日间股票价格变化仅为 50 美分或更少。股票价格在星期四收盘到星期五收盘时上升了 20 美分，接下来星期一收盘时为 50 美分，到星期二收盘时为 50 美分。星期二收盘到星期三平仓时的股票价格变化为 1.50 美元。

表 8-9C 中 Susan 的损失合计为 970 美元，这是由一个正值的部分和两个负值的部分所构成的。星期二至星期三期间股票价格的快速下跌是正值的部分，因为它导致 Susan 持有的卖权价格上涨。而时间价值衰减和隐含波动率的下降则为负值的部分。最终而言，Vega 和 Theta 的负的影响大于 Delta 的正的影响。

考虑模拟"真实"交易 2 的另一种结果

如果 Susan 在隐含波动率为 34% 时，提前一天平仓是否会改变结果呢？表 8-9D 回答了这个问题。

表 8-9D 显示，当 Susan 在星期二而不是星期三平仓时，她会实现 2 230 美元的利润而不是 970 美元的损失。当星期二股票价格为 61.00 美元和隐含波动率为 34% 时，60 卖权的交易价格为 2.24 美元。然而，在星期三股票价格为 59.50 美元和隐含波动率为 24% 时，60 卖权的交易价格为 2.23 美元，低了 1 美分。尽管股票价格下跌了 1.50 美元，Delta 为 -0.42 的 60 卖权的价格却下降了 1 美分。此时你可以发现隐含波动率下降的显著影响。

表 8-9D 显示，与在星期三以 59.50 美元的价格卖出股票（表 8-9C 中的行 6 和行 7）相比，在星期二以 61.00 美元的价格卖出 2 200 股股票（表 8-9D 中的行 5 和行 6）改善了 3 150 美元的股票交易结果，将

2 820 美元的亏损转化为 330 美元的利润。星期二时 34% 的隐含波动率水平同样允许 Susan 在股票价格为 61.00 美元时以 2.24 美元的价格卖出 60 卖权，并改善其利润合计为 2 230 美元。

表 8 – 9D　　　　　Delta 中性交易——模拟"真实"例子 2：
结果 2——损益计算（如果在星期二完成平仓）

列 1	列 2	列 3	列 4	列 5	列 6
	动作和数量	买入价格	卖出价格	每股损益	全部损益
第一部分：期权交易					
星期四和星期三	买入/卖出 50	1.86	2.24	+0.38	+1 900 美元
第二部分：股票交易					
行 1 星期四	买入 2 000	61.00	—	—	—
行 2 星期四	买入 400	59.80	—	—	—
行 3 星期五	卖出 100	59.80	60.00	+0.20	+20 美元
行 4 星期一	卖出 100	59.80	60.50	+0.70	+70 美元
行 5 星期二	卖出 200	59.80	61.00	+1.20	+240 美元
行 6	卖出 2 000	61.00	61.00	– 0 –	– 0 –
行 7			来自股票交易的利润		+330 美元
行 8			股票和期权损益合计		+2 230 美元

　　如果星期二时隐含波动率为 24%，60 卖权的价格将为 1.59 美元。利用 Op – Eval Pro 软件，并采用与表 8 – 9C 中不同的波动率假设，即可计算出这个价格。当 60 卖权的卖出价格为 1.59 美元时，表 8 – 9D 中的 1 900 美元的期权利润将变为 1 350 美元的损失，产生了 3 250 美元的负变化。

　　结论显而易见：星期二至星期三期间隐含波动率从 34% 下降至 24% 导致模拟"真实"交易 2 中的 Delta 中性持仓产生亏损，这是 Delta 中性交易员面临的风险之一。交易员必须经常问自己，"我是应该今天退出，还是等到明天？"答案依赖于其对隐含波动率的预测，而这只能由交易员自己独立做出决定。

Delta 中性交易——投机者的机会和风险

投机者通过预测方向来获取利润。当预测市场为牛市时，投机者会买入股票、买入买权或卖出卖权。在 Delta 中性交易的情形中，投机者必须预测隐含波动率和已实现波动率的变化方向以及两者之间的关系。如先前分析的做多波动率例子中的那样，如果认为隐含波动率已经很低了，且已实现波动率将上升，则投机者可以通过买入期权并维持 Delta 中性来获取利润。类似的如做空波动率例子中的那样，如果认为隐含波动率处于高位且已实现波动率将下跌，则投机者可卖出期权并维持 Delta 中性来获取利润。在进行 Delta 中性交易并赚取利润的努力中，投机者在少则几天多则数周的时期内承担风险。假定交易员 Tom 的 Delta 中性交易练习（1）包含了五个交易日，在不考虑交易费用的条件下获得了盈亏平衡的结果。虽然 Tom 在五天后对持仓进行平仓，但在真实情形中，投机者必须几乎每天做决定。该持仓是否应该像例子中那样在盈亏平衡时平仓？或者继续持有该持仓？问题的答案则比较主观，是必须由交易员独自做出的决定。正如市场方向性的交易是一种艺术，它基于交易员的直觉来进入市场并获得利润和损失，Delta 中性交易同样也是一种艺术而非科学。

做多波动率的投机风险

在做多波动率的情形中，投机者参与了 Delta 中性交易并承担有限但显著的风险。例如，假设 Delta 中性持仓是由买入 50 手买权和卖出 2 000 股股票所构成。如果期权的 Vega 为 0. 12，及 12 美分，则隐含波动率一个百分点的变化将导致期权价格上涨或下跌 12 美分，或每手期权 12 美元。因此，如果隐含波动率下降 5% 而标的股票价格不变，则此例中期权将损失每股 60 美分，或每手 60 美元（5% 波动率 × 0. 12 美元每股每 1% 波动率 × 100 股每手 = 60 美元）。对于 50 手的期权多头持仓，总损失为 3 000 美元（60 美元每手期权 × 50 手 = 3 000 美元），这还不包括时间价值衰减。如果隐含波动率下降更多，损失额将更大。当持仓持有至期权到期，并且到期时股票价格等于期权执行价格时，做多波动率Delta 中性持仓产生最大可能损失，此时期权到期无价值。

做空波动率的投机风险

在做空波动率的情形中，投机者进行 Delta 中性交易的风险是无限的。做空期权的 Delta 中性持仓包含两个风险。第一个风险来源于隐含波动率的上升。如果投机者卖出 100 手买权并维持 Delta 中性，并且买权的Vega 为 0.09，或每股 9 美分时，投机者将在隐含波动率每上升 1 个百分点时遭受 900 美元的损失。

做空波动率 Delta 中性持仓的第二个风险产生于标的股票价格的大幅变化。如表 8 – 10 所示，当标的股票价格从 42 美元上涨至 49 美元时，做空波动率的 Delta 中性持仓将遭受较大的损失。交易收盘后的公告会导致第二个交易日股票开盘价格急剧上涨或下跌。交易开始时的这种价格行为被称为开盘缺口，这种现象在收入公告发布后经常发生。然而，股票价格缺口也会在交易日内发生。持有做空期权持仓的交易员必须经常对这些事件保持警惕。

在表 8 – 10 中，列 1 描述了初始持仓，而列 2 则包含了初始价格。该初始持仓为以 1.00 美元的价格卖出 100 手 45 买权，和以 42.00 美元的价格买入 3 000 股股票。我们忽略了股票的名称，因为这并不重要。行 3 列 2 显示，初始持仓为 Delta 中性，因为每手买权空头的 Delta 为 – 0.30。

列 3 反映了大幅波动后的股票价格和期权价格。股票价格上涨至49.00 美元，而买权价格则上涨至 4.90 美元。列 4 则显示，期权的每股损失为 3.90 美元（行 1），而股票的每股利润为 7.00 美元（行 2）。列 5计算了 100 手买权的损失和 3 000 股股票的利润。对于这两部分持仓而言，净损失为 18 000 美元。

表 8 – 10 说明了持有 Delta 中性持仓并不能保护交易员免遭损失。正如先前所解释的，做多波动率的 Delta 中性持仓从股票价格的大幅变化

或高波动率中获利，并从股票价格的小幅或无变化以及小波动率中损失。刚好相反的是，做空波动率的 Delta 中性持仓则从低波动率中获利而在高波动率时亏损。导致波动率或高或低的原因千差万别，这在不同的股票、不同的指数以及不同的期货合约之间，都是不一样的。

表 8 – 10　　做空波动率的 Delta 中性持仓在股价大幅波动时的风险

	列 1	列 2	列 3	列 4	列 5
行	持仓	初始价格	大幅波动后的价格	每股损益	持仓损失
1	卖出 100 手 45 买权	1.00	4.90	(3.90)	(39 000) †
2	买入 3 000 股股票	42.00	49.00	7.00	21 000 ‡
3	持仓 Delta ×	0	− 5 000	损失合计	(18 000)

注：× 在股票价格为 42.00 美元时，45 买权空头的 Delta 为 − 0.30。

　　† 期权持仓损失 =（390 美元）每手期权 × 100 手期权 =（39 000 美元）。

　　‡ 股票持仓利润 = 7 美元每股 × 3 000 股 = 21 000 美元。

　　进行 Delta 中性交易的期权交易员必须对他们所交易的标的资产的历史波动率和隐含波动率非常熟悉（见第七章），并且他们必须决定波动率多少时为高，而多少时为低。对于投机者而言，Delta 中性交易并不是快速致富之路，它的操作有一定难度，需要很强的判断力和原则性。如其他任何交易一样，它包含自己的风险和潜在的回报。

Delta 中性交易——做市商的机会与风险

　　与投机者不同，做市商是通过以买入报价买入和以卖出报价卖出来获利的。对于做市商而言，Delta 中性交易是一个两步骤过程中的第一步，并希望该交易只持续几分钟或不超过几个小时。

　　如第八章将要介绍的几个例子那样，做市商的第一步是以买入报价买入期权（或以卖出报价卖出），并紧接着利用标的股票来建立一个 Delta 中性持仓。第二步是以卖出报价卖出期权（或以买入报价买入）并紧接着平仓股票持仓。做市商希望当股票和期权持仓均平仓时，他们能获得利润。当然，做市商也有遭受损失的风险。

专业期权交易

当做市商以买入报价买入期权并立刻通过交易股票来建立 Delta 中性持仓时，该股票交易被认为是对冲（hedge）。对冲交易，或简化为对冲，是建立一个持仓用于抵消另一个持仓的短期市场风险。如表 8-1 至表 8-4 所示，做市商在以买入（卖出）报价买入（卖出）期权后分别建立了这些 Delta 中性持仓。

XYZ 期权的一个做市商，姑且称他为做市商 A，可能在表 8-1 中建立如下持仓：在回顾了 XYZ 股票历史波动率和它的期权的隐含波动率，并且对 XYZ 期权的许多买入报价和卖出报价进行评估之后，该做市商认为波动率为 28% 的 XYZ 期权值得买，而波动率为 30% 的这些期权值得卖。该做市商同样决定他会在这些水平时买入或卖出 50 手合约。接下来他在其电脑中对这些水平的交易进行编程。当 XYZ 股票价格为 89.05 美元时，做市商 A 的电脑自动为 50 手 XYZ 90 买权进行双边报价，买入报价为 2.75，卖出报价为 2.85。同时，当 XYZ 的价格为 89.05 美元时，假定另一个交易员，姑且称他为交易员 B，决定以"市价"卖出 20 手 XYZ 90 买权。市价指令是通知经纪商在当前可获得的最好价格中进行交易的交易指令。交易员 B 可能是一个非专业的个人交易员，或是某共同基金的专业交易员，或是另一个做市商。卖方的身份并不重要。唯一重要的是，对 XYZ 90 买权进行买入报价的做市商 A 将以 2.75 美元的价格买入这 20 手买权。而交易员 B 就是该期权的卖方。

此时，XYZ 股票价格为 89.05 美元，做市商 A 现在持有了 20 手 Delta 为 +0.45 买权，产生了 +900 的 Delta 暴露并且他想将其减少至 0。让 Delta 为零的最快和最保险的方法是卖空 900 股 XYZ 股票，因此做市商 A 的电脑自动执行这笔交易。结果是做市商 A 持有了表 8-1 所示的 Delta 中性持仓，包含以 2.75 美元的价格买入的 20 手 XYZ 90 买权和以 89.05 美元的价格卖空的 900 股 XYZ 股票。

做市商 A 接下来决定如何操作的过程是非常复杂的，我们将在第十章进行讨论。然而，简单地说，做市商并不仅是实现 Delta 中性，他们还需试着已实现波动率中性。结果是，只要做市商 A 认为隐含波动率会维持不变或上升，他会维持其买权多头和股票空头的持仓并希望将有另外的交易员愿意以其卖出报价来买入买权。然而，如果隐含波动率开始下降，则做市商 A 将卖出另一个期权来对冲其 90 买权多头的波动率风险。

从理论上来说，做市商承担的风险与投机者承担的风险相同。无论你是做市商还是投机者，买入期权并维持 Delta 中性带来了显著的风险，而卖出期权并维持 Delta 中性则会带来无限的风险。然而，在实践中，投机者建立 Delta 中性持仓并愿意将其持有数天或更长，而做市商则希望在更短的时间内限制其暴露，这将减少他们的风险暴露。

从事 Delta 中性交易策略的投机者希望能预测隐含波动率和已实现波动率的变化并由此获利。当他们预测错误时则损失金钱。对于做市商而言，一个 Delta 中性持仓与预测无关。它是一笔对冲交易，或降低风险的技巧，直到他们完成交易的"第二步"。

小结

Delta 中性交易是一种非方向性交易技术，利润、损失或盈亏平衡均来自于隐含波动率和已实现波动率之间的关系。Delta 中性持仓的 Delta 为零或接近零。专业做市商和专业投机者在进行 Delta 中性交易时的目标非常不同。

做多波动率描述的是持有期权时的 Delta 中性持仓，比如买权多头和股票空头，或者卖权多头和股票多头。做空波动率描述的是卖出期权时的 Delta 中性持仓，比如买权空头和股票多头，或者卖权空头和股票空头。Delta 中性持仓也可以由两个以上的组成部分。

Delta 中性交易的过程包括，第一，建立 Delta 中性持仓；第二，根据事先确定的规则在一些天内进行调整股票交易；第三，剩余持仓平仓。支持 Delta 中性交易的理论认为，来自于期权交易的利润或损失将刚好与来自于股票交易的损失或利润相抵。用期权的语言来说，该理论说明隐含波动率等于已实现波动率。

现实中的 Delta 中性交易与理论有很大不同。隐含波动率和已实现波动率均会变化，因为两者都受制于市场力量。结果是，两者并不保证

专业期权交易

会相等。因此进行 Delta 中性交易的交易员必须承担一些风险。

投机者利用对隐含波动率和已实现波动率变化方向以及两者关系的预测来获利，并在他们预测错误时承担风险。做市商则将 Delta 中性交易视为一种短期对冲技术，希望能在隐含波动率逆向变化之前的短时间内，通过以买入报价买入或以卖出报价卖出将持仓平仓。

第九章　设定买卖报价

　　做市商必须对其买卖期权的价格感到满意，因此他们必须建立起一个系统来确定对他们有利的报价。这些报价应至少让交易员相信他们在理论上得到些许的支持。本章将讨论确定买卖报价的四个重要概念。第一个概念是买卖价差理论，将介绍它的原理以及为什么它对做市商如此重要。其次，本章将探讨做市商如何通过 Delta 中性交易来赚取买卖价差。接下来将介绍如何基于隐含波动率来确定买卖报价。最后一部分将解释当股票价格变动时，做市商如何利用隐含波动率对买卖报价进行调整。本章最后通过四个例子，介绍如何通过以买入报价买入期权、以卖出报价卖出期权并进行 Delta 中性交易的方式，帮助在有利可图的价格上建立蝶式价差组合、逆转组合和盒式价差组合。

　　本章假定读者们已经对 "市场" 的概念较为熟悉。它是由买入报价、卖出报价以及买卖量组成的。如果读者对这些概念较为陌生，建议在阅读本章内容之前复习一下本书第一章的内容。

买卖价差理论

　　表 9 - 1 以及表 9 - 2 展示了做市商如何通过以买入报价买入期权、以卖出报价卖出期权并利用 Delta 中性对冲的方式来试图盈利。每个表都包含整个交易的开始、结束以及损益计算。假设参与交易的做市商是 Alex。

　　表 9 - 1 显示 Alex 在上午 10 点做了第一次交易，此时股票的买卖报价分别为 53.99 和 54.01，55 买权的买卖报价分别为 1.80 和 1.85，其 Delta 值为 +0.40。为简便起见，假设股票以及期权能够以上述价格交

易，暂不考虑股票以及期权的买卖量。

表 9 – 1 中的交易 1 分为两部分。Alex 以卖出报价 1. 85 的价格卖出 10 手 55 买权并且以卖出报价 54. 01 买入 400 股股票来对冲期权持仓。股票对冲交易 （hedging stock trade） 是通过买入或者卖出一定数量的股票来抵消期权持仓总 Delta 值。表 9 – 1 在交易 1 之后展示了对持仓总 Delta 的计算。Alex 以卖出报价买入股票，是因为做市商在完成期权交易后必须迅速进行对冲。如果行动速度过慢，股票的价格很有可能向不利的方向变动，从而使股票对冲交易失效。

表 9 – 1 中显示，Alex 在上午 11 点进行了第二次交易，此时股票价格上涨了 1 美元，同时 55 买权的买卖报价均上涨了 40 美分。为了简便起见，假设期权价格的实际变动与期权 Delta 值预测的变化保持一致。但在真实的交易中，正如本书第四章提到的一样，期权的 Gamma 值以及 Vega 值都会使期权价格的实际变化与期权 Delta 值预测的变化不同。交易 2 对交易 1 建立的持仓进行了平仓。Alex 以买入报价 2. 20 买入期权空头，同时以买入报价 54. 99 卖出股票。

表 9 – 1 的最后计算了交易的损益。Alex 以 1. 85 的价格卖出 10 手 55 买权，又以 2. 20 的价格买回平仓，损失为 35 美分每股，或 35 美元每手期权合约，因此 10 手期权合约共亏损 350 美元。他以 54. 01 美元价格买入 400 股股票，又以 54. 99 美元卖出，盈利为每股 98 美分，总盈利为 392 美元。在不考虑交易费用的情况下，其净利润为 42 美元。

表 9 – 1　　　　　　　　　买卖价差理论：第 1 部分

		买入报价	卖出报价
上午 10 点	股票报价	53. 99	54. 01
	55 买权报价	1. 80	1. 85
	55 买权 Delta	+ 0. 40	
交易 1：以卖出报价卖空 10 手 55 买权并用股票 Delta 中性对冲			

		数量	×	Delta	=	持仓 Delta
卖空 10 手 55 买权	1. 85	– 1 000	×	+ 0. 40	=	– 400
买入 400 股股票	54. 01	+ 400	×	+ 1. 00	=	+ 400
		总 Delta 持仓			=	0

续表

		买入报价	卖出报价
上午 11 点	股票报价	54. 99	55. 01
	55 买权报价	2. 20	2. 25

交易 2：以买入报价买入 10 手 55 买权，并将股票持仓平仓

	数量	×	Delta	=	持仓 Delta
买入 10 手 55 买权	2. 20		将交易 1 相应持仓平仓		
卖出 400 股股票	54. 99		将交易 1 相应持仓平仓		

损益计算

	股票交易	期权交易	净损益
卖价	+54，99	+1. 85	
买价	−54. 01	−2. 20	
每股损益	+0. 98	−0. 35	
×股数（手数）	× 400	× 1 000	
损益	+392	−350	+42

　　表 9 - 1 似乎传达这样的信息，即使他们放弃了在标的股票上的买卖价差，以买入报价买入期权并以卖出报价将其卖出也能够使做市商盈利。但表 9 - 1 的结果具有结论性吗？假设股票的价格是下跌而非上涨，那结果会是如何呢？表 9 - 2 向我们阐述了这个问题。

　　表 9 - 2 与表 9 - 1 相似，但有一点不同：股票价格下跌了 1 美元而非上涨。Alex 在表 9 - 2 的第一次交易与其在表 9 - 1 中交易 1 相同。他以卖出报价 1. 85 卖出 10 手 55 买权并以 54. 01 买入 400 股股票来对冲期权。

表 9 - 2　　　　　　　　　　**买卖价差理论：第 2 部分**

		买入报价	卖出报价
上午 10 点	股票报价	53. 99	54. 01
	55 买权报价	1. 80	1. 85
	55 买权 Delta	+0. 40	

交易 1：以卖出报价卖空 10 手 55 买权并用股票 Delta 中性对冲

	数量	×		Delta	=	持仓 Delta
卖空 10 手 55 买权	1. 85	−1 000	×	+0. 40	=	−400
买入 400 股股票	54. 01	+400	×	+1. 00	=	+400
		总 Delta 持仓			=	0

专业期权交易

续表

		买入报价	卖出报价
上午 11 点	股票报价	52.99	53.01
	55 买权报价	1.40	1.45

交易 2：以买入报价买入 10 手 55 买权，并将股票持仓平仓

	数量 ×	Delta =	持仓 Delta
买入 10 手 55 买权	1.40	将交易 1 相应持仓平仓	
卖出 400 股股票	52.99	将交易 1 相应持仓平仓	

损益计算

	股票交易	期权交易	净损益
卖价	+52，99	+1.85	
买价	−54.01	−1.40	
每股损益	−1.02	+0.45	
×股数（手数）	×400	×1 000	
损益	−408	+450	+42

表 9-2 的交易 2 发生在上午 11 点，此时股票价格下跌 1 美元，同时 55 买权买卖报价均随之下降 40 美分。在交易 2 中，Alex 以买入报价 1.4 买回期权空头平仓，并以买入报价 52.99 卖出股票平仓。

表 9-2 的最后计算了交易产生的损益。Alex 以 1.85 价格卖出 10 手 55 买权，并以 1.40 的价格买入平仓，盈利为 45 美分每股或者 45 美元每手期权合约，则 10 手合约总共盈利 450 美元。他以 54.01 的价格买入 400 股并以 52.99 的价格卖出，损失为 1.02 美元每股，总共损失为 408 美元。在不考虑交易费用的情况下，其净损益为 42 美元。其损益与表 9-1 的损益是一样的。所以，股票下跌与股票上涨两种情况所产生的损益是一样的。

现实世界中的影响因素

表 9-1 与表 9-2 的例子表明，从概念上来讲，做市商将期权以买入报价买入并以卖出报价卖出，同时进行 Delta 中性对冲交易，那么无论市场价格朝哪个方向变动，做市商均能赚取收益，即使他们放弃标的股票上

的买卖价差收入。当然，在现实世界中还存在许多其他复杂的影响因素。首先，交易员要支付交易费用。即使对专业做市商来说交易费用非常低，由于交易费用对交易结果有着重大影响，在制订交易计划时需予以充分考虑。其次，标的股票买卖价差的大小也有显著的影响。在前文的两个例子中，标的股票的买卖价差是期权买卖价差的40%，也就是股票的每股2美分对应期权的5美分。非常明显，标的现货买卖价差的变化，会引起期权买卖价差的调整。最后，因为股票价格有波动，做市商必须学会根据股票价格的变动来调整其期权的买卖报价。在这方面，除了期权的 Delta 值外，做市商还有其他更重要工具。后文将进一步讨论。

调整买卖报价的必要性

期权价格不总是与 Delta 与 Gamma 预计的那样变动，因为其隐含波动率水平会发生变化。隐含波动率的影响在表 7-6 已经展示过。因此，做市商须采取两个应对措施：设定风险限额，并且采取渐进式交易（Scaling in/out）。

风险限额可以以美元金额的方式来设置，也可以以波动率暴露或期权合约数量的方式来设置。在下面的例子中，一个名叫 Anna 的做市商，她的多头或者空头风险限额均为 100 手期权合约。同时，在此例中，Anna 在调整买入报价与卖出报价之前最多卖出或者买进 20 手期权合约。

渐进式买入（Scalling in）意味着连续以较低的价格买入或者连续以较高的价格卖出，这样能够使一个较大持仓的平均成交价格比初始的价格更为有利。这样操作意味着如果一系列的买单或者卖单一个接一个地进入市场，那么做市商就可以逐渐地将事先计划好的大额持仓建立起来。在接下来的例子中，做市商 Anna 以初始价格卖出 20 手期权合约，而后以更高的价格再卖出 20 手期权合约，然后仍以更高的价格卖出 20 手以上的合约，依此类推，直到达到 100 手合约的最大持仓限额，或者她也可以买进合约并将一部分空头平仓。

通过这种方式调整买卖报价，Anna 完成了两件事情。首先，她通过

专业期权交易

每一次卖出时获得了较优的价格建立了持仓（在本例中为较高的卖价）。其次，较高的买入报价能够吸引期权卖方进入市场。请记住，做市商的目标是以买入报价买进期权并以卖出报价将其卖出，以此来赚取利润，并通过将其持仓平仓来消除风险。

在真正的交易中，交易员会有自己的判断。为什么在每个报价水平上报出的合约数量是 20 手合约，而不是 10 手合约或者 25 手合约？在每次买入期权或者卖出期权后，买卖报价需要调整多少？每次买卖报价的调整幅度是一个变动价位（tick），两个变动价位还是更多？什么时候需要改变价格调整的幅度，是当持仓规模达到 40 手、60 手还是达到其他的规模？对于上述的这些问题，没有绝对"正确的"答案。每个做市商必须根据自己的做市经验以及风险接受程度来做出决定。

买卖报价的调整过程

在下面的例子中，做市商 Anna 做了四笔交易。通过连续三次的 20 手合约买入建仓，接着用 60 手合约的卖单平仓，Anna 与市场的买卖单成交。每次卖出后，她都提高买卖报价。为了简便起见，本例假设股票价格不会变动。股票价格变动情况将会在后面的例子中进行探讨。

表 9 – 3 一开始列明了交易的主要信息。股票的买卖报价分别为 80.40 及 80.42。80 买权的买入报价为 4.50，卖出报价为 4.60，其 Delta 为 +0.60。同样不考虑各价位上的买卖量，假设股票和期权能够在各价格上成交。

在表 9 – 3 的步骤 1 中，Anna 以卖出报价 4.60 卖出 20 手 80 买权并以价格 80.42 买入 1 200 股股票来对冲期权持仓。因为买权的 Delta 为 0.60，Anna 按照以下步骤计算买入股票的数量：与 20 手期权空头对应的是 2 000 股标的股票空头，但是由于 Delta 的原因，其等价的市场风险敞口为 1 200 股股票空头（ – 2 000 × 0.60 = – 1 200）。为了使 Delta 中性并对冲市场风险敞口，Anna 立即以卖出报价 80.42 买入 1 200 股股票。

因为 Anna 有 20 手买权的空头持仓，她必须以其预先设定的风险管理规则来调整买卖报价。因此在步骤 2，她将买卖报价分别提高了 2 美分，80 买权的买卖报价分别变为 4.52 及 4.62。在步骤 3，Anna 以新的卖出报价 4.62 再次卖出 20 手 80 买权，并以价格 80.42 买入 1 200 股股票来对冲新的期权持仓。

表 9－3   **调整买入报价卖出报价**

	买入报价	卖出报价				
股票报价	80.40	80.42				
80 买权报价	4.50	4.60				
80 买权 Detla	+0.60					

步骤 1：以卖出报价卖出 20 手 80 买权并用股票进行 Delta 中性对冲

		股数（手数）	×	Delta	=	持仓 Delta
交易 1：卖出 20 手 80 买权	4.60	−2 000	×	+0.60	=	−1 200
买进 1 200 股股票	80.42	+1 200	×	+1.00	=	+1 200
		总 Delta			=	0

步骤 2：买卖报价各提高 2 美分：买入报价，4.52；卖出报价，4.62。

步骤 3：以卖出报价卖出 20 手 80 买权并利用股票 Delta 中性对冲：

		股数（手数）	×	Delta	=	持仓 Delta
交易 2：卖出 20 手 80 买权	4.62	−2 000	×	+6.0	=	−1 200
买进 1 200 股股票	80.42	+1 200	×	+1.00	=	+1 200
		总 Delta			=	0

步骤 4：买卖报价各提高 2 美分：买入报价，4.54；卖出报价，4.64。

步骤 5：以卖出报价卖出 20 手 80 买权并利用股票 Delta 中性对冲：

		股数（手数）	×	Delta	=	持仓 Delta
交易 3：卖出 20 手 80 买权	4.64	−2 000	×	+6.0	=	−1 200
买进 1 200 股股票	80.42	+1 200	×	+1.00	=	+1 200
		总 Delta			=	0

步骤 6：买卖报价各提高 2 美分：买入报价，4.56；卖出报价，4.66。

步骤 7：以买入报价买进 60 手 80 买权并将股票进行平仓：

交易 4：买进 60 手 80 买权	4.56	（期权持仓平仓）
卖出 3 600 股股票	80.40	（股票持仓平仓）

步骤 8：计算损益：

续表

	股票交易	期权交易 1	期权交易 2	期权交易 3	总损益
卖出报价	80.40	4.60	4.62	4.64	
买入报价	80.42	4.56	4.56	4.56	
每股（手）收益	-0.02	+0.04	+0.06	+0.08	
×股（手）数	3 600	2 000	2 000	2 000	
损益	-72	+80	+120	+160	+288

表 9-3 的步骤 3 之后，Anna 的持仓增加到了 40 手买权空头，随后她将再增加 20 手空头合约。因此在步骤 4，买卖报价将再次被抬高，当她把买卖报价各提高了 2 美分，此时价格分别为 4.54 及 4.64。在步骤 5，Anna 再次以最新的卖出报价 4.64 卖出 20 手 80 买权并再次以价格 80.42 买入 1 200 股股票来对冲新的期权空头。

在步骤 6，Anna 在另外卖出 20 手合约后其持仓达到 60 手空头，她再次把买卖报价分别提高 2 美分，分别达到 4.56 及 4.66。最后在步骤 7 中，一个 60 手合约的卖单进入市场。作为一个做市商，Anna 以买入报价 4.56 买入 60 手 80 买权进行平仓并同时以 80.40 的价格卖出所有 3 600 股股票。

损益计算

表 9-3 的步骤 8 计算了 Anna 的损益。在本例中，Anna 以 80.42 的价格买入所有 3 600 股股票并且以 80.40 的价格卖出。在不考虑交易费用的情况下，每股 2 美分的损失导致了 72 美元的亏损。

转向期权持仓的损益计算，Anna 以 4.56 的价格买入所有期权但是分别以 4.60、4.62、4.64 的价格卖出。如交易 1、交易 2 以及交易 3 所示，它们的利润分别为 80 美元、120 美元，以及 160 美元。Anna 在股票交易上的损失加上其在期权交易商的盈利，其净损益为 288 美元。

表 9-3 中的 8 个步骤表明渐进式建仓是做市商为了避免以同一价位建立较大持仓的重要技术。同样，通过调整买卖报价，能够维持持仓的盈利性。但是在这个例子中，还有两个问题需要回答。

首先，在一笔交易由利润转为亏损前，需要多少次提高买卖报价，其次，在面临股票价格波动时如何监控以及调整买卖报价？这些问题将通过一些例子予以解答。

调整买卖价差次数的限制

表9-4计算了买卖价差能够调整（提高或降低）的最大次数，以确保在最后一次调整后还能实现盈亏平衡。同样假设合约都能够在每个价格上进行成交。

表9-4中有6列。列1表示买卖价差被提高的次数。列2及列3分别表示买入报价和卖出报价，列4表示每笔交易以及其交易的价格。列5每行显示从行1直到本行的所有交易合约的平均卖出价格。列6每行显示从行1直到本行总共的交易合约数量。

表9-4   调整买入报价卖出报价的限制

列1	列2	列3	列4	列5	列6
调高次数	买入报价	卖出报价	交易	交易均价	空头数量
	1.75	1.80	以1.80卖出1手	1.800	1
1	1.76	1.81	以1.81卖出1手	1.805	2
2	1.77	1.82	以1.82卖出1手	1.810	3
3	1.78	1.83	以1.83卖出1手	1.815	4
4	1.79	1.84	以1.84卖出1手	1.820	5
5	1.80	1.85	以1.85卖出1手	1.825	6
6	1.81	1.86	以1.86卖出1手	1.830	7
7	1.82	1.87	以1.87卖出1手	1.835	8
8	1.83	1.88	以1.88卖出1手	1.840	9
9	1.84	1.89	以1.84买入9手		0

最终损益 =   0（盈亏平衡）

结论：如果最初的买卖价差为5美分，并且每次卖出交易后买卖报价均被提高1美分，那么在以买入报价买入平仓而使交易盈亏平衡之前，买卖报价可以被提高9次。第9次卖出是一个盈亏的临界点，在此临界点之后以买入报价买入可能会造成损失。

一般性的公式：盈亏平衡点等于买卖价差的两倍减去1，再除以每次价格变动数量。这是在以当前的买入报价或者卖出报价进行平仓而导致盈亏平衡之前，买卖价差调整的最大次数。

专业期权交易

例如，在表9－4中，行1列1是空白的，因为在列2的1.75以及列3的1.80是初始的买卖报价。列4是对交易的具体描述："以1.80卖出1手合约"，列5表示平均的卖出报价为1.80。因为在这个时点只有1手合约以卖出报价1.80卖出，所以其均价为1.80。列6表明直到这个时点总共的持仓为1手空头。

在表9－4的行2中，因为买卖报价第一次被提高，所以第一列的数值为1。此时的买入报价为1.76（列2），卖出报价为1.81（列3）。列4为具体的交易描述："以1.81卖出1手合约"。列5的值为1.805，它是行1卖出报价1.80以及列2卖出报价1.81的平均价。列6表明到目前为止，总持仓为2手空头合约。

在下面的7行里不断地重复这样的过程，每当新的合约卖出之后买卖报价都被提高1美分。

在第9行中，买卖报价第9次被抬高。如行2所示，其买入报价1.84与列5中所示的前几次交易均价相等。在最后一行所示的交易中，她以1.84的价格买回所有9手合约。如前面一行的列6所示，其总持仓为9手空头合约，因此在不考虑交易费用的情况下，以1.84的价格将9手空头合约平仓使得其损益为0。

从表9－4的例子中我们可以得到这样的结论：即使所有的合约在第9次交易后被平仓，一个交易商能够连续9次调高买卖报价并保持交易盈亏平衡。在本例中，假定了两个常数。首先，买卖价差恒定为5美分，其次，买卖报价在每次交易之后提高1美分。尽管这些影响因素可能与真实交易中的情况不同，我们还是能够从这个例子中总结出一个一般性的结论。

一般性的结论

表9－4所表现的概念也适用于其他的交易情形中。一般来说，买卖价差的可调整次数等于买卖价差的两倍减去1，再除以价格变动数量。变动数量是买卖报价每次调整时被调高或者降低的量。

在表9－4中，买卖价差为5美分，变动数量为1美分。因此买卖价差的 2 倍减去 1 等于 9（2 × 5 − 1 = 9）。这个数值除以单次变动数量等于 9（9 ÷ 1 = 9）。这个简单的公式能够告诉做市商在遭受损失之前他的 Delta 中性的持仓还能够增加多少次。

表 9 – 1 到表 9 – 4 的例子忽略了真实交易中的两个重要因素，分别是股票价格的变动和隐含波动率的变动。当股票价格是静态时，可以容易地看出 1.81 的期权价格比 1.80 的价格要高。但是当股票价格变动时，期权价格的比较就变得更困难。与股票价格为 54.6 时，价格为 2.80 的 55 买权相比，当股票价格为 53.75 时价格为 2.20 的 55 买权价值是相等，还是相对较高或较低呢？当股票价格波动时，如何做类似的比较？做市商需要一个能够在市场变动的情况下评价期权价格的简便方法。这个方法需要两方面的技巧，我们将在后文的表 9 – 5 及表 9 – 6 中进行展示和讨论。

在波动率变动的情况下估计期权价格

表 9 – 5 展示了在隐含波动率变化的时候快速估计期权新价格的技巧。在表第一行列出了计算公式。公式的第一部分是期权的理论价格，假设隐含波动率是已知的。期权的 Vega 值或者部分 Vega 值将从原来理论价格上增加或减去。这个结果就是在新的波动率假设下的新期权价格。请记住，期权的 Vega 值表示当波动率变动一个百分点时期权理论价格的变化。如果你需要温习期权的 Vega，请参照本书第四章。

在这个公式的下面，表 9 – 5 列出了 3 个买权的理论价值、Vega 和波动率的假设。执行价格为 80、85 以及 90 的买权的理论价值分别为 4.00、1.75 和 0.65。波动率假设为 30%，股票价格为 81.50。

表 9 – 5　　　　　　　　　　从期权价格到隐含波动率

已知隐含波动率的期权理论价值 + 期权 Vega 值 = 在新隐含波动率下的期权理论价值		
	股票价格 = 81.50	
	80 买权	85 买权	90 买权
理论价值	4.00	1.75	0.65

续表

	80 买权	85 买权	90 买权
波动率	30%	30%	30%
Vega	0.10	0.08	0.06
波动率变化假设			
新波动率	31%	31.5%	32%
估计价格	4.10	1.87	0.77
80 买权	30% 波动率时理论价格		4.00
	加上 1.0 × Vega (0.10)		+0.10
	31% 波动率的 80 买权价格		4.10
85 买权	30% 波动率时理论价格		1.75
	加上 1.5 × Vega (0.08)		+0.12
	31% 波动率的 85 买权价格		1.87
90 买权	30% 波动率时理论价格		0.65
	加上 2.0 × Vega (0.06)		+0.12
	32% 波动率的 90 买权价格		0.77

在 Vega 下面的几行列出了新的波动率水平。以 80 买权来说，新的波动率水平为 31%。而执行价格为 85 及 90 的买权，其波动率水平分别为 31.5% 和 32%。下面的一行包含了在新的波动率水平下的新的期权估计价格。例如 80 买权，价格从 4.00 上涨到 4.10。85 买权价格从 1.75 上涨到 1.87，90 买权价格上涨了 0.77。

表 9-5 的最后一部分显示，期权的估计价格可通过两个步骤算得。首先，波动率的变化百分比与期权的 Vega 相关联。例如，如果波动率变化 1%，期权的理论价值变化一个 Vega 值。以 80 买权为例，波动率上涨了 1 个百分点，从 30% 变为 31%，导致期权的理论价值上涨了 1 个 Vega 值，也就是从 4.00 上涨到 4.10。

而对于 85 买权，其波动率变化为 1.5 个百分点。它的理论价值上涨了 1.5 个 Vega 值。85 买权的 Vega 为 0.08，因此波动率从 30% 上涨到 31.5% 致使其理论价值上涨了 0.12（0.08Vega × 1.5），从 1.75 涨到

1.87。最后，90 买权波动率上涨 2 个百分点，致使其理论价值上涨了 0.12，从 0.65 涨到 0.77（其 Vega 值 0.06 的两倍）。

以波动率来表示买卖报价

表 9-6 展示了根据市场变化来迅速估计期权价格的第二个技巧：用波动率来表示期权市场报价。

表 9-6　　以波动率来表示市场报价

	股票价格 = 81.50		
	80 买权	85 买权	90 买权
期权理论价值	4.00	1.75	0.65
波动率	30%	30%	30%
Vega	0.10	0.08	0.06
	市场报价		
买入报价 - 卖出报价	3.90 - 4.10	1.75 - 1.83	0.68 - 0.77
用波动率表示的市场报价	29% ~31%	30% ~31%	30.5% ~32%

表 9-6 的开头与表 9-5 一样，有三个期权以及它们的理论价值和 Vega。表 9-6 的第二部分是每个期权的买卖报价。例如 80 买权，其买入报价为 3.90，其卖出报价为 4.10。对于执行价格为 85 以及 90 的买权，它们的买卖报价分别为 1.75、1.83 和 0.68、0.77。

表 9-6 的最后一行是用波动率来表示的市场报价。对于 80 买权，其波动率可表述为买入报价为 29% 和卖出报价为 31%。这些百分比的计算与表 9-5 中新的波动率假设下价格的计算方法相同。期权的 Vega 或者其一部分将会从期权理论价值中加上或者减去。

例如 80 买权，其理论价为 4.00，波动率为 30%，Vega 为 0.10，3.90 的期权价格是 4.00 减去一个 Vega 值，与其相对应的隐含波动率为 29%。同样，对于一个 80 买权，其价格为 4.10，相当于价格 4.00 加上一个 Vega 值，其对应的隐含波动率为 31%。因此，对于 80 买权，其买卖报价分别为 3.90 和 4.10，对应的波动率可表述为 29% 的买入报价和 30% 的卖出报价。

85 买权其买入报价为 1.75，卖出报价为 1.83。表 9 - 6 的顶部表明在 30% 的波动率假设下，期权的理论价值为 1.75。在此价格上加上一个 0.08 的 Vega 值，其价格变为 1.83，用波动率可表述为波动率上调 1%，达到 31%。那么 85 买权买卖报价用波动率可表述为买入报价 30%，卖出报价 31%。

最后，对于 90 买权，其波动率为 30%，理论价格为 0.65，Vega 为 0.06，意味着 0.68 的买入报价以及 0.77 的卖出报价用波动率可表述为 30.5% 的买入报价、32% 的卖出报价。价格 0.68 比价格 0.65 高出 0.5 个 Vega 值，而 0.77 则高出了 2 个 Vega 值。

在波动率变动的时候，能通过 Vega 来估计期权新价格，并能够用波动率来表示市场的买卖报价是专业的交易员必须掌握的技能，因为交易决策往往必须迅速作出。本章后面的例子以及下一章的一些例子展示了这些技能在开平仓、持仓管理以及风险管理等方面同样很有用。

交易案例介绍

下面的四个例子展示了做市商使用的 3 个交易技巧。首先，他们进行 Delta 中性交易来避免市场方向性风险。其次，他们利用隐含波动率来调节买卖报价。最后，做市商可能不关心他们具体买卖的期权合约，因为通过以买入报价买进，并以卖出报价将其卖出可以使他们建立具有盈利性的转换组合、逆转组合、蝶式价差组合和盒式价差组合。下面的例子通过一些交易的简单介绍展示了这些技术是如何实现的。

表 9 - 7 的所有 4 个交易例子都用到了期权的理论价值、Delta 和 Vega。股票价格的变动范围在 83.60 到 85.00 之间，假设波动率为 32%，其他的参数如存续天数、利率以及股息都在表的最后列出。

表 9 – 7　执行价格为 80, 85, 90 的买权和卖权的理论价值（T. V.）、Delta 及 Vega

股票	80 买权	80 卖权	85 买权	85 卖权	90 买权	90 卖权
价格	T. V. 32%	T. V. 32%	T. V. 32%	T. V. 32%	T. V. 32%	T. V. 32%
85. 00	7. 42	1. 94	4. 50	3. 98	2. 50	6. 96
Delta	0. 72	− 0. 28	0. 54	− 0. 46	0. 38	− 0. 62
Vega	0. 08	0. 08	0. 10	0. 10	0. 09	0. 09
84. 80	7. 28	2. 00	4. 40	4. 08	2. 42	7. 08
Delta	0. 72	− 0. 28	0. 54	− 0. 46	0. 36	− 0. 64
Vega	0. 08	0. 08	0. 10	0. 10	0. 08	0. 08
84. 60	7. 12	2. 06	4. 28	4. 16	2. 34	7. 20
Delta	0. 70	− 0. 30	0. 52	− 0. 48	0. 34	− 0. 66
Vega	0. 08	0. 08	0. 10	0. 10	0. 08	0. 08
84. 40	7. 00	2. 10	4. 18	4. 26	2. 28	7. 32
Delta	0. 70	− 0. 30	0. 52	− 0. 48	0. 34	− 0. 66
Vega	0. 08	0. 08	0. 10	0. 10	0. 08	0. 08
84. 20	6. 86	2. 18	4. 08	4. 36	2. 20	7. 46
Delta	0. 70	− 0. 30	0. 50	− 0. 50	0. 34	− 0. 66
Vega	0. 08	0. 08	0. 10	0. 10	0. 08	0. 08
84. 00	6. 72	2. 24	3. 98	4. 46	2. 12	7. 60
Delta	0. 70	− 0. 30	0. 50	− 0. 50	0. 32	− 0. 68
Vega	0. 09	0. 09	0. 10	0. 10	0. 08	0. 08
83. 80	6. 58	2. 30	3. 88	4. 56	2. 08	7. 74
Delta	0. 68	− 0. 32	0. 50	− 0. 50	0. 32	− 0. 68
Vega	0. 09	0. 09	0. 10	0. 10	0. 08	0. 08
83. 60	6. 44	2. 36	3. 78	4. 66	2. 02	7. 88
Delta	0. 68	− 0. 32	0. 49	− 0. 51	0. 30	− 0. 70
Vega	0. 09	0. 09	0. 10	0. 10	0. 08	0. 08

假设：存续天数为 56；利率为 4%；股息为无。

　　每个例子都有各自关于买卖价差大小以及买卖报价调整次数的假设。这些差异与真实交易中的一样，不同的期权市场有各自不同的特点，其中一个显著的不同就是买卖价差的大小。诸多方面的原因可以导致这些

专业期权交易

不同，比如股票价格的波动、标的股票或者期权自身的交易量大小，或者是某些上市公司重大事件，例如将要公布的公司盈利公告。

每个例子都用三个表来说明一名假想的交易员 Ross 的所有活动。第 1 个表是对交易步骤的说明：第 1 步，Ross 在一个或多个期权合约上做市，在给定的波动率水平下提供买卖报价；第 2 步，Ross 在这些报价上进行了一笔交易；第 3 步，股票价格发生变动时，Ross 给出了新的报价并进行了更多的交易；第 4 步，他将所有的持仓进行了平仓。第 2 个表详细讲解了 Ross 如何按照第 1 个表中的步骤一步一步地实施交易。第 3 个表对这个交易进行了总结。通过比较期权理论价值与其建仓价格，计算了交易的损益。在第 3 个表的最后对交易的要点进行了总结。

例子 1：买入 Delta 中性买权

表 9 – 8A 介绍了本例中的两笔交易。Ross 首先根据上述的波动率水平为 85 买权设置了买卖报价，接着进行了 Delta 中性对冲交易。第 3 步是调整买卖报价，最后第 4 步将全部持仓平仓。

表 9 – 8B 的第 1 步到第 4 步详细介绍了 Ross 如何进行交易。在步骤 1 中，她根据 32.0% 以及 33.0% 的波动率水平为 85 买权给出了买卖报价，此时股票价格为 84.6。期权的理论价值为 4.28，假设波动率为 32% 和 Vega 为 0.10，Ross 将买卖报价分别设为 4.28（32%）和 4.38（33.0%）。可以看到卖出报价比买入报价高出 0.1 或者是 1 个 Vega 值。

第 2 步，Ross 以买入报价买入 10 手 85 买权并卖出股票对期权持仓进行 Delta 对冲。因为当股票价格为 84.60 时 85 买权的 Delta 为 + 0.52，所以买入 10 手期权，Ross 需要卖空 520 股股票进行对冲。

第 3 步显示了 Ross 如何根据买入报价 31.8% 以及卖出报价 32.8% 的波动率水平调整买入报价和卖出报价。因新股为 83.80，理论价值为 3.88，Vega 为 0.01，85 买权的新市场报价为买入报价 3.81（31.8%）和卖出报价 3.96（32.8%）。波动率被调低有两个原因。首先，如果另外一个卖单进入市场，Ross 有可能必须买进，那么一个较低的买入报价使他能够在 85 买权以一个较低的平均价格上渐进式建立一个较大的持仓。其次，较低的波动率更有希望促使买方进入市场。每次 0.2 个百分点的波动率调整幅度是出自 Ross 的个人判断。每个交易员都会根据自己的知识和经验做出自己的决定。

表 9 – 8A	买入买权并进行 Delta 中性对冲：说明
第 1 步	股票价格为 84.6。以买入报价 32%，卖出报价 33% 的波动率水平为 85 买权做市。
第 2 步	以买入报价买入 10 手买权并利用股票进行 Delta 中性对冲。
第 3 步	股票价格变为 83.6，以买入报价 31.8%，卖出报价 32.8% 的波动率水平为 85 买权做市。
第 4 步	以卖出报价卖出 10 手 85 买权平仓，并且将股票持仓平仓。

表 9 – 8B　　买入买权并进行 Delta 中性对冲：逐步解释交易步骤

		买入报价	卖出报价	股票价格 = 84.60
第 1 步	85 买权			
	价格	4.28	4.38	85 Call = 4.28（32.0%）
	隐含波动率	32.0%	33.0%	Delta = 0.52；Vega = 0.10
第 2 步	买入 10 手 85 买权	4.28		（隐含波动率 = 32.0%）
	卖空 520 股股票	84.60		
第 3 步	85 买权	买入报价	卖出报价	股票价格 = 83.80
	价格	3.86	3.96	85 买权 = 3.88（32%）
	隐含波动率	31.8%	32.8%	Delta = 0.50；Vega = 0.10
第 4 步	卖出 10 手 85 买权平仓	3.96		（隐含波动率 = 32.8%）
	买入 520 股股票平仓	83.8		

在第 4 步中，Ross 以卖出报价 3.96 卖出 10 手买权并以 83.80 的价格买回股票以平掉空头持仓。

在表 9 – 8C 中，计算了例子 1 中交易的损益。Ross 以 4.28 每手价格买入 10 手买权并以 3.96 价格卖出，在不考虑交易费用情况下其损失为 320 美元〔（4.28 – 3.96）×100〕。以 84.60 卖出 520 股股票并以 83.80 买进，在不考虑交易费用情况下股票的收益为 416 美元〔（84.60 – 83.80）×520〕。因此总的收益为 96 美元。

正如表 9 – 1 与表 9 – 2 所示，这个例子可以得到相同的结论：以买入报价买入期权，以卖出报价卖出并利用股票 Delta 中性对冲可以获利。不

专业期权交易

过此例子与表 9 - 1 与表 9 - 2 的例子有两个不同点。首先，在此例子中，两次交易中的股票价格是变化的。另外，买卖报价是由波动率来表述的。

表 9 - 8C   买入买权并进行 Delta 中性对冲：损益计算

买权卖出报价×100	396 美元
减去买权买入报价×100	−428 美元
每手期权损益	(32) 美元
×期权手数	×10
=期权损益	(320) 美元
每股股票卖价	84.60 美元
减去每股股票买价	−83.80
每股损益	+0.80 美元
×股数	×520
=股票损益	+416 美元
净损益	+96 美元

结论：不管股票价格变动方向如何，以买入报价买入期权，以卖出报价卖出并利用股票 Delta 中性对冲可以获利。在本例中没有深入讨论的是时间价值衰减和波动率变动。

例子 2：建立蝶式价差组合

表 9 - 9A、表 9 - 9B 和表 9 - 9C 展示了 Ross 如何根据期权的理论价值，利用以买入报价买入期权，以卖出报价卖出并进行 Delta 中性交易的方式建立蝶式价差多头。一个蝶式价差多头是由 3 个部分组成的期权策略组合，其中包括一个执行价格较低的买权多头，两个中间执行价格的买权空头和一个执行价格较高的买权多头。执行价格之间是等距的，并且所有的买权都有相同标的股票以及相同的到期日。图 1 - 11 显示了蝶式价差组合的构造图。

表 9 - 9A 对本例子中 Ross 三次交易进行了概述。根据第 1 步的指示，Ross 对 85 买权以隐含波动率提供了买卖报价。然后她进行了 Delta 中性对冲交易。根据第 3 步的指示，Ross 调整了隐含波动率水平，并为

80 买权设置买卖报价。Ross 在第 4 步中利用 80 买权进行 Delta 中性交易。第 5 步和第 6 步中，Ross 再次调整隐含波动率水平，设置买卖报价，并进行 Delta 中性交易。

表 9 – 9A　　　　通过三笔交易建立蝶式价差组合：说明

第 1 步	股票价格为 84.00。以波动率 32% 买入报价和 32.5% 的卖出报价为 85 买权做市。
第 2 步	卖出报价卖出 50 手 85 买权并进行 Delta 中性对冲。
第 3 步	股票价格为 84.60。以波动率 32.2% 买入报价和 32.7% 卖出报价为 80 买权做市。
第 4 步	买入报价买进 25 手 80 买权并进行 Delta 中性对冲。
第 5 步	股票价格为 83.60。以波动率 32.0% 买入报价和 32.5% 卖出报价为 90 买权做市。
第 6 步	买入报价买进 25 手 90 买权并进行 Delta 中性对冲。

表 9 – 9B　　　通过三笔交易建立蝶式价差组合：逐步解释交易步骤

		买入报价	卖出报价	
第 1 步	85 买权	买入报价	卖出报价	股票价格 = 84.00
	价格	3.98	4.03	85 买权 = 3.98（32.0%）
	隐含波动率	32.0%	32.5%	Delta = 0.50；Vega = 0.10
第 2 步	卖出 50 手 85 买权	4.03		（隐含波动率 = 32.5%）
	买入 2 500 股股票	84.00		
第 3 步	80 买权	买入报价	卖出报价	股票价格 = 84.60
	价格	7.14	7.18	80 买权 = 7.12（32.0%）
	隐含波动率	32.25%	32.75%	Delta = 0.70；Vega = 0.08
第 4 步	买入 25 手 80 买权	7.14		（隐含波动率 = 32.25%）
	卖出 1 750 股股票	84.60		
第 5 步	90 买权	买入报价	卖出报价	股票价格 = 83.60
	价格	2.02	2.06	90 买权 = 2.02（32%）
	隐含波动率	32.0%	32.5%	Delta = 0.30；Vega = 0.08
第 6 步	买入 25 手 90 买权	2.02		（隐含波动率 = 32.0%）
	卖出 750 股股票	83.60		

　　表 9 – 9B 的第 1 步到第 6 步详细介绍了 Ross 如何按照指示进行交易。第 1 步，股票的价格为 84.00，Ross 分别根据 32.0% 和 32.5% 的波动率水平设置买卖报价。可以注意到本例子中由波动率表述的买卖价差比上一个例子的小。这是因为在真实交易中不同的市场有不同的特点。85 买权理论价值为 3.98，假设波动率为 32%，Vega 为 0.10，Ross 依此分别设置买卖报价为 3.98（32.0%）和 4.03（32.5%）。

专业期权交易

在第 2 步中，Ross 以卖出报价 4.03 卖出 50 手 85 买权，并买入股票进行 Delta 中性对冲。因股票价格为 84.00 时 85 买权 Delta 为 +0.50，所以卖出 50 手买权需要 Ross 买进 2 500 股股票进行对冲。

在第 3 步中，Ross 调整波动率为 32.25% 和 32.75% 后，分别设置了执行价格 80 的买权买卖报价。她调高波动率是因为前面的一笔交易是卖出期权。卖出报价越高（以波动率表述），当市场上另有买单进入时，会使 Ross 有机会逐步建立较大买权空头持仓。并且，她希望较高的波动率水平能够吸引卖方进入市场。同样，每次的波动率调整幅度为 0.25 个百分点也是出自 Ross 的个人判断。

因新的股票价格为 84.60，期权理论价值为 7.12，波动率为 32.0%，Vega 为 0.08，所以执行价格为 80 的买权的市场报价为买入报价 7.14（32.25%）和卖出报价 7.18（32.75%）。

在第 4 步中，Ross 以买入报价 7.14 买进 25 手 80 买权并卖出股票对期权进行 Delta 中性对冲。因标的股票价格为 84.60 时 80 买权的 Delta 为 +0.70，所以 Ross 需卖出 1 750 股股票来对冲 25 手期权。但是因 Ross 在第 2 步的交易中已经拥有 2 500 股股票，所以此次交易使他的股票多头减少到 750 股。

第 5 步涉及再次的调整买卖报价，此次将波动率水平分别调回 32.0% 和 32.5%，并依此为 90 买权设置买入、卖出报价。Ross 之所以将隐含波动率调低是因为前一次的交易为买入期权。因新股票价格为 83.60，理论价值为 2.02，波动率为 32.0%，Vega 为 0.08，所以 90 买权的市场报价为买入报价 2.02（32.0%）和卖出报价 2.06（32.5%）。

第 6 步中，Ross 以买入报价 2.02 买入 25 手 90 买权并卖出股票对期权 Delta 中性对冲。因执行价格为 90 期权的 Delta 为 0.30（股票价格为 83.60），所以 Ross 需卖出 750 股股票而导致股票的持仓为 0。现在，她的持仓只剩下 25 手 80 买权多头，50 手 85 买权空头以及 25 手 90 买权多头。如第一章描述的那样，这个由三部分组成的持仓是 25 手蝶式价差多头。现在的问题是，"这些蝶式价差持仓是否建立在一个好的价格上？"表 9-9C 解答了这个问题。

表 9 – 9C　通过三笔交易建立蝶式价差组合：成本与理论价值计算

第一部分：期权交易

列 1 数量	列 2	列 3 价格	列 4 借记/贷记	列 5 理论价值*	列 6 借记/贷记
+1	80 买权	7. 14	– 7. 14	6. 72	– 6. 72
– 2	85 买权	4. 03	8. 06	3. 98	7. 96
+1	90 买权	2. 02	– 2. 02	2. 12	– 2. 12
	价差		– 1. 10		– 0. 88
	成本#	0. 04	– 0. 04		– 0. 04
	每个组合总成本		– 1. 14	每个组合理论价值	– 0. 92

第二部分：股票交易

1 750 ×（84. 60 – 84. 00）	= + 1 050
750 ×（83. 60 – 84. 00）	= – 300
股票净收益	= + 750
每手组合股票净收益	= + 30（750 损益/25 手组合）
每手组合每股净收益	= + 0. 30

第三部分：每手蝶式价差净成本

每手净成本 – 每手组合股票净收益 = 0. 84（1. 14 – 0. 30）

结论：在买卖价差为 0. 5% 波动率情况下，本例中每手蝶式价差的买入报价为 84 美分，比理论价值低了 8 美分。

注：*计算理论价值时假设股票价格为 84. 00。注意到当股票价格在 83. 60 与 85. 00 之间时，蝶式价差的理论价值在 0. 88 与 0. 92 之间，股票价格在表 9 – 7 中列出。

#成本可表述为 1 美分每股或者是 1 美元每手。

　　表 9 – 9C 中第一部分的列 1 到列 4 显示了每手蝶式价差组合的总成本为 1. 14，其中包括 4 美分的交易费用。Ross 以 7. 14 的价格买入 80 买权。她以 4. 03 的价格卖出两倍数量的 85 买权并以 2. 02 价格买入 90 买权。列 5 和列 6 总结出这个蝶式价差的理论价格为 92 美分，其中包括 4 美分的交易费用。

　　表 9 – 9 的第二部分计算出 Ross 三次股票交易的净损益为 750 美元，或者 30 美元每手，又或 30 美分每股每手。在表 9 – 9B 第 2 步中，第一次股票交易 Ross 以 84. 00 价格买入 2 500 股股票。随后的第 4 步和第 6 步，她分别以 84. 60 和 83. 60 的价格卖出 1 750 股和 750 股股票。股票交易净收益除以 25（Ross 的蝶式价差手数）得到 30 美元每手。此每手损

益除以 100 得到 30 美分的每股每手的收益。

　　第三部分显示蝶式价差组合的净成本为 84 美分，比其理论价值 92 美分少了 8 美分。84 美分的净成本是 1.14 美元的总成本与 30 美分每股的股票收益的差额。因此我们可以得出这样的结论，在波动率为 0.5% 的买卖价差情况下，一个蝶式价差组合多头可由低于其理论价值 8 美分的成本建立。本例的特殊性可能不会适用于真实交易中的所有情形，但是这种观念是成立的。以买入报价买入期权并以卖出报价卖出，同时保持 Delta 中性能够使在一个较优的价格上建立持仓。

例子 3：通过两笔交易建立逆转组合

　　表 9 - 10A、表 9 - 10B 和表 9 - 10C 显示了如何利用买入报价买进期权，卖出报价卖出并利用股票 Delta 中性对冲的方式建立一个盈利性的逆转组合持仓。逆转组合在第六章已经详细介绍过，可以在阅读这部分内容之前回顾下逆转组合的知识。

　　如前两个例子所示，表 9 - 10A 列出了假想的交易员 Ross 的交易活动的指示以及一些交易活动的概述，其中包括设置买卖报价，进行交易以及建立持仓等。后两个表显示了 Ross 如何按照这些指示进行交易以及如何评估他的持仓。

　　表 9 - 10B 的第 1 步到第 4 步详细介绍了 Ross 如何逐步地执行这些指示。在第 1 步中分别以 32.0% 和 33.0% 的波动率水平为 80 买权设置买卖报价，股票价格为 84.60。因期权理论价值为 7.12，波动率为 32.0%，Vega 为 0.08，因此期权的买入报价设为 7.12（32.0%），卖出报价设为 7.20（33.0%）。

表 9 - 10A　　　　　　　通过两笔交易建立逆转组合：说明

第 1 步	股票价格为 84.60。以波动率 32% 买入报价和 33.0% 的卖出报价为 80 买权做市。
第 2 步	买入报价买进 10 手 80 买权并进行 Delta 中性对冲。
第 3 步	股票价格为 84.00。以波动率 32.0% 买入报价和 33.0% 卖出报价为 80 卖权做市。
第 4 步	卖出报价卖出 10 手 80 卖权并进行 Delta 中性对冲。

表 9 – 10B　　　　　通过两笔交易建立逆转组合：逐步解释交易步骤

第1步	80 买权	买入报价	卖出报价	股票价格 = 84.60
	价格	7.12	7.20	85 买权 = 7.12（32.0%）
	隐含波动率	32.0%	33.0%	Delta = 0.70；Vega = 0.08
第2步	买入 10 手 80 买权	7.12		（隐含波动率 = 32.0%）
	卖出 700 股股票	84.60		
第3步	80 卖权	买入报价	卖出报价	股票价格 = 84.00
	价格	2.24	2.33	80 买权 = 2.24（32.0%）
	隐含波动率	32.0%	33.0%	Delta = 0.30；Vega = 0.09
第4步	卖出 10 手 80 卖权	2.33		（隐含波动率 = 33.0%）
	卖出 300 股股票	84.00		

在第 2 步中，Ross 以 7.12 的买入报价买入 10 手 80 买权并卖出股票对期权进行 Delta 中性对冲。因当股票价格为 84.60 时 80 买权 Delta 为 +0.70，所以 Ross 需要卖空 700 股股票来对冲。

在第 3 步中，当股票价格下跌到 84.00 后，Ross 为 80 买权设置了买卖报价。波动率水平没有调整因为对于 Ross 的期权持仓来说，买进 10 手买权不足以引起波动率的变动。新的股票价格为 84.00，卖权理论价值为 2.24，波动率为 32.0% 且 Vega 为 0.09，因此 80 卖权的市场报价为买入报价 2.24（32.0%）和卖出报价 2.33（33.0%）。

在第 4 步中，Ross 以卖出报价卖出 10 手 80 卖权并买入股票进行 Delta 中性对冲。因股票价格为 84，80 卖权 Delta 为 –0.30。因此对冲 10 手卖权空头，Ross 需要卖出 300 股股票。但先前 Ross 已经卖空 700 股股票，此次交易使股票的持仓增加到 1 000 股空头。

经过表 9 – 10B 的第 4 步，Ross 的总持仓由三部分组成：10 手 80 买权多头，10 手 80 卖权空头，还有 1 000 股股票空头。如第六章的介绍，这样的持仓是个逆转组合。现在的问题是，"Ross 是否在一个好的价位建立这个组合？"表 9 – 10C 解答了这个问题。

专业期权交易

表 9-10C 的第一部分列出了期权交易，第二部分显示 Ross 以均价 84.42 卖空 1 000 股股票。第三部分计算了在利率为 4%，存续天数为 60 天并且每股 4 美分的总成本情况下，利用执行价格为 80 的期权建立的逆转组合的净贷记额。如第六章所述，净贷记额是能够使得逆转组合持仓获利的数额。第 1 步计算了执行价格的贴现值，在本例中为 79.51，并且在第 2 步中加上了每股 4 美分的费用以及每股 5 美分的目标收益。因此净贷记额为 79.60 每股。

表 9-10C 通过两笔交易建立逆转组合：成本与理论价值计算

第一部分：期权交易		
数量	期权	价格
+10	80 买权	7.14
-10	80 卖权	2.33

第二部分：股票交易				
数量	×	价格	=	加权价格
-700	×	84.60	=	59.22
-300	×	84.00	=	25.20
平均加权价格			=	84.42

第三部分：计算净收入（NC）（Net Credit Required）

第 1 步　计算执行价格的贴现值

$$= 80/(1 + 0.04 \times 56/365) = 79.51$$

第 2 步　计算净收入（Net Credit）

$$= 执行价格贴现值 + 成本 + 收益$$

$$= 79.51 + 0.04 + 0.05 = 79.60 \text{ NC}$$

第四部分：计算实际净贷记额（每股）		
卖空股票	84.42	贷记
买入 80 买权	-7.14	借记
卖空 80 卖权	2.33	贷记
净贷记	79.61	贷记（>79.60）

结论：本例中在买卖价差为 1% 的波动率水平下，可以建立一个盈利性的逆转组合。

表 9-10C 的第四部分计算了这次例子中实际的净收入，并对此次例子进行了总结。卖空股票带来 84. 42 的每股收入。买入 80 买权花费成本为 7. 14 每股，卖出 80 卖权带来 2. 33 的收益。因此净收入，或者说净贷记为 79. 61。这个数额比要实现既定收益数额 79. 60 要高。

表 9-10C 的最后给出了结论，在波动率为 1% 的买卖价差情况下，一个交易员可以如 Ross 那样建立一个盈利性的逆转组合。如前面所述，本例的特殊性可能不会适用于（apply to）真实交易中的所有情形，但是，这种观念（concept）是成立的。

例子 4：通过两笔交易建立盒式组合多头

表 9-11A、表 9-11B 和表 9-11C 显示了如何通过买入 Delta 中性的买权价差组合，而后买入 Delta 中性的卖权价差组合方式建立一个盈利性的盒式组合持仓。盒式组合在第六章已经详细介绍过。

如前面的例子所示，表 9-10A 列出了假想的交易员 Ross 的交易活动的指示以及一些交易活动的概述，其中包括设置买卖报价，进行交易以及建立持仓等。后两个表显示了 Ross 如何按照这些指示进行交易以及如何评估（evaluate）他的持仓。

表 9-10B 的第 1 步到第 4 步详细介绍了 Ross 如何执行这些指示。在第 1 步中分别以 32. 0% 和 33. 5% 的波动率水平为执行价格为 85 和 90 的买权设置买卖报价，股票价格为 84. 80。可以看出，本例中的波动率买卖价差是目前为止最大的，因为在不同的期权市场会有不同的买卖价差水平。如前面所述，这样的差距可能由诸如股票价格波动，股票或者期权的交易量或者相关公司的重大事件造成的。

按照第 1 步的指示，Ross 为执行价格为 85 和 90 的买权分别设置了买卖报价分别是 4. 40、4. 55 和 2. 42、2. 54。在第 2 步，Ross 买入 10 手以执行价格 85 和 90 构建的买权价差组合并对它们进行了 Delta 中性对冲。Ross 通过以买入报价买入 85 买权并以买卖价差的中间价卖出 90 买权建立买权价差组合。这样一对一的交易垂直价差组合是个惯例，其原

专业期权交易

因是：价差组合的买卖价差不应比单只期权的买卖价差大，因为垂直价差组合比单只期权持仓风险小。此外垂直价差组合还有较小的 Delta，Gamma，Vega 和 Theta（绝对值）。它们因此对股价，波动率以及时间变化的敏感度较小。

表 9 – 11A　　　　　通过两笔交易建立盒式组合：说明

第 1 步	股票价格为 84. 80。以波动率 32% 买入报价和 33. 5% 的卖出报价为 85 和 90 买权做市。
第 2 步	买入报价买进 10 手 85 – 90 买权的价差组合并进行 Delta 中性对冲（以买入报价买进 85 买权；以卖出报价卖出 90 卖权）。
第 3 步	股票价格为 83. 80。以波动率 32. 0% 买入报价和 33. 5% 卖出报价为 85 和 90 卖权做市。
第 4 步	买入 10 手 90 – 85 卖权价差组合并进行 Delta 中性对冲（以买入报价买入 90 卖权；以卖出报价卖出 85 卖权）。

表 9 – 11B　　　　通过两笔交易建立盒式组合：逐步解释交易步骤

第 1 步			
85 买权	买入报价	卖出报价	股票价格 = 84. 80
价格	4. 40	4. 55	85 买权 = 4. 40（32. 0%）
隐含波动率	32. 0%	33. 5%	Delta = 0. 54；Vega = 0. 10
90 买权	买入报价	卖出报价	股票价格 = 84. 80
价格	2. 42	2. 54	90 买权 = 2. 42（32. 0%）
隐含波动率	32. 0%	33. 5%	Delta = 0. 36；Vega = 0. 08
第 2 步			
买入 10 手 85 – 90 买权价差组合		1. 92	85 买权 – 4. 40；90 买权 = 2. 48
卖空 180 股股票		84. 80	价差组合的净 Delta = + 0. 18
第 3 步			
85 卖权	买入报价	卖出报价	股票价格 = 83. 80
价格	4. 56	4. 71	85 卖权 = 4. 56（32. 0%）
隐含波动率	32. 0%	33. 5%	Delta = – 0. 50；Vega = 0. 10
90 卖权	买入报价	卖出报价	股票价格 = 83. 80
价格	7. 74	7. 86	90 卖权 = 7. 74（32. 0%）
隐含波动率	32. 0%	33. 5%	Delta = – 0. 68；Vega = 0. 08
第 4 步			
买入 10 手 90 – 85 卖权价差组合		3. 11	90 卖权 = 7. 74；85 买权 = 4. 63
买入 180 股股票			价差组合净 Delta = – 0. 18

根据第 2 步的指示，Ross 买入 10 手 85 – 90 买权价差组合，每手净

借记额为 1. 92 因为 85 买权买入报价为 4. 40，90 买权卖出报价为 2. 48。
Ross 是这样进行 Delta 中性对冲的：85 买权 Delta 为 + 0. 54，90 买权的
Delta 为 + 0. 36；85 - 90 买权价差组合的净 Delta 为 + 0. 18，因此买入 10
手价差组合需要 Ross 以现价 84. 80 卖出 180 股股票对冲。

在第 3 步中，在步骤 1 中分别以 32. 0% 和 33. 5% 的波动率水平为执
行价格为 85 和 90 的买权设置买卖报价，股票价格为 83. 80。她并没有调
整隐含波动率水平，因为垂直价差组合同时具有买期权多头与空头，也
就是说组合对于波动率的风险暴露较小。

在第 4 步中，Ross 通过以买入报价买入 90 卖权和以买卖中间价卖出
85 卖权的方式买入 10 手 90 - 85 卖权组合。90 卖权买入报价为 7. 74，85
卖权卖出报价为 4. 63，大约是买入报价 4. 56 与卖出报价 4. 71 的均价。
因此 Ross 以 3. 11 的价格买入 90 - 85 的卖权价差组合。

Ross 买进 180 股股票来对冲 10 手卖权价差组合；90 卖权 Delta 为
- 0. 68，85 卖权 Delta 是 - 0. 5。因此价差组合的净 Delta 为 - 0. 18。买
进 10 手价差组合，需要 Ross 以现价 83. 80 买入 180 股股票。因为她已经
卖空 180 股股票，因此 Ross 的这次交易将其股票持仓平仓。

第 4 步之后，Ross 的总持仓包括 10 手 85 买权多头，10 手 90 买权空
头，10 手 90 卖权多头，10 手 85 卖权空头。这是一个盒式组合多头。现
在的问题是 "Ross 是否以较优的价格建立这个盒式组合多头？" 表 9 -
11C 对这个问题进行了解答。

表 9 - 11C   通过两笔交易建立盒式组合：成本与理论价值计算

第一部分：期权交易	
	价格
买入 10 手 85 - 90 买权价差组合	1. 92
买入 10 手 90 - 85 卖权价差组合	3. 11
盒式价差组合总成本	5. 03
第二部分：股票交易	
卖空 180 股股票	84. 80
买入 180 股股票	83. 80

续表

每股收益	1.00
180 股收益	180 美元
每股每手合约损益	-0.18
每股每手合约净收益	4.85
第三部分：理论价值	
价差贴现值减去交易费用总计加上目标收益	
5.00/ (1 + 0.05 × 56/365) − (0.06 + 0.05) = 4.85	
借贷利率 = 5%	
交易费用 = 0.06	
目标利润 = 0.05	

结论：本例中，在买卖价差为 1.5% 波动率的情况下能够建立盈利性的一个盒式价差组合多头。

表 9 - 11C 的第一部分显示期权交易是以每股的形式进行交易的。Ross 以 1.92 的价格买入 10 手 85 - 90 买权价差组合并以 3.11 的价格买入 10 手 90 - 85 卖权价差合约，那么每个盒式组合多头的成本为 5.03。

表 9 - 11C 的第二部分显示 Ross 以 84.80 的价格卖空 180 股股票，并以 83.80 价格买回平仓，其收益为 180 美元，或者 18 美元每手盒式组合，又或 18 美分每手合约每股。从 5.03 总成本中减去 0.18 的收益可得每手盒式组合每股成本为 4.85，其与第三部分计算出的理论价值相等。

如表 9 - 11C 第三部分所示，85 - 90 盒式组合多头的理论价值等于其执行价格之差 5 美元的贴现值减去总的交易成本加上目标收益，也就是 4.85。因此我们可以得出这样的结论，在波动率买卖价差为 1.5% 的情况下，交易员可以通过买入 Delta 中性买权价差组合并买入 Delta 中性的卖权价差组合的方式建立一个盈利性的盒式价差组合多头。

小结

期权的做市分为三个部分：以买入报价买入期权，以卖出报价卖出期权，进行 Delta 中性对冲。目标是赚取买卖价差，无论市场价格如何变动均能获利。达到这三个目标需要三个基本技能。

第一个技能是能够用波动率来表示买卖报价。开始从已知的波动率出发计算期权的理论价值，然后利用 Vega 计算较高或者较低期权价格的波动率水平。

第二个技能是能够理解如何通过少数几笔交易建立套利策略及低风险的价差组合。本章展示了如何买入买权并进行 Delta 对冲，如何通过三笔 Delta 中性交易建立蝶式价差组合，以及如何通过两笔 Delta 中性交易建立逆转组合和盒式组合，还有很多其他可以通过几步就可以建立的低风险的组合持仓。

第三个技能是如何调整买卖报价。什么时候调整买卖报价以及如何确定其调整幅度取决于做市商的经验判断，随着标的股票以及市场的状况而发生变化。然而，当达到风险限额（risk limits）时，交易员可以通过调整买卖报价，以渐进式建仓或平仓的方式取得一个更好的平均波动率水平。但是，买卖报价地调整次数有一定的限制，过多地调整会使得持仓丧失获利空间。

第十章 管理持仓风险

期权的持仓类型有很多，完全的期权多头或者期权空头，一对一的价差组合以及股票与期权之间的价差组合对投机者来说是最常见的。但还有一些其他的组合，像比率价差组合、跨期组合、蝶式价差组合、秃鹰价差组合以及复杂的 Delta 中性策略等。每个组合持仓都有特殊的潜在收益和风险。如果交易员能够理解这些潜在特性的好坏，其盈利的可能性就会增加。因此交易员必须能够确定和量化这些风险，并且知道降低风险的可行方法，只有这样交易员才能根据自身的交易风格来合理监控持仓的风险。

如本书第四章讲过的，管理风险需要理解希腊字母是如何变化的。在研读本章之前对希腊字母的深入了解是十分重要的。本章重点讲述与期权的 Delta，Gamma，Vega 以及 Theta 有关的风险。本章将不讨论利率变化的风险 Rho，因为短期内利率的微小变化不会对期权短期持仓有显著影响。

本章将先说明持仓风险是如何计算的。然后将会展示如何运用 Delta 控制方向性风险（directional risk）。接下来，将会用一个实例分析垂直价差组合的风险变化。第四个主题是持仓风险中性化，对"对哪个希腊字母中性化是最好的"这个问题进行解答。本章最后讨论如何设置风险限额并进行了总结。

计算持仓风险

量化期权持仓的 Delta，Gamma，Vega 和 Theta 是一项简单直接的工作。表 10-1 有 5 行和 5 列计算了以每手 2.82 的价格买入 20 手执行价格为 70 元的买权的希腊字母①。关于股票的现行价格、期权存续天数、波动率、利率以及股息的假设列在表的下面。

表 10 - 1 的列 1 列出了 5 个风险因素，即价格和 4 个希腊字母，列 2 以每股为单位将其量化。因为每手期权对应的标的资产为 100 股标的股票，所以列 3 中每行的乘数为 100。相应的，列 4 每行的数量为 20 因为期权的持仓是 20 手。列 5 列出了整个持仓的风险因素，这些是由第 2、第 3、第 4 列计算出来的结果。

表 10 - 1　　　　20 手执行价格为 70 的买权多头的持仓风险

行	列 1 风险因素	列 2 单个期权	列 3 ×乘数	列 4 ×数量	=	列 5 持仓
1	价格	2.82 美元	×100	×20	=	5 640 美元
2	Delta	+0.535	×100	×20	=	+1 070
3	Gamma	+0.059	×100	×20	=	+118
4	Vega	+0.087	×100	×20	=	+174
5	Theta	-0.310	×100	×20	=	-620

假设：股票价格为 70.00；执行价格为 70；存续天数为 35；波动率为 31%；利率为 4%；股息，无；7 天的 Theta。

风险因素"价格"出现在表 10 - 1 的行 1 列 1，每股价格 2.82 在列 2 列出。列 3 的乘数和列 4 的期权手数分别是 100 和 20。如列 5 所示，20 手合约的价格风险为 5 460 美元（2.82×100×20）。

在列 5 中的行 2 到行 5，持仓的希腊字母的计算方法与持仓的价格计算相似，但是根据不同希腊字母风险的表述意义不同。例如持仓的 Delta 为 +1 070，表示当股票价格发生小幅变化时，这个 20 手执行价格 70 的买权持仓与 1 070 股股票的价值变化相同。如果股票价格上涨 1 美元，此持仓将大约会获利 1 070 美元，并且当股价下跌 1 美元，此持仓将会有相同的损失。

表 10 - 1 行 3 中的 Gamma 为 +118，表示股票价格变动 1 美元会引

① 这里每手期权合约对应的股票数量为 1 股。

专业期权交易

起持仓的 Delta 向相同的方向变化 118 股。例如如果股票价格上涨 1 美元，持仓的 Delta 将增加 118，从 +1 070 增加到 +1 188。同样的，如果股票价格下跌 1 美元，持仓的 Delta 将下降 118，从 +1 070 下降到 +952。

表 10-1 行 4 中 Vega 为 +174，表示波动率变化 1 个百分点将会引起持仓的价值变化 174 美元。在其他因素不变的情况下，如果波动率从 31% 上涨到 32%，期权的价格将上涨 8.7 美分（列 2 中的 8.7 美分），而 20 手期权持仓将会上涨 174 美元，从 5 640 美元上涨到 5 814 美元。同样的，如果波动率下降 1 个百分点，持仓的价值将会下跌 174 美元，从 5 640 美元下跌到 5 466 美元。

表 10-1 的 Theta 估计的是一个"单位"的时间流逝的影响。在本例中，一个"单位"是 7 天的时间。持仓的 Theta 为 -620，它表示在其他因素不变的情况下，随着 7 天时间流逝，持仓的价值将会下降 620 美元。

交易员可以利用表 10-1 的信息就风险的几个问题"自问自答"。首先，如果股票价格下降 1 美元，我能不能承受 1 070 美元的损失？那么股票价格下降 2 美元或者 3 美元时呢？我最多能够承受多大股票下跌幅度？这些问题都是交易员自己必须思考和回答的。

对于波动率风险我们还要做一些评论。表 10-1 的持仓 Vega 可以告诉交易员隐含波动率变动 1 个百分点能够引起期权持仓价值变化 174 美元。但是 Vega 自身不会估算隐含波动率变化的可能性及变化幅度。像 www.cboe.com 或者 www.ivolatility.com（见图 7-7）这样的网站提供的历史数据可以提供些帮助，但预测波动率是一项艺术，而不是一门科学。

与 Vega 相比，持仓的 Theta 能够对期权的时间价值损失的风险提供较为准确的估计。在表 10-1 中，如果股票价格和其他的因素在 7 天中都保持不变，那么此持仓将损失 620 美元。交易员利用 Theta 来估计以美元表示的风险额度，以确定在损失发生之前的持仓时间。

期权空头的风险

尽管期权的多头与空头的希腊字母是相反的，但期权空头的风险不是简单地与期权多头的风险相反。无保护的买权空头有无限的风险，无保护的卖权空头也有相当大（substantial）的风险。一个无保护的期权空持仓是指没有股票或者期权对冲头寸来真正控制风险的期权空头。尽管在实际中股票价格涨跌并不是无限制的，但是其变化幅度可能很大。作为有经验的交易员都知道，一个突发事件能够使得股票价格在较短的时间内或者隔夜变化30%、50%甚至更多。因此期权空头的风险要与已知的期权多头的价格风险区别对待。不幸的是，没有一个统一的方法来确定期权空头风险是否合适。50手期权空头持仓是不是太大？我能否卖空200手虚值程度10%的期权？这些问题都是交易员自己必须回答的。

利用 Delta 管理方向性风险

表 10 – 2 展示了一个交易员如何利用 Delta 来管理一个期权多头持仓，以增加收益和降低风险。这项技术基于股价变动特点：股价不会出现大范围的直线变化，它总是上涨几天，然后下跌后重新确立上涨趋势。这项技术的目的就是通过保持 Delta 相对稳定从股票的上下波动中获利。因为期权多头具有正的 Gamma，所以期权多头 Delta 随着股价的上涨下跌而相应变化。因此这项技术就是在股票上涨时卖掉一部分买权，股票下跌时再将它们买回来。在下面的例子里，假设一位叫 Grace 的交易员实施了此项交易技术。

表 10 – 2　　　　　　利用 Delta 管理方向性风险

管理规则：

初始持仓 Delta ＝ +1, 100

当 Delta 等于或者高于 +1 500 时，卖出买权使 Delta 降至 +1 100

当 Delta 等于或者低于 +900 时，买入买权使 Delta 升至 +1 100

行		列1	列2	列3	列4	列5	列6
1	股票价格	70.00	76.00	72.00	77.00	73.00	78.00
2	存续天数	35	32	28	24	21	19
3	70 买权	2.82	6.88	3.70	7.49	4.07	8.27

续表

行		列 1	列 2	列 3	列 4	列 5	列 6
4	买权 Delta	+0.53	+0.84	+0.66	+0.90	+0.74	+0.95
5	期初持仓	无	20 多头	13 多头	17 多头	12 多头	15 多头
6	期初 Delta	0	+1 680	+858	+1 530	+888	+1 425
7	期初持仓价值	0	13 760	4 810	12 733	4 884	12 405
8	买卖数量	买入 20 手	卖出 7 手	买入 4 手	卖出 5 手	买入 3 手	卖出 15 手
9	期末持仓	20 多头	13 多头	17 多头	12 多头	15 多头	无
10	期末总 Delta	+1 060	+1 092	+1 122	+1 080	+1 110	0
11	期末总价值	5 640	8 944	6 290	8 988	6 105	0
12	现金流	-5 640	4 816	-1 480	3 745	1 221	12 405
13	最终收益						+12 625

买入并持有收益：			
	以 2.82 价格买入 20 手		-5 640
	以 8.27 价格卖出 20 手		16 540
	净收益		10 900

假设：波动率为 31%，利率为 4%。

在表 10-2 的第一部分列出了 Grace 何时买卖 70 买权的规则。Grace 初始持仓为 20 手 70 买权多头，其 Delta 大约为 +1 100（其实为 +1 060）。她的目标是无论股价涨跌都基本保持 Delta 不变，并且她选择了买入或者卖出股票的触发点，分别是 Delta 为 +1 500 以及为 +900 时。因此，当持仓的 Delta 超过 +1 500 时，Grace 将会卖出一定数量的 70 买权使其 Delta 减少至 +1 100 左右。相反的，当持仓的 Delta 下降至 +900 以下时，Grace 将买入一定数量的 70 买权从而使其 Delta 上升。用 +1 100以及 +900 的 Delta 作为买入和卖出的触发点是较为主观的决定。交易员可以运用 Op - Eval Pro，根据交易的合约数量模拟不同的股价情形和 Delta 水平。表 10-2 的中间部分有 6 列和 13 行，详细讲述了 Grace 如何在到期日前 35 天至到期日前 19 天这 16 天中实施她的策略。行 1 和行 2 列出了股票价格以及到期日。例如在列 1，股票的价格为 70，距到期日为 35 天。第 3 行列出了 70 买权的价格，行 4 列出了它的 Delta，行 5 列出其最初的持仓（"期初持仓"）。行 6 和行 7 是分别是总的 Delta 以及初始持仓的总价值。行 8 表示的是买入或者卖出交易行为以及卖权的数量，期末的持仓在行 9 列出。行 10 显示了其期末持仓的 Delta，大约为 +1 100，行 11 显示其期末持仓的价值。行 12 列出了行 8 中交易产生的现金流，它是行 8 中卖权交易的数量、行 3 的价格以及乘数三者的乘积，此处乘数假设为 100。当 Grace 做了最后的交易并平仓后，"最终利润" 在列 6，行 13 中列出。最终收益是行 12 中所有现金流的总和。本练习从表 10 − 2 的列 1 开始，股票的价格为 70（行 1），执行价格为 70 的买权价格为 2.82（行 2），它的 Delta 为 +0.53（行 4）。一开始并没有初始持仓，所以也没有初始 Delta 和初始价值（行 6，7）。当 Grace 买入 20 手期权后，她建立了一个总 Delta 为 +1 060（行 10）和价值为 5 640 美元的持仓（行 11）。买入交易产生了负的现金流（行 12）。表中带括号的数值表示买入期权，它会产生负的现金流。卖出期权的现金流是由不带括号的数值表示。

　　在表 10 − 2 的列 2 中，在存续天数 32 天时（行 2）股票价格上涨到 76.00（行 1）。70 买权价格上涨到 6.88（行 3），它的 Delta 变为 +0.84。Grace 的 20 手期权多头因此变为 +1 680（行 6），这超过了 Grace 的触发限制并促使她采取行动。她卖出了 7 手买权（行 8）而使 Delta 大约减少到 +1 100。Grace 用起初的 Delta 减去目标 Delta，然后除以乘数与买权 Delta（行 4）的乘积得到了要卖出期权的数量，也就是（1 680 − 1 100）/（0.84 × 100）= 6.9 ≈ 7。最后实际的 Delta 为 1 092（行 10）。卖出 7 手买权带来 4 816 美元的现金流（行 12）。

　　练习继续进行，表 10 − 2 的列 3 中，在存续天数 28 天时股票价格下跌到 72.00（行 1，2）。因此，持仓的 Delta 下降至 858（行 6）。为了使 Delta 增加到 +1 100 左右，Grace 必须买入 4 手执行价格为 70 的买权（行 8）。Grace 用起初的 Delta 减去目标 Delta，然后除以乘数与买权 Delta 的乘积得到了要卖出期权的数量，也就是（1 100 − 858）/（0.66 × 100）= 3.7 ≈ 4。期末的实际 Delta 是 +1 122。

　　在表 10 − 2 的列 4，5，股票价格分别在存续天数 24 天时上涨到 77 和在存续天数 21 天时下跌到 73.00。为了把 Delta 调整到目标水平，Grace 在列 4 卖出 5 手 70 买权，并在行 5 买进 3 手。在列 6 中，当股票价格在存续天数为 19 天时上涨到 78.00，Grace 将剩余的 15 手买权以 8.27 卖出平仓。

表 10－2 列 13 显示了从列 1 到列 6 交易的总损益为 12 625 美元，其中不包括交易成本。表 10－2 的最后一部分计算了买入并持有策略的收入。在不考虑交易成本的情况下，Grace 买入 20 手 70 买权并持有到最后的损益为 10 900 美元。

从表 10－2 中股票价格的变化可以得出这样的结论，管理 Delta 的技术使 Grace 的收益增加了 1 725 美元（12 625 美元减去 10 900 美元）。当然，不同的股票价格变动会导致不同的结果。损失超过初始投资是很有可能的。若 Grace 买入 20 手买权后不久股价即下跌，Delta 有可能低于 +900。根据规则 Grace 应该买入更多的买权。如果初始买权以及追加买入的期权在到期时无价值，那么 Grace 的总损失会超过 5 640 美元。

尽管有可能会产生负的收益，表 10－2 的练习显示通过管理 Delta 能够使得期权多头的获利增加。这个技术在价格波动的行情中能够增加收益，但当股价低于平均波动率时，其收益将会比买入持有策略盈利少。

跟踪持仓风险变化

表 10－3 计算了 20 手 70－75 买权垂直价差组合多头的风险。一个买权垂直价差组合多头，也可称为买权牛市价差组合，它是由一个执行价格较低的买权多头以及一个到期日相同，但执行价格较高的买权空头组成。图 1－9 为买权垂直价差组合多头的损益图。另外，还有买权垂直价差组合空头，也就是买权熊市价差组合，还有卖权垂直价差组合多头和空头。通过比较表 10－3 以及表 10－1 可以发现，垂直价差组合的风险与单一期权多头的风险大不相同。

表 10－3 与表 10－1 类似，在表的最右边列出的期权持仓风险是单个期权风险与乘数以及合约数量的乘积。但是表 10－3 中有 7 列而不是 5 行，因为有两个期权持仓，20 手 70 买权多头以及 20 手 75 卖权的空头。第二个期权持仓需要额外的一列，并且价差组合的价值也需要额外的一列。可以注意到表 10－1 与表 10－3 假设股票价格，存续天数以及波动

率等是相同的。因此对两个表进行比较是有效的。

如果对比表 10－3 的列 7 和表 10－1 的列 5，你可以发现 20 手买权价差组合多头的风险在任何方面都比单一期权多头的风险小。20 手 70 买权多头的持仓价格为 5 640 美元（表 10－1，行 1，列 1），而 20 手 70－75 买权价差组合的持仓价格为 3 600 美元（表 10－3，行 1，列 1）。买权价差组合多头的 Delta 是 +546，它显著小于买权多头数值为 +1 070 的 Delta。同样，买权价差组合多头的 Gamma 为 20，意味着它的 Delta 对股价变动的敏感度比 Gamma 值为 +118 的期权多头 Delta 要小。

表 10－3　　　　　　　　20 手买权牛市价差组合的持仓风险 1

股票价格，70，等于期权多头的执行价格

持仓：以 2.82 价格买入 20 手 70 买权

　　　　以 1.02 价格卖出 20 手 75 买权

	列 1	列 2	列 3	列 4	列 5	列 6	列 7
	风险因素	20 手 70 买权多头	20 手 75 买权空头	价差组合价值	乘数	数量	=持仓
1	价格	2.82 美元	－1.20 美元	=1.80 美元	×100	×20	=3 600 美元
2	Delta	+0.535	－0.262	=+0.273	×100	×20	=+546
3	Gamma	+0.059	－0.049	=+0.010	×100	×20	=+20
4	Vega	+0.087	－0.066	=+0.021	×100	×20	=+42
5	Theta	－0.310	－（－0.255）	－0.085	×100	×20	=－170

假设：股票价格为 70；存续天数为 35；波动率为 31%；利率为 4%；股息，无；7 天的 Theta。

对于买权价差来说，作为衡量波动率敏感度的 Vega 值较买权多头小，为 +42 对 +174。最后，Theta 的对比显示买权价差组合对时间流逝的敏感度要小于单一买权多头。买权价差组合在一个星期内的时间价值损失 170 美元，而买权多头的在一个星期内的时间价值损失为 620 美元。

从本练习中得到的结论是垂直价差组合对所有希腊字母的敏感度要比单一买权持仓的要小。交易员将如何利用这些信息？我们将在下面的练习中讲述。

垂直价差组合与单一期权多头对比

表 10－4 在两种市场情境下比较了两种牛市策略。第一个策略是 1

手 70 买权多头，第二个策略是 1 手 70 – 75 买权垂直价差组合多头。第 1、2 和 3 行包含了关于股票价格，存续天数以及隐含波动率水平的假设，另外第 4、5 行包含了 70 买权的以及 70 – 75 买权价差组合的价格。70 – 75 买权价差组合的价格是由 70 买权的价格减去 75 买权价格得到的。为了避免混淆，75 买权价格没有列出。列 1 包含了初始的市场假设以及初始的价格。股票的初始价格为 70 美元，存续天数为 35 天，隐含波动率为 31%。

表 10 – 4　　　　策略比较：买权多头与买权垂直价差组合多头

策略 1：70 买权多头，买入报价格 2.82

策略 2：70 – 75 买权价差组合多头买入报价格 1.80

行		情景 1			情景 2	
		列 1	列 2	列 3	列 4	列 5
1	股票价格	70.00	73.50		73.50	
2	存续天数	35	14		14	
3	隐含波动率	31%	31%		24%	
				盈利（损失）		盈利（损失）
4	70 买权价格	2.82	4.11	1.29	3.85	1.03
5	70 – 75 买权价差组合	1.80	2.92	1.12	3.05	1.25

结论：垂直价差组合对隐含波动率变化的敏感度较低，并且在特定的市场情境下比单一期权多头表现要好。

假设：利率为 4%；股息为无。

表 10 – 4 的第 2、第 3 列显示了在第一个市场情境中估计的期权价格以及损益情况，其中，股票价格上涨到 73.50（行 1），时间过去了 3 周，存续天数还有 14 天的时间（行 2），但是隐含波动率一直在 31% 的水平没有变动（行 3）。在此情景中，70 买权的价格上涨到 4.11 并产生 1.29 的收益（行 4），70 – 75 买权价差组合的价格上涨到 2.92 并产生损益 1.12（行 5）。

在第二个市场情境中，股票价格（73.50）以及存续时间（14 天）与第一个市场情景是一样的，但是隐含波动率下降到 24%。表 10 – 4 的第 4、第 5 列介绍了这个市场情景的结果。70 买权价格上涨到 3.85 并产生损益 1.03，70 - 75 买权价差组合的价格上涨到 3.05 并产生损益 1.25。在这个情景中，70 - 75 买权价差组合的损益增加了 0.13，而 70 买权的损益却下降了 0.26。两个策略的损益发生变化是因为隐含波动率降低了，这是两个情境中唯一不同的地方。表 10 - 4 显示垂直价差组合在隐含波动率下降的市场环境中有时可以比单一期权多头表现得好。

垂直价差组合的风险如何变化

任何持仓风险的计算都是对某一价格上和某一时间点上的风险的模拟。持仓风险总是不可避免地随着股票价格、时间或者隐含波动率的变化而变化。在表 10 - 3 中，股票的价格为 70，因此 70 买权是平值的，75 买权是虚值的。因此，从绝对值来看，70 买权的希腊字母要比 75 买权的大。

表 10 - 5　　　　　　　20 手买权牛市价差组合的持仓风险 2

股票价格，74，等于期权空头的执行价格

持仓：以 6.16 价格买入 20 手 70 买权

　　　以 3.03 价格卖出 20 手 75 买权

	列1	列2	列3	列4	列5	列6	列7
	风险因素	20 手70 买权多头	20 手75 买权空头	价差组合价值	乘数	数量	=持仓
1	价格	6.16 美元	-3.03 美元	=3.13 美元	×100	×20	=6 260 美元
2	Delta	+0.791	-0.535	= +0.256	×100	×20	= +512
3	Gamma	+0.040	-0.055	= +0.015	×100	×20	= -30
4	Vega	+0.062	-0.093	= +0.031	×100	×20	= -62
5	Theta	-0.242	- (-0.332)	-0.090	×100	×20	= +180

假设：股票价格为 70；存续天数为 35；波动率为 31%；利率为 4%；股息，无；7 天的 Theta。

表 10 - 5 计算了 20 手 70 - 75 买权垂直价差组合的持仓多头的持仓风险，其中假设股票价格为 75，此时 70 买权是实值期权，75 买权是平值期权。

表 10 - 5 与表 10 - 3 的比较显示当股票价格为 75 和 70 时希腊字母怎么变化以及变化多少。当股票价格为 70 时，20 手 70 - 75 买权垂直价

专业期权交易

差组合的 Delta 为 +546，Gamma 为正值，Vega 为正值，Theta 为负值。当股票价格为 75 时，持仓 Delta 是 +512，比股票价格为 70 时要低。Gamma 现在变成了负值，并且 Vega 也从正值变为了负值。但是 Theta 现在变成了正值而不是负值。表 10-5 所传达的信息是股票价格上涨 5 美元使得持仓风险完全反转。现在期权持仓 Delta 的变化方向将会与股票价格的变化方向相反。此时，隐含波动率上升将致使持仓蒙受损失，而下降将使持仓获益。最后，时间流逝将会使得持仓获益。

由股价从 70 上涨到 75 而引起的持仓希腊字母的差异意味着此策略的主要盈利来源发生了变化。当股票的价格为 70 时（见表 10-3），一个买权牛市价差牛市策略主要是从股价的上涨中获利而随着时间流逝受损。当股票的价格为 75 时（见表 10-5），一个买权牛市价差是一个更为中性的策略；它仍然有一个正的 Delta，但是现在持仓将会从时间流逝中获利。

从表 10-3 到表 10-5 的持仓风险的变化只是持仓风险如何变化的一个例子。期权多头与空头希腊字母变化的相互影响，所以预测持仓风险如何随着市场环境变化并不容易。交易员必须时刻调整他们对持仓风险的分析，因为这些风险可能变化无常。

风险变化图例化

图 10-1 到图 10-5 显示了 20 手 70-75 买权牛市价差组合的持仓风险。在所有的图中，直线表示到期日时的风险，曲线表示代表存续天数 35 天以及 17 天时的风险。因为两条曲线相交，区分哪一条是存续天数为 35 天的曲线以及存续天数为 17 天的曲线是比较困难的，所以注意细节非常重要的。

图 10-1 画出了持仓价值与股票价格的关系（标的资产）。当股票的价格跌破较低的执行价格时买权牛市价差组合的价值很小，而当价格涨过较高的执行价格时，它的价值将升至最大值。

在图左边较上方以及右边较下方的曲线描述的是存续天数为 35 天的策略组合的价值。在图的两边都在中间的那条曲线代表的是存续天数为

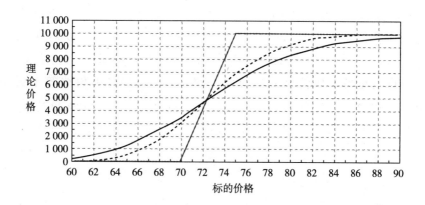

图 10 - 1　20 手 70 - 75 买权垂直价差组合多头的价值

17 天的策略组合的价值。通过比较两条曲线可以看出，策略组合的价值随着时间流逝将逐渐向到期日时的价值靠拢，即曲线向直线靠拢。

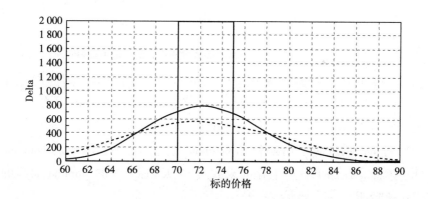

图 10 - 2　20 手 70 - 75 买权垂直价差组合多头的 Delta

图 10 - 2 画出了买权牛市价差组合的 Delta 随着股票价格变动的情况。图中曲线表明当股票的价格在两个执行价格之间时其 Delta 最高，并且当股票价格跌破 70 或者涨过 75 时 Delta 逐渐变为 0。直线表明，在到期日时如果股价低于 70 或者高于 75 时 Delta 的值为 0。在到期日当股票的价格位于 70 与 75 之间时，20 手 70 买权被执行，Delta 为 + 2 000，总的持仓就变成了 2 000 股股票。

专业期权交易

Gamma 是图 10-3 的重点。当期权是平值时它的 Gamma 最大，因此当股票价格低于或者接近较低执行价格时（买权多头），买权牛市价差组合的 Gamma 是正值。如第四章所述，正的 Gamma 意味着持仓的 Delta 变化方向与标的股票价格变化方向一致。但是当股票的价格等于买权空头的执行价格时，持仓的 Gamma 变成了负值。负的 Gamma 意味着 Delta 的变化方向与标的股票的变化方向相反。

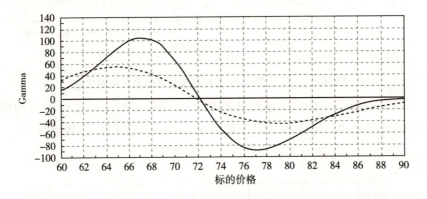

图 10-3　20 手 70-75 买权垂直价差组合多头的 Gamma

图 10-4 中的 Vega 图与图 10-3 的 Gamma 图类似，因为期权在平值的时候 Vega 和 Gamma 值最大。但是两条曲线的靠近程度大不相同。当股票价格为 70 或者是 75 时，图 10-3 中的 Gamma 曲线相离的较远是因为当到期日临近时平值期权的 Gamma 增加，而虚值期权的 Gamma 却降低。因此，在图 10-3 中存续天数为 35 天和 17 天的 Gamma 曲线的差别变化比较明显。

然而，在图 10-4 中 Vega 曲线离得比较近是因为当到期日临近时，平值期权与虚值期权的 Vega 都会逐渐降低。因此，存续天数 35 天和 17 天的 Vega 曲线差别变化较为稳定。

图 10-5 中持仓 Theta 图基本上几乎是 Gamma 和 Vega 图像的倒影，因为持仓 Theta 的符号与持仓 Gamma 和 Vega 的符号正好相反。当期权是平值时，Theta 为较大绝对值的负数。因此，当在一个买权牛市价差组合中，股票的价格等于买权多头的执行价格时，持仓的 Theta 是负值，意

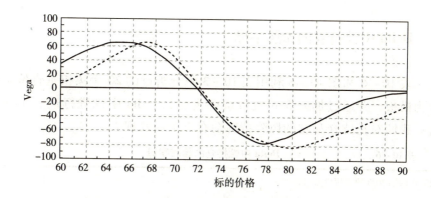

图 10 - 4   20 手 70 - 75 买权垂直价差组合多头的 Vega

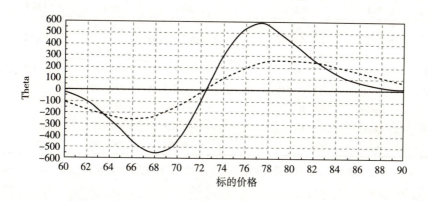

图 10 - 5   20 手 70 - 75 买权垂直价差组合多头的 Theta

味着随着时间流逝持仓将会蒙受损失。但是，当股票的价格等于买权空头的执行价格时，持仓的 Theta 是正值，意味着随着时间流逝持仓将会产生正收益。图 10 - 1 到图 10 - 5 的持仓希腊字母图是估算市场环境变化如何改变持仓风险的有价值工具。交易员必须熟练掌握 OP - Eval Pro 软件并经常用它来分析持仓的风险。掌握好希腊字母是做好风险管理的关键。如果你不知道你的风险如何变化，你就不能在预设的风险限额中对市场变化做出反应。

Delta 中性持仓的希腊字母

表 10 - 6 和图 10 - 6 利用表 10 - 3 中分析过的 20 手买权垂直价差组合为模板，并通过加入 546 股股票空头使其 Delta 中性进行进一步的分析。我们对新持仓和它的风险特性会有三个新发现。

表 10 - 6　　　　　　　　　**Delta 中性持仓的希腊字母**

20 手 Delta 中性的买权价差组合多头

持仓：以价格 70 卖空 546 股股票

以价格 2.82 买入 20 手 70 买权

以价格 1.02 卖出 20 手 75 买权

	列 1 风险因素	列 2 卖空 546 股		列 3 价差组合总风险	列 4 ×乘数 ×数量	列 5 持仓风险
1	价格	−70	+	+ (1.80 美元	×100 ×20)	= −34 620 美元
2	Delta	(+1 × −546)	+	(+0.273	×100 ×20)	= 0
3	Gamma	0	+	(+0.010	×100 ×20)	= +20
4	Vega	0	+	(+0.021	×100 ×20)	= +42
5	Theta	0	+	(−0.085	×100 ×20)	= −170

假设：股票价格为 70；存续天数为 35；波动率为 31%；利率为 4%；股息，无；7 天的 Theta。

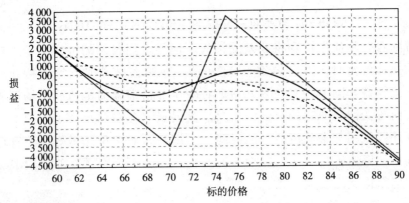

图 10 - 6　20 手 Delta 中性的 70 - 75 买权垂直价差组合多头的价值

第十章 管理持仓风险

第一，所示的持仓"价格"是 −34 620 美元（表 10 − 6 的列 5）。这个数值代表了卖空股票收入减去期权支出所得到的贷记额。因为股票空头的风险是无限的，这个数值不是一个对持仓风险的准确的度量。因此，交易员在估计潜在风险时应当考虑到其他的因素，诸如，即将发布的新闻以及股价突然上涨的可能性等。这些考虑都是主观性的。

第二，关于 Delta 中性的收益以及风险。通过表 10 − 6 的计算可得持仓的 Delta 在存续天数为 35 天时为 0。在图 10 − 6 中，35 天的曲线是左边较高的线和右边较低的线。这条线显示股票价格在 68 和 76 之间时，持仓基本上是收支平衡的。但是，当股票价格下跌到 68 时持仓开始盈利，当股票价格上涨到 76 时持仓开始受损。因此，当股票价格在有限范围内波动而不是无限范围波动时，Delta 中性的持仓是安全的。图10 −6 非常清楚地显示出股价大幅上涨时持仓会出现损失。

第三，表 10 − 6 中持仓的 Gamma，Vega 和 Theta 与表 10 − 3 中的相同。在两个表中，Gamma 的值是 +20，Vega 的值是 +42，Theta 的值是 −170。因此一个 Delta 中性的持仓也受 Delta 变化风险，波动率风险和时间价值损失风险的影响。交易员应当如何管理这些风险会在下面进行讨论。

持仓希腊字母中性化

中性化持仓的希腊字母通过两个例子进行解释，这两个例子分析了复合持仓。第一个例子假设利率是 0，第二个例子假设利率是正的。这个零利率的例子是有教育意义的，因为它清晰地展示了一些希腊字母之间的"相等和相反的"关系。并且，这个例子一般运用于期货期权。正的利率一般适用于股票期权，因为股票的持有成本影响较大。持有成本在第六章已经讨论过。

第一个例子分析了希望中性化其持仓风险的假想交易员 Matthew 的交易活动。在表 10 − 7A 中，Matthew 初始持仓的 Gamma，Vega 和 Theta 都不是中性的（不为 0）。他的持仓在表的顶部列出，其中包括 35 手 80 买权空头，60 手 85 买权空头，120 手 90 买权多头以及 2 060 股股票空

293
Trading Options as a Professional

专业期权交易

头。虽然价格也被列出，但是这对分析持仓的希腊字母并不是必需的。表的底部列出了单个期权的希腊字母。

表 10 - 7A   中性化持仓风险——利率为 0：初始持仓

持仓：以价格 1.70 卖出 35 手 80 卖权

以价格 4.73 卖出 60 手 85 买权

以价格 2.61 买入 120 手 90 买权

以价格 86.10 卖空 2 060 股股票

		列 1	列 2	列 3	列 4	列 5	列 6
行	期权/股票	价格	数量	Delta	Gamma	Vega	Theta*
1	80 卖权	1.70	-35	+885	-107	-368	+793
2	85 买权	4.73	-60	-3 397	-225	-775	+1 694
3	90 买权	2.61	+120	+4 572	+436	+1 501	-3 268
4	股票	86.10	-2 060	-2 060	0	0	0
5	总计			0	+104	+358	-780

单个期权希腊字母

	Delta	Gamma	Vega	Theta*
80 卖权	-0.253	+3.05	+10.50	-22.68
85 买权	+0.566	+3.75	+12.91	-28.24
90 买权	+0.381	+3.63	+12.50	-27.23

假设：股票价格为 86.10；存续天数为 53；波动率为 32%；利率为 0%；股息，无；*7 天的 Theta。

表 10 - 7A 中的希腊字母代表期权持仓的期权份数与单个期权的希腊字母乘积。例如在行 1 中，80 买权的 Delta 为 +885，它是由 -3 500 与 -0.253 相乘得到的。接下来的数值都是由软件 Op - Eval Pro 中价差组合持仓界面计算得来。计算结果可能由于取整的原因有细小的差别。

行 5 中的希腊字母总计是列 3 到列 6 的持仓希腊字母之和。如表 10 - 7 所示，Matthew 持仓的总 Delta 为 0，总 Gamma 为 +104，总 Vega 为 +358，总 Theta 为 -780。这些希腊字母表明如果股价上涨比较大（正的 Gamma）或者波动率增加（正的 Vega）这个持仓将会获利。随着时间的流逝，它将会蒙受损失。小的价格变动对损益几乎没有影响（Delta 为 0）。

如果 Matthew 担心标的股票价格在一个小的范围内波动而致使其持

仓遭受时间价值损失，或者他担心隐含波动率会下降，那么他应该采取行动来减少这些风险。但是，哪些希腊字母应该是 Matthew 风险管理努力的方向呢？

表 10－7B 展示了能使 Matthew 的持仓风险中性的 3 种可供选择的方法。考察三种方法的目的是为了确定一个希腊字母的中性化对其他希腊字母的影响。每个方法都是从表 10－7A 的持仓开始，然后进行交易使得一个希腊字母中性。方法 1 使得持仓的 Gamma 达到了中性。方法 2 使持仓的 Vega 达到中性，方法 3 主要针对持仓 Theta。三种方法都利用 85 买权使目标希腊字母中性。但是，Matthew 也可以选择任何其他期权。

Matthew 首先看到持仓的 Gamma 是 + 104（表 10－7A，行 5，列 4）。他知道必须卖出一定数量的 85 买权来使其降至 0。请记住，买权空头的 Gamma 值是负值，因此卖出买权能够降低持仓的 Gamma。使持仓希腊字母中性化的期权数量是由持仓的希腊字母除以单个期权的希腊字母计算得出的。在此例中，持仓 Gamma + 104 除以 85 买权 Gamma 3.75 得到 28。因此卖出 28 手 85 买权可以将持仓 Gamma 降至 0。但是简单地卖出 28 手 85 买权将会给整个持仓增加负的 Delta，但是 Matthew 仍希望他的持仓保值 Delta 中性。因此除了卖出 28 手买权之外，Matthew 必须买进 1 585 股股票，因为 85 买权空头的 Delta 是 － 0.566（28 × 100 × 0.566 = 1 585）。

表 10－7B　　　中性化持仓风险——利率为 0：卖出 85 买权来中性化希腊字母

方法 1：通过卖出 85 买权中性化 Gamma

持仓 Gamma	÷	85 买权 Gamma	=	85 买权数量
+ 104	÷	+ 3.75	=	27.7 ≈ 28

持仓 Gamma 是正值，因此应卖出 85 买权。

Delta 中性交易：	卖出 28 手 85 买权（Delta 是 + 0.566）。
	买入 1 585 股股票（2 800 × 0.566 = 1 585）。

方法 2：通过卖出 85 买权中性化 Vega

持仓 Vega	÷	85 买权 Vega	=	85 买权数量
+ 358	÷	+ 12.91	=	27.7 ≈ 28

持仓 Vega 是正值，因此应卖出 85 买权。

续表

Delta 中性交易：	卖出 28 手 85 买权（Delta 是 +0.566）。		
	买入 1 585 股股票（2 800 × 0.566 = 1 585）。		

方法 3：通过卖出 85 买权中性化 Theta

持仓 Theta	÷	85 买权 Theta	=	85 买权数量
−780	÷	−28.24	=	27.6 ≈ 28

持仓 Theta 是正值，因此应卖出 85 买权。

Delta 中性交易：	卖出 28 手 85 买权（Delta 是 +0.566）。
	买入 1 585 股股票（2 800 × 0.566 = 1 585）。

表 10 – 7B 中的方法 2 展示了针对持仓 Vega 来中性化风险的第二种方法。因为持仓的 Vega 是 +358，Matthew 必须卖出期权来使它降至 0。用持仓的 Vega358 除以 85 买权的 Vega12.91 得到 28。因此，卖出 28 手 85 买权可以使得持仓的 Vega 降至 0。但是 Matthew 同样想保持他的持仓 Delta 中性或者接近中性，所以他买进 1 585 股股票。这样，将持仓 Vega 中性化需要 Matthew 进行与方法 1 中一样的 Delta 中性交易。

中性化一个负的 Theta 同样需要卖出期权。在第 3 种方法中，用持仓的 Theta −780 除以 85 买权的 Theta −28.24 得到 28，需要 85 买权的数量与前两个交易中的相同。因此，中性化 Theta 后并进行 Delta 中性交易这两个步骤与方法 1 及方法 2 的步骤相同。在三个方法中 Matthew 均卖出 28 手 85 买权并买进 1 585 股股票。

Matthew 的下一步交易在表 10 – 7C 中展示。他在初始持仓上加入 28 手 85 买权空头和 1 585 股股票多头并重新计算了新的希腊字母。新持仓由 88 手 85 买权空头（60 手空头加上 28 手空头）和 475 股股票空头（2 060 股空头加上 1 585 股多头）。表 10 – 7C 的行 5 显示了新持仓的希腊字母。

如表 10 – 7C 的行 5 所示，新 Delta 为 +1，新 Gamma 为 −1，新的 Vega 为 −3 以及新的 Theta 为 +11。由于取整的原因所有的希腊字母并不完全等于 0，但是都接近于 0。做市商需要做出的诸多判断之一就是到底多接近才算是足够接近 0。根据 Matthew 自己的经验、判断以及容忍度，他对这些希腊字母非常满意。

从表 10 - 7A 到表 10 - 7C，可以得出结论，当利率为 0 时，一笔中性化 Gamma，Vega 以及 Theta 中任意一个希腊字母的交易都会使得其他两个希腊字母达到中性。交易员因此不必去关心到底对哪一个希腊字母中性化。但是当利率是正值时，情况就不同了。

表 10 - 7C　　　　中性化持仓风险——利率为 0：中性化的持仓

持仓：以价格 1.70 卖出 35 手 80 卖权

以价格 4.73 卖出 88 手 85 买权

以价格 2.61 买入 120 手 90 买权

以价格 86.10 卖空 475 股股票

行	列1 期权/股票	列2 价格	列3 数量	列4 Delta	列5 Gamma	列6 Vega	列7 Theta*
1	80 卖权	1.70	- 35	+ 885	- 107	- 368	+ 793
2	85 买权	4.73	- 88	- 4 981	- 330	- 1 136	+ 2 485
3	90 买权	2.61	+ 120	+ 4 572	+ 436	+ 1 501	- 3 268
4	股票	86.10	- 475	- 475	0	0	0
5	总计			+ 1	- 1	- 3	+ 11

单个期权希腊字母

	Delta	Gamma	Vega	Theta*
80 卖权	- 0.253	+ 3.05	+ 10.50	- 22.68
85 买权	+ 0.566	+ 3.75	+ 12.91	- 28.24
90 买权	+ 0.381	+ 3.63	+ 12.50	- 27.23

假设：股票价格为 86.10；存续天数为 53；波动率为 32%；利率为 0%；股息，无；*7 天的 Theta。

利率为正时的希腊字母中性化

表 10 - 8A 到表 10 - 8C 介绍了由三个部分组成的例子，除了本例中短期利率是 5%，其他与表 10 - 7A 到表 10 - 7C 中介绍的例子相似。表 10 - 8A 列出了一个 Delta 中性的初始持仓（Delta = - 2），它的 Gamma 为

-92，Vega 为 -143 以及 Theta 为 +326。

表 10-8A　　　　中性化持仓风险——利率为正值：初始持仓

持仓：以价格 1.18 卖出 25 手 55 卖权

以价格 3.48 买入 30 手 60 卖权

以价格 0.60 卖出 35 手 65 买权

以价格 58.00 买入 1 700 股股票

		列1	列2	列3	列4	列5	列6
行	期权/股票	价格	数量	Delta	Gamma	Vega	Theta*
1	55 卖权	1.18	-25	+688	-127	-106	+288
2	50 卖权	3.48	+30	-1 702	+179	+277	-361
3	65 买权	0.66	-35	-668	+145	-224	-399
4	股票	86.10	-475	-475	0	0	0
5	总计			-2	-92	-143	+326

单个期权希腊字母

	Delta	Gamma	Vega	Theta*
55 卖权	-0.275	+5.07	+7.85	-11.51
60 卖权	+0.567	+5.97	+9.25	-12.02
65 买权	+0.381	+4.13	+6.40	-11.40

假设：股票价格为 86.10；存续天数为 53；波动率为 32%；利率为 0%；股息，无；*7 天的 Theta。

假设交易员 Matthew 再次利用上例中的三种可能的方法，使初始持仓的希腊字母中性。表 10-8B 中的三个方法都是买入 60 卖权，但是需要中性化的希腊字母不同。在方法 1 中，Matthew 通过买入 15 手 60 卖权来中性化 Gamma（92÷5.97≈15）。他同样买入 800 股股票以保证他最后的持仓保持 Delta 中性。在方法 2 中，他买入 15 手 60 卖权用来中性化持仓 Vega（143÷9.25≈15）并且买入 800 股股票来保持 Delta 中性。第 2 种方法与第 1 种方法相同。

在表 10-8B 中的中性化 Theta 的第三种方法与前两种方法不同。为了将持仓的 Theta 降至 0，Matthew 需要买入 27 手 60 卖权（326 ÷ 12.02 ≈ 27）。那么问题是"为什么会有不同？"

表 10-8B 中性化持仓风险——利率为 0：买入 60 卖权来中性化希腊字母

方法 1：通过买入 60 卖权中性化 Gamma			
持仓 Gamma	÷	60 卖权 Gamma	=	60 卖权数量
-92	÷	+5.97	=	15.4 ≈ 15

持仓 Gamma 是负值，因此应买入 60 卖权。

Delta 中性交易：　买入 15 手 60 卖权（Delta 是 -0.567）。

买入 800 股股票（1 500 × 0.567 = 850）。

方法 2：通过买入 60 卖权中性化 Vega			
持仓 Vega	÷	60 卖权 Vega	=	60 卖权数量
-143	÷	+9.25	=	15.4 ≈ 15

持仓 Vega 是负值，因此应买入 60 卖权。

Delta 中性交易：　买入 15 手 60 卖权（Delta 是 -0.567）。

买入 800 股股票（1 500 × 0.567 = 850）。

方法 3：通过买入 60 卖权中性化 Theta			
持仓 Theta	÷	60 卖权 Theta	=	60 卖权数量
+326	÷	12.02	=	27.1 ≈ 27

持仓 Theta 是正值，因此应卖出 60 卖权。

Delta 中性交易：　买入 27 手 60 卖权（Delta 是 -0.567）。

买入 1 485 股股票（2 700 × 0.567 = 1 530）。

注：当利率为正值时，中性化 Theta 需要的期权合约数量与中性化 Gamma 和 Vega 的不同。

　　表 10-8C 的三个部分可以解答这个问题。表的最上面一部分显示了 Matthew 在买入 15 手 60 卖权和 800 股股票后的新持仓。他的四腿持仓现在包括 25 手 55 卖权空头，45 手 60 卖权多头（初始为 30 手），35 手 65 买权空头以及 2 500 股股票多头（初始为 1 700 股）。持仓 Delta（-3），持仓 Gamma（-3）和持仓 Vega（-4）都几乎为 0，但是持仓的 Theta 却不是。持仓的 Theta 是 +146，意味着如果其他因素保持不变，在一周的时间内持仓将获益 146 美元。表 10-8C 的中间部分和下面部分解释了为什么持仓的 Theta 是 +146。

专业期权交易

  该表的中间部分计算了持仓价值为 158 300 的净借记额，借记表示建立持仓时需要一笔净支出。因此 Matthew 需要支付一定的利息为这个建立持仓融资，如果 Matthew 利用自有资本进行投资，他需要放弃用自有资本进行其他投资时可能获得的利息。

表 10 –8C 中性化持仓风险——利率为正值：中性化后的持仓

持仓：以价格 1. 18 卖出 22 手 55 卖权

以价格 3. 48 买入 45 手 60 卖权

以价格 0. 60 卖出 35 手 65 买权

以价格 58. 00 买入 2 550 股股票

行	期权/股票	列1 价格	列2 数量	列3 Delta	列4 Gamma	列5 Vega	列6 Theta*
1	55 卖权	1. 18	− 25	+ 668	− 127	− 206	+ 188
2	60 卖权	3. 48	− 45	− 2 553	+ 269	+ 416	− 541
3	65 买权	0. 66	− 35	− 668	+ 145	− 224	− 399
4	股票	58. 00	+ 2 550	+ 2 550	0	0	0
5	总计			− 3	− 3	− 4	+ 146

	± 数量	×	价格	=	价值
55 卖权的价值	− 25	×	1. 18	=	2 950 贷记
60 卖权的价值	+ 45	×	3. 48	=	15 660 借记
65 买权的价值	− 35	×	0. 66	=	2 310 贷记
股票持仓价值	+ 2 550	×	58. 00	=	147 900 借记
持仓总价值				=	158 300 借记

以 5% 利率一星期内总持仓价值的利息 = 158 300 × 0. 05 ÷ 52 = 152 ≈ 146 (+ 146 = 持仓 Theta)

结论：当利率是正值时，如果 Gamma 或者 Vega 其中任意一个为中性，那么另外一个希腊字母也会为中性。持仓 Theta 将不会被中性化，它将抵消持仓上的利息影响。如果 Theta 是正值，它将会抵消持有此借入持仓的利息费用。如果 Theta 是负值，那么它将抵消贷记持仓上得到的投资收入。

注：* 7 天 Theta。

  表 10 –8C 的最后一部分计算了建立持仓需要支付的利息。以 5% 的利息计算，158 300 美元每星期产生的利息为 152 美元，这大约等于持仓从一个星期时间流逝中盈利的数额，基本等于持仓的 Theta + 146。所计

算的利息与 Theta 之间的 6 美元差别是因为取整的原因。

因此，从表 10-8A 到表 10-8C 中可以得到两个结论。首先，当利率是正值时，如果 Gamma 或者 Vega 其中任意一个为中性，那么其他的希腊字母也会为中性。其次，持仓 Theta 将不会被中性化，它将抵消利息对持仓的影响。如果 Theta 是正值，就像本例中的情况，它将会抵消借记持仓上的利息费用。如果 Theta 是负值，那么它将抵消从贷记持仓上得到的投资收入。因此，在考虑利率的情况下，Matthew 可以中性化 Gamma 或者 Vega 中的任意一个，从而使得另外一个希腊字母达到中性，但是 Theta 仍将保持非中性并且会抵消利率因素的影响。

以上从表 10-8A 到表 10-8C 中所得关于 Theta 以及持仓利率因素的结论只在有股票持仓的情况下才适用。如下面讨论的，当在一个持仓里没有涉及股票时，Theta 与利率是没有关系的。在这样持仓中，Theta 风险应该区别对待。

建立风险限额

前面的练习计算了持仓风险，跟踪了它们的变化并解释了如何使它们中性化。但是，这些练习并没有表明多大的风险是可以接受的。虽然可承受风险的问题没有一个科学的答案，但是有些指导原则可用于交易员决定自己的风险限额。

持仓的价值波动是不可避免的。因此交易必须首先决定多大的价值波动是可以忍受的。"我是否可以忍受我账户权益在 500 美元或者 5 000 美元上下浮动，并且能够理性地交易？"一些交易员注重以货币数量计量的风险限额，而有的交易员倾向于关注以百分比表示的风险限额。不管是哪种方式，这些主观和个人的决定都是做好风险管理的关键。它是任何一种风险限额的基础。当交易员确立风险限额之后，那么持仓的规模、股票和期权的数量自然能够利用希腊字母来跟踪和确定。

下面将会讨论三种持仓和适当的风险限额：有股票的 Delta 中性持仓，没股票的 Delta 中性持仓，以及方向性的持仓。

包含股票的 Delta 中性持仓

当分析一个包含股票的 Delta 中性持仓时，我们可以从表 10-8A 到表 10-8C 的练习中推测出对于风险的关注应该集中在 Gamma 或者 Vega 上面。这个推论来自两个方面。首先，既然降低 Gamma 和 Vega 中的任意一个都能使另外一个降低，因此，没有必要两个都关注。其次，调整其他的希腊字母似乎对 Theta 并无影响，因为它与持仓的利率有关，至少当持仓中有股票时情况是这样的。

持仓的希腊字母能够就相关因素变动 1 个单位而引起的损益提供具体的估算。因此交易员必须认真研究标的物的历史波动率和隐含波动率并就其"正常范围"作出判断。隐含波动率在几天内变化 3 个百分点或者 8 个百分点是否"正常"？对于这个问题的主观回答涉及在 Vega 基础上的风险限额。例如在表 10-8A 中，Vega 值为 -143，意味着隐含波动率上升 1 个百分点将会导致 143 美元的损失。如果一个交易员预计隐含波动率在几天里比"正常"的变化少于 3 个百分点，那么表 10-8A 中的持仓的正常风险将会是 143 美元的 3 倍，即 429 美元。对于一个风险限额为 1 000 美元的交易员来说，这个持仓似乎是可以"接受的"，因为只有隐含波动率上升 7 个百分点才能够造成一个 1 000 美元的突发损失，而这样的变化在"正常范围"之外。

1 000 美元的风险限额、3 个百分点的隐含波动率变动为"正常"的认识决定了 Vega 的限制为 ±333。如果持仓的 Vega 是 +333，那么隐含波动率降低 3 个百分点将会导致 1 000 美元的损失，如果 Vega 为 -333，那么隐含波动率上升 3 个百分点将会导致同样的损失。因此，交易员可以根据这个限制计算每天的 Vega 并且进行相应的调整，将持仓的风险控制在风险限额以内。

不包含股票的 Delta 中性持仓

如表 10-8C 所示，当一个持仓里不包含股票时，那么持仓的 Theta 就和利率没有关系。但是它与持仓的 Vega 和 Gamma 是有关联的，因为它们的符号是相反的。假设所有期权的到期日都是相同的，一个具有正 Vega 和正 Gamma 持仓的 Theta 是负的，反之亦然。因此设置风险限额需要做出选择。交易员必须得问，"我是否希望冒着隐含波动率上升或者股票大幅变化的风险而从时间价值流逝中盈利？"或者"我是否冒着时间价值损失的风险而从股票大幅变化或者隐含波动率上升中盈利？"换句话说，"我是否愿意持有期权净多头或者净空头？"一旦交易员在这个问题上做出决定，他就可以建立基于 Vega 或者 Theta 的风险限额并进行监控。

方向性持仓

方向性持仓特意使持仓具有随股票价格变动而产生的风险，当然，这种持仓的主要风险还是来自其本身的 Delta。因此，第一个需要确定的是"我可以接受多大的 Delta？"然而，对于这个问题没有一个绝对合理的答案。既然期权多头的最大风险是需要支付的总价格加上交易手续费，善于风险管理的交易员通常会预先设置风险限额，即止损点，他们可以在止损点上平仓从而使得实际损失比最大的可能损失小。止损点可以用美元数量，期权的价格或者标的股票的价格来表述。不管他们如何表述，交易员都会根据自己的情况设置止损点。这是一个主观的决定。

在期权空头的情况下，与持仓相反的股价变化会引起持仓 Delta 的反向增长，从而使损失会加速的增加，所以持仓的 Delta 不能完全表明仓的风险。这个作用就是众所周知的负 Gamma。因此，止损点对期权空头来说特别重要，应该实时监控其变化。

方向性持仓的 Gamma、Vega 和 Theta 可以进行调整，但是做这些调整的同时 Delta 也会被调整。本章前面部分进行的对比显示，表 10-3 中买权价差组合的希腊字母数值要比表 10-1 中单一买权多头的低。一个交易员通过卖出较高执行价格的买权来对冲买权多头 Vega 的同时，他也降低了持仓的 Delta。但是因 Delta 一般是较大的风险，因此降低 Vega 的效用不大。

另外一个降低买权多头 Theta 风险的策略是卖出执行价格较低的卖权。

专业期权交易

卖权空头的正 Theta 减少了买权多头的时间价值损失风险，但是卖权空头同样增加了持仓的 Delta，Delta 的增加会增加持仓的风险。另外，减少 Theta 风险但增加 Delta 风险和持仓风险的价值是有问题的。最后，方向性持仓应该更注重 Delta 风险，评估 Delta 风险的数值是较为主观的。

小结

在风险管理中，既有量化的技巧也有主观的因素。从单一的期权多头到垂直价差组合和比例价差组合，每个策略都是收益与风险的权衡。管理这些风险需要对在市场环境变化时单个期权风险如何变化，以及它们之间如何相互作用有一定的理解。对于交易员来说，管理方向性持仓的风险和 Delta 中性持仓风险的方式是不同的。

在买入具有方向性预测的期权来建立持仓多头时，有时可以通过管理持仓的 Delta，在减少风险的同时使持仓收益增加。

计算多腿期权持仓的希腊字母是非常简单直接的。首先，将单个期权的希腊字母乘以期权合约的数量得到每一单个期权的持仓希腊字母。然后，将所有单个期权持仓希腊字母加在一起求和就得到总的多腿期权持仓的希腊字母。因为期权的希腊字母会随着时间的流逝、波动率的上下波动、股票价格在执行价格上的上下波动以不同速率发生变化，预测期权持仓如何变化通常不是容易的工作。

当利率是 0 时，中性化 Gamma、Vega 或者 Theta 当中的任意一个都会使其他两个希腊字母达到中性。但是，当利率是正值时，中性化 Gamma 或 Vega 当中的任意一个都会使另外一个希腊字母达到中性，而 Theta 将保持非中性。当一个 Delta 中性的持仓具有股票持仓时，持仓 Theta 与利率、持有成本或者利息收入有关系。

尽管持仓风险可以量化，交易员需要选择一个风险限额，它可以用货币数额来表述，也可以用希腊字母中的一个来表述。如果一个交易员能够理解这些潜在的优点和缺点，并且能够将其与根据历史波动率以及隐含波动率估算的价格范围结合运用，那么就能增加盈利的机会。

结束语

本书讨论了做市商以及每个资深的交易员需要掌握的一些技能。计算机能够在交易的执行、调整价格以及监控持仓风险等方面为做市商提供帮助，并且提高工作的效率。但是计算机并不能代替人做决策，它们不能在做市中代替人的因素。做市商在面对期权的价格变动、波动率、期权合成关系和套利、Delta 中性交易、设置买卖价差以及管理头寸风险等一些问题上要合理对待。

对于个人交易者来说，学习做市商的思维方式，可以提高交易方面的技巧以及预测策略回报的能力。在与做市商做交易时，了解如下的一些知识能够提升你进行交易的信心：做市商的业务较为独特，不会与投资者或者投机者形成竞争；如果市场中只有一个参与者，那就不是市场；做市商同个人交易者一样，在做决定时同样非常困难；做市商在一定的风险下也会有盈亏。

尽管市场预测是一门艺术，你还是能通过加深对波动率的理解，更好地预测股票价格范围、选择目标股价以及预测期权策略的表现。值得一提的是，任何交易员在交易时都应该保持客观理性而不能意气用事，并且必须一贯地遵守既定交易方针。

译者后记

　　服务资本市场和完善市场风险管理体系是中国金融期货交易所期权产品创新工作一贯的宗旨。全球期权市场发展的普遍经验显示，期权市场的健康发展和功能发挥离不开成熟理性的投资者群体和合理均衡的投资者结构。因此，引导投资者理性投资和培育机构投资者成为中国金融期货交易所期权产品开发的重点工作。"工欲善其事，必先利其器"，好的期权知识的教材是投资者教育的必备工具。目前，我国出版介绍期权的书籍已经具有一定数量，但从专业和机构投资者角度来系统阐述期权知识的专著较为缺乏。美国著名的期权交易专家杰姆斯·比德曼完成的《专业期权交易》（*Trading Options as a Professional*）是一本面向期权专业投资者的专著，可以作为我国市场急需的专业和机构投资者学习期权知识较为全面的参考教材。为此，中国金融期货交易所组织期权研究人员对该书进行翻译并筹划中文版书籍的出版。

　　对期权交易的专业书籍的翻译要达到"信、达、雅"是一件具有挑战性的工作。为此，负责翻译工作的团队付出了大量艰辛劳动并且得到了外部权威期权专家的大力支持和帮助。中国金融期货交易所股权类期货期权小组的秦旺、吕恺、华泰长城期货的张彬、中信证券的王卓、齐鲁证券的任志远承担了书稿主要的翻译工作，王彩虹、王琦、游航、钟鸣、李小晗、刘炜亮、闻峰、何志伟、程红星、曾健、顾益民、蒋嘉欣参与了译稿的多轮修改和校译工作。芝加哥期权交易所董事总经理郑学勤博士在百忙中审阅了译稿并提了很多意见和建议，给专著的翻译工作提供了大力支持和帮助。

　　特别感谢上海证券交易所桂敏杰理事长为本书作序，感谢中国金融

译者后记

期货交易所董事长张慎峰及所领导胡政、武小强、鲁东升、戎志平的关心和支持，感谢上海浦东发展银行行长朱玉辰、大连商品交易所总经理李正强对本书翻译工作的关心与指导，使得该书的出版成为可能。感谢研发部总监张晓刚、刘意对本书出版的支持，感谢中国金融出版社第三图书编辑部的戴硕主任和李融编辑，这本书的顺利出版也凝聚了他们大量的心血。

中国金融期货交易所
股权类期货期权小组
2013 年 3 月

责任编辑：戴　硕　李　融
责任校对：李俊英
责任印制：丁淮宾

图书在版编目（CIP）数据

专业期权交易（Zhuanye Qiquan Jiaoyi）/杰姆斯·B. 比德曼著：中国
金融期货交易所译．—北京：中国金融出版社，2013.3
（金融期货与期权丛书）
ISBN 978 - 7 - 5049 - 6858 - 6

Ⅰ.①专…　Ⅱ.①杰…②中…　Ⅲ.①期权交易　Ⅳ.①F830.91

中国版本图书馆 CIP 数据核字（2013）第 055253 号

出版
发行　　中国金融出版社

社址　　北京市丰台区益泽路 2 号
市场开发部　　（010）63266347，63805472，63439533（传真）
网 上 书 店　http://www.chinafph.com
　　　　　　　（010）63286832，63365686（传真）
读者服务部　　（010）66070833，62568380
邮编　100071
经销　　新华书店
印刷　　北京松源印刷有限公司
尺寸　　169 毫米 ×239 毫米
印张　　21
字数　　300 千
版次　　2013 年 3 月第 1 版
印次　　2013 年 3 月第 1 次印刷
定价　　65.00 元
ISBN 978 - 7 - 5049 - 6858 - 6/F. 6418
如出现印装错误本社负责调换　联系电话（010）63263947